Charlemos un poco

D0086292

THIRD EDITION

Rosa Fernández *University of New Mexico*
Debra Andrist *Baylor University*
Jackie Jarest
Marsha Robinson

HH HEINLE & HEINLE PUBLISHERS Boston, Massachusetts 02116

I(T)P A division of International Thomson Publishing, Inc

New York • London • Bonn • Boston • Detroit • Madrid • Melbourne • Mexico City • Paris
Singapore • Tokyo • Toronto • Washington • Albany NY • Belmont CA • Cincinnati OH

The publication of the third edition of *Charlemos un poco* was directed by the members of the Heinle & Heinle College Spanish and Italian Team:

Vincent R. Di Blasi, Team Leader, Vice President–Marketing & Sales
Carlos Davis, Editorial Director
Patrice Titterington and Gilberte Vert, Production Services Coordinators
Marisa Garman, Marketing Development Director

Also participating in the publication of this program were:

Publisher: Stan J. Galek
Director of Production: Elizabeth Holthaus
Manufacturing Coordinator: Barbara Stephan
Project Manager: Jan deProsse
Compositor: Christine E. Wilson, IBC
Interior Designer: Martha Podren
Cover Artist: Suzette Barbier
Cover Designer: Margaret Ong Tsao
Illustrator: Len Shalansky
Photo Researcher: AMB Picture Researchers

(The literary and photo credits appear on page x.)

Manufactured in the United States of America
ISBN 0–8384–4770–8 (student text)
     0–8384–4769–4 (IAE)

10 9 8 7 6

Contents

Preface

I. Overview: Teaching for Communicative Proficiency

Charlemos un poco, in both its student's and instructor's versions, offers a complete program for intermediate college Spanish courses and advanced placement courses at the high school level: the newly revised companion reader *Ahora, leamos;* a workbook; testing program; instructor's tape; laboratory program; an accompanying video program, *Mosaico cultural;* and a computerized writing assistant, *Atajo.* The program's objective is to help students to develop practical communicative skills in Spanish and to familiarize them with the Hispanic culture through authentic literary readings and relevant, contemporary sociocultural information.

II. What's New in the Third Edition

- **Instructor's Annotated Edition**: The third edition of **Charlemos un poco** is available in two formats, student's and instructor's editions. The Instructor's Annotated Edition includes detailed notes to the instructor that provide answers to the exercises, give ideas about how to present and expand upon material, which pitfalls to avoid, and in general facilitate the instructor's task both inside and outside of the classroom.

- **Revised grammar sequence**: The third edition of **Charlemos un poco** briefly reviews the essentials of grammar presented in most introductory texts before proceeding to a systematic, contextualized introduction to the more advanced structures of the language. The sequence of structures presented in this edition has been revised with the help of many users and reviewers and now provides better sequenced and clearer grammar explanations with appropriate examples and exercises.

- **Preliminary lesson**: A preliminary chapter has been added to the third edition of **Charlemos un poco** to give a quick review of basic vocabulary, grammar structures (*ser* and *estar*), and sociocultural information. This material can be covered in a relatively short amount of time and will help the students to recall information and encourage them to talk about themselves as a first step toward learning and discussing other topics.

- **Reading materials**: The readings in **Charlemos un poco** have been revised and updated in this edition to better address the needs of intermediate students of college Spanish as well as advanced high school students. Chapters 1 through 6 of the third edition feature realia, articles, and journalistic readings; Chapters 7 through 12 contain literary readings by well-known authors such as Borges, Lorca, García Márquez, Unamuno, and Matute.

- **Testing program**: The third edition of ***Charlemos un poco*** provides instructors with a set of twelve examinations—one per chapter—with their corresponding answer keys and one final exam. The chapter exams include listening comprehension questions, writing, reading, and grammar sections directly related to the material covered in the main text. The final exam measures students' general proficiency in Spanish.

III. Textbook Organization and Approach

- In the third edition of ***Charlemos un poco,*** each chapter opens with a contemporary theme that reflects current social and cultural events. These themes are supported and enhanced by photographs, illustrations, and related questions that immediately involve the students in talking about their own experiences related to the chapter theme. As the students progress, these questions provide them with opportunities to discuss issues and topics related to the themes while incorporating grammatical structures and vocabulary from previous chapters. The acquisition of vocabulary is an important part of this program and is accomplished by several means: the presentation of vocabulary listed by semantic categories, word study in the *Investiguemos un poco* sections, and contextualized communicative activities.

- Immediately following the chapter opener is *Vocabulario personal,* a section that encourages students to think of vocabulary that they would need to use in situations similar to those presented in the text. This section anticipates the vocabulary used in *En contexto,* where students read and listen to an authentic conversation printed on the page and also found on the Instructor's Tape. Activities included in this section aid the students to confirm their comprehension of the passage. These activities also help the students to review their own repertoire of theme-related vocabulary and allow for expansion of this vocabulary by means of collective work and the additional sources referenced within the book, such as an extended vocabulary list at the end of the chapter and the Vocabulary Appendices.

- The next section, *Investiguemos un poco,* builds the students' vocabulary by providing information on word formation, cognates, word families, and the use of prefixes and suffixes, and includes practical warnings based on commonly recognized errors. Immediately following the vocabulary presentation is *A practicar,* a series of activities that provides further practice of new vocabulary.

- The *Enfoquemos el idioma* section focuses on grammar presentation. These sections appear throughout the chapter and are followed by exercises that use that chapter's vocabulary and recycle vocabulary from previous chapters. A variety of activities are presented; many of these call for pair or group work that develops production and listening comprehension skills. Mechanical exercises are kept to a minimum and given in a creative, open-ended form. In many instances, the activities were designed in compliance with the ACTFL Proficiency Guidelines and are enhanced by the use of realia or other art, which adds authenticity and visual reinforcement to the language acquisition process.

- Culture and cultural notes: The cultural element of this program is fully integrated throughout the text. The presentation of Hispanic culture is reinforced with cultural notes, readings, art, realia, and various forms of popular culture, such as jokes and cartoons. *Notas culturales* are presented in English in the first four chapters for ease of comprehension: in the remaining chapters, these are presented in Spanish. Starting with Chapter 5, instructions for most exercises are also given in Spanish.

- In *Ahora, leamos,* the reading component of each chapter, authentic reading selections from both literary and journalistic sources are presented to provide greater insight into current Hispanic culture and society. The first half of the text presents articles and journalistic selections; the second half presents only literary selections. Each selection is accompanied by pre- and post-reading activities that range from content-based to those requiring analysis or writing. A variety of genres can be found in the text: poetry, short stories, essays, and newspaper and magazine articles.

- The final section in each chapter, *Charlemos un poco más*, reviews the entire chapter with activities that stress all four language skills with additional personalized questions, ideas for debates, themes for compositions, and group work. Some of these written exercises, which are based on art, are creative endeavors similar to the Advanced Placement activities.

- *La última palabra* is a complete list of the active vocabulary presented in the chapter. Vocabulary presented in this section is listed by semantic function.

- The third edition retains reference material located in the appendices at the end of the text. This material provides useful information on numbers, dates, days of the month, time and weather, pronouns, and verb paradigms. The additional vocabulary listed by chapter has been revised and expanded. A glossary and an index complete the text.

IV. The *Charlemos un poco* Program Components

Several ancillary materials accompany the basic text:

- **Workbook/Laboratory Manual:** The exercises in the Workbook are designed to expand and reinforce the thematic content, vocabulary, and grammar presented in the main text. The Workbook is cross-referenced to the main text, with specific section and page references, and also to *Atajo,* our new computerized writing assistant for students of Spanish, which is designed to help students practice their writing and vocabulary skills using the computer. The exercises in the Laboratory Manual and the Laboratory Tape Program provide approximately 30 minutes of listening comprehension practice per lesson and a 10-minute video program from the *Mosaico cultural* video series.

- **Testing Program:** A set of twelve examinations—one per chapter—with their corresponding answer keys are available to teachers upon adoption of the program.
- **Instructor's Tape:** The Instructor's tape—marked with an icon in the margins of the Instructor's Edition—contains the conversations presented in the *En contexto* section of each chapter. The purpose of the Instructor's Tape is to provide an opportunity for students to further develop their listening comprehension skills in Spanish, to supplement the practice provided in the Laboratory Tape Program.
- **Laboratory Cassettes:** The Laboratory Tape Program accompanies the Workbook/Laboratory Manual and consists of approximately 30 minutes of listening practice per lesson. The cassettes provide a variety of listening comprehension exercises and activities besides pronunciation practice. A complete Tapescript for the program and an Answer Key for the Workbook/Laboratory Manual are also available.
- **Ahora, leamos:** The third edition of this reader builds on the themes contained in the text and can be used either concurrently or independently of the text. Each chapter of the reader includes a variety of reading comprehension strategies, vocabulary expansion exercises, discussion activities, and exercises promoting the development of reading and writing skills.

The authors charged with writing the third edition of **Charlemos un poco** maintained the essence of the original version while responding to requests and suggestions from users. We hope that this program will make language learning a pleasurable and profitable experience for instructors and students alike.

Acknowledgments

My own personal gratitude goes to Carlos Davis, who first approached me with the idea for this project, and Kimberly Etheridge, without whose help this revision would never have seen the light of day. Worthy of special mention is Joe Weyers, whose brilliant suggestions and impeccable work helped me with the nitty gritty of my task. Because we both live in the same town, he was saddled with the task of periodically holding my hand and having to listen to my frequent gripes.

Rosa Fernández

As author/editor of the cultural and literary components for this edition of ***Charlemos un poco,*** my thanks to former Heinle & Heinle editor Carlos Davis, who gave me the chance to participate in this project, and his Assistant Editor, Kimberly Etheridge, who listened and offered suggestions; to my Baylor University colleagues, Spanish professors Dr. Baudelio Garza, who served as native reader of my portion of the manuscript, and Drs. Frieda Blackwell and Paul Larson, who laboriously reviewed sections of the manuscript and supported my contentions about the scope and sequencing; office systems specialist Donna Kennedy, who converted computer diskettes above and beyond the call of duty; and Modern Foreign Language Department secretaries Jackie McClendon and Linda Capps, who provided all manner of clerical support; and to my long-suffering husband, parents, sister, friends, and colleagues, who listened and commiserated with me ad nauseam.

Debra Andrist

Also deserving special thanks and appreciation are the many users and reviewers of ***Charlemos un poco*** who contributed valuable input and suggestions for the third edition:

Jorge Cubillos, University of Delaware
Scott Despain, North Carolina State University
Norma Guice, Shaker Heights High School
April Koch, University of Texas/El Paso
Marcos Lucero, Santa Fe High School
Judith Marcella, Dickinson College
Keith Mason, University of Virginia
Phyllis Mitchell, Wheaton College
Hugh Rayburn, Albuquerque Academy
Monica Torregrosa, University of New Hampshire
Maria-Gladys Vallieres, University of Pennsylvania

Literary Credits:

"Ohming Instick," permission granted by Ernie Padilla; "Que deporte debe elegir," permission granted by Publicitas, S.A.; "De lo que aconteció a un mancebo que se casó con una mujer muy brava y fuerte," permission for adaptation granted by Angel Flores; "Historia verdadera de la Conquista de la Nueva España," permission granted by Editorial Porrúa, S.A.; "Carreras en computación," permission granted by Saludos Hispanos; "Si te cuentan que caí," "Como un lobo," "Amante bandido," "Hojas secas," permission granted by EMI Music; "Oda a la alchofa," permission granted by Carmen Balcells; "Borges y yo," permission granted by Emecé Editores; "Pecado de omisión," permission granted by Carmen Balcells; "Un día de éstos," permission granted by Carmen Balcells; "El niño enfermo," permission granted by Herederos de Miguel de Unamuno; "Canción de jinete," permission granted by Fundación Federico García Lorca.

Photo Credits:

page 10 © Bob Daemmrich, Stock Boston   **42** © Larry Mangino, The Image Works   **47** © Peter Menzel   **49** © Tom Gilbert, AP/Wide World Photos   **72** © Tony Savino, The Image Works   **126** © Zbigniew Bzdak, The Image Works   **150** © Armando Gallo, Shooting Star   **160** © Mark Antman, The Image Works   **188** © D. Donne Bryant, D. Donne Bryant Stock Photography   **201** © Scott Schulman, Shooting Star   **218** © Owen Franken, Stock Boston   **223** *(left)* © Robert Frerck, Odyssey Productions   **223** *(right)* © Elizabeth Crews, Stock Boston   **244** © George Aceves   **247** © Alex Kellington, Liaison International   **264** © Bob Daemmrich, The Image Works   **290** *(left)* © Peter Menzel, Stock Boston   **290** © *(right)* Ulrike Welsch   **296** © Craig Duncan, D. Donne Bryant Stock Photography   **312** © Art Gingert, Comstock

¡A conocernos!

¡Hola! Soy Josefina. Les presento a mi amigo.

Me llamo Arthur, a sus órdenes, pero mis amigos hispanos me dicen Arturo. Mucho gusto en conocerlos.

¿Qué tal? Mi nombre es Luis. Quiero presentarles a mi esposa.

Mi nombre es Rufina. Encantada en conocerlos.

¡Hola! ¿Cómo están ustedes? Me llamo María Luisa y mi perro se llama Chato. Tenemos mucho gusto en conocerlos.

Metas comunicativas

- Poder saludar, presentarse y despedirse
- Usar distintas frases de cortesía
- Identificarse a sí mismo y a otros

Metas gramaticales

- El verbo *ser*
- Algunos usos de *ser*
- Género y número de adjetivos

Metas culturales

- Entender el uso de nombres y títulos de cortesía en el mundo hispano
- Poder distinguir entre *tú* y *usted*
- Aprender las nacionalidades de los hispanoparlantes alrededor del mundo

Palabras prácticas

¿Recuerda usted estas expresiones de cortesía?

Para saludar

Buenos días.	Good morning.	**¿Qué tal?**	Hi!
Buenas tardes.	Good afternoon.	**¿Qué hay de nuevo?**	What's new?
Buenas noches.	Good evening.	**¿Cómo está(s)?**	How are you?
¡Hola!	Hi! Hello!		

Al presentar/conocer a alguien

Te (Le) presento a...   I would like to introduce…
Quiero presentarte(le) a...   I would like to introduce…
Mucho gusto en conocerlo(la).   Pleased to meet you.
Encantado(a).   Delighted to meet you.
Igualmente.   Likewise.
El gusto es mío.   The pleasure is mine.
A tus (sus) órdenes.   At your service.
Para servirte(le).   At your service.

Nombres

¿Cómo se (te) llama(s)?   What is your name?
Me llamo...   My name is… (I call myself…)
Mi nombre es...   My name is…

Mi apellido es...	My last name is…	**Mi apodo es...**	My nickname is…
Soy + *nombre.*	I am + *name.*	**Me dicen...**	They call me…

Para despedirse

¡Adiós!/¡Chao!	Good-bye!	**¡Hasta mañana!**	See you tomorrow!
¡Hasta luego!	See you later!	**Nos vemos.**	See you!
¡Hasta pronto!	See you soon!		

✦ Nota cultural

Buenas tardes and buenas noches, like their English counterparts, are greetings and ways of taking leave. It would be appropriate, for example, to end a conversation in the evening with *buenas noches,* just as an English speaker would say "Have a good evening!"

The use of *buenas noches* begins normally at 8:00 P.M.; all times between 1:00 P.M. and 7:59 P.M. are expressed as *buenas tardes.* Thus, if you were to meet friends at 7:30 P.M., you would set the time at *las siete de la tarde,* and the meeting would begin with "*¡Buenas tardes!*"

INVESTIGUEMOS
UN POCO

1. **First Names.** It is common to use variations of first names in Spanish because they are shorter or less formal, or because they represent a form of endearment such as the English names Bill or Billy for William, and Jack for John. The following are some common variations of Spanish names:

Nombres de hombre

Alberto/Roberto/Humberto	=	Beto
Antonio	=	Toño
Francisco	=	Paco, Pancho
Gonzalo	=	Chalo
Guillermo	=	Memo
Gustavo	=	Tavo
José	=	Pepe
Lorenzo	=	Lencho
Manuel	=	Manolo

Nombres de mujer

Alicia	=	Licha
Ana	=	Anita
Dolores	=	Lola
Isabel	=	Chabela
Luz/Lucía	=	Lucha
María	=	Mariquita, Maruja
Margarita	=	Mague
Pilar	=	Pilarica
Soledad	=	Chole
Teresa	=	Tere

The use of two first names is also quite common in Spanish-speaking countries, in spite of the fact that this custom can result in a rather long first name. Some popular double names for women are María Luisa, María del Carmen, María Dolores, María Teresa, Rosa María, Marta Patricia, María Eugenia, María de los Ángeles, Blanca Rosa, and Luz María. Common double names for men are Jorge Leonardo, Juan Carlos, Luis Felipe, Juan José, Luis Miguel, Marco Antonio, Luis Armando, and José Luis.

2. **Last Names.** Double last names are often used in Spanish-speaking countries as well. The second last name is usually the mother's maiden

name. When introducing oneself, it is customary to give one's full name, which consists of two first names and two last names, as in:

Me llamo José Carlos Ruiz Martínez, para servirle.

This would indicate that Ruiz is the father's last name and Martínez the mother's maiden name. The father's last name is considered to be the principal name, however, so that one would address the gentleman above, for example, as *Señor Ruiz* and not *Señor Martínez*. By the same token, should you need to look up the writer Gabriel García Márquez in the library, he would be classified under the letter *g* and not under *m*.

Although today's customs vary considerably, it was traditional for a woman upon marrying to keep her maiden name and add her husband's last name after the word *de*. Thus, Juan Carlos' mother's name could have been María Teresa Martínez de Ruiz.

3. Professional titles. As a rule, professional titles are used more in Spanish than in English. Architects, lawyers, engineers, and accountants often use their titles as part of their official name, and the titles appear on their business cards, stationery, etc., as seen in the following:

Here are some common abbreviations for professional titles:

Licenciado(a)	= Lic.*		Profesor(a)	= Prof(a).
Arquitecto(a)	= Arq.		Doctor(a)	= Dr(a).
Ingeniero	= Ing.			

Instituto Nacional de Bellas Artes
MUSEO DE ARTE

ARQ. JOSE D. LIZARRAGA C.
DIRECTOR

APDO 1661 - D
3-17-08 6-74-13 6-74-14

CD. JUAREZ, CHIH.
MEXICO, 32310

Licenciado is a person with a university diploma equivalent to a master's degree. The word is also used in some places to mean someone with a bachelor's degree.

UNIVERSIDAD NACIONAL
"HERMILIO VÁLDIZAN"
HUANUCO

Dr. : Guillermo Principe Cotillo

VICE - RECTOR ACADEMICO

DOMICILIO:
2 de Mayo 680 - Huánuco   Teléfono 3363

4.   Courtesy titles. There is no equivalent in English for the forms *Don, Doña.*
They are used in Spanish before the first name of some people as a token of
respect. If you know such an individual well, however, and feel that the use
of *Señor* or *Señora* would be too distant or formal and to address him or her
by first name only would be inappropriate, then use the form *Don* or *Doña.*

Don Jorge   Doña Lucía

Occasionally, one finds the combination of both *Señor(a)* and *Don/Doña* used
in addressing correspondence to, introducing, or speaking about someone
deserving this sign of respect.

Sr. Don Julio González Camarillo
Sra. Doña Margarita Domínguez de Silva

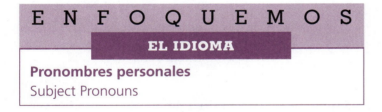

ENFOQUEMOS

EL IDIOMA

Pronombres personales
Subject Pronouns

I.   These are the subject pronouns in Spanish.

Singular	Plural
yo	nosotros, nosotras
tú	vosotros, vosotras
usted (Ud.)	ustedes (Uds.)
él	ellos
ella	ellas

II.   Subject pronouns are required in English, whereas they are not always needed in Spanish, because the verb endings reveal who the subject of the sentence is.

> ¿Quién es ella? Es mi prima.

When subject pronouns are used, it is for emphasis, clarity, or contrast.

> —¿Eres prima de María?
> —No, yo no soy prima de María; soy sólo su amiga.

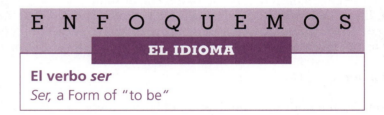

ENFOQUEMOS

EL IDIOMA

El verbo *ser*
Ser, a Form of "to be"

I.   *Ser* is one of the Spanish verbs that means *to be*. It is irregular and therefore does not follow the pattern of the regular verbs that you will review in *Chapter 1*. *Ser* is a verb that you need to master early, because you will need it to identify yourself ("*Mi nombre es...*"), describe where you are from, etc.

yo soy	nosotros somos
tú eres	vosotros sois*
él es	ellos son
ella es	ellas son
usted es	ustedes son

II.   *Ser* has several uses, different from those of *estar,* another verb that means *to be*.

A.   One of the uses of *ser* is to identify yourself by name, as was shown previously in the phrases people used to identify themselves.

> Soy Josefina.

---

*The *vosotros* form will not be used in subsequent grammatical explanations in **Charlemos un poco,** because this form is used only in Spain.

B. *Ser* is also used to identify a person as to origin or nationality.

Josefina es de Arizona.	Josefina is from Arizona.
Arturo es canadiense.	Arthur is Canadian.

➡ *Ojo:* Note that although the names of states and countries are capitalized, as in English, the names of nationalities are **not.**

C. *Ser* identifies or equates the subject with the predicate (x = y); that is, it places people and things into categories according to profession, religion, political affiliation, marital status, and the like.

Arturo es estudiante, es católico, es demócrata, es soltero.	Arthur is a student, is Catholic, is a democrat, is single.
El tenis es un deporte.	Tennis is a sport. (x = y)
¿Qué clase es ésta? **Es una clase de español.**	What class is this? It is a Spanish class (fits into that category).

➡ *Ojo:* When *it* is the subject, as in the previous sentence (*it* is a Spanish class), the word *it* has no equivalent in Spanish.

✧ *Nota cultural*

The Hispanic world encompasses an enormous area and rules of usage differ from region to region. One example of this is the use of *tú* and *usted.*
In general, *tú* is used to indicate familiarity and *usted* to show respect. Inherent in the use of *tú* or *usted* is the concept of age, social position, or socioeconomic status. *Tú* can establish the lower rank of the person being addressed: a supervisor may address the employees as *tú,* particularly if they are of the same sex; parents address their children as *tú;* some teachers will address their students as *tú. Tú* can also convey dislike, distrust, or a general sense of looking down on that person. *Usted* can also be used to denote a change in the tone of an otherwise friendly situation. Parents may shift to *usted* with their children to show disapproval; couples may suddenly address each other with *usted,* as a joke, to make a point, or to start an argument.
Thus, in the Hispanic world, the use of *tú* or *usted* can create or remove barriers in a conversation. Consequently, if a native Spanish speaker asks you to change from *usted* to *tú,* you know that that person has made a move towards establishing a friendlier relationship with you. By the same token, if someone with whom you have been using *tú* suddenly shifts to *usted* to address you, that person is trying to tell you something!

D. *Ser* is also used to describe essential qualities of people or things viewed by the speaker as the norm.

Yo soy inteligente, soy morena, no soy alta.	I am intelligent, I am dark, I am not tall.
Normalmente soy muy paciente.	Normally I am very patient.
Soy delgada (me puedo clasificar como delgada y no gorda).	I am thin (I can be classified as thin and not overweight).

E N F O Q U E M O S

EL IDIOMA

Género y número del adjetivo
Gender and Number of Adjectives

I. Most adjectives that describe qualities of nouns have gender markings of *o* for the masculine form and *a* if they describe feminine nouns. Some adjectives have the same form for both genders, such as the ones ending in *a, e, l, r, s,* and *z*.

> Rufina es inteligente.
> Arturo es demócrata.
> Jack Nicholson es un actor popular. Una de sus amigas, Angélica Houston, es muy popular también.

II. Descriptive adjectives must also show agreement in number with the nouns they describe. The plural of adjectives is formed by adding an *s* if the singular form ends in a vowel, or *-es(as)* if it ends in a consonant.

> Él es canadiense; ellos son canadienses.
> Pierre es francés. Todas sus amigas son francesas.

➡ *Ojo:* Remember that, as a rule, most descriptive adjectives are placed **after** the noun they are describing, as shown in the previous examples.

III. The following are some Hispanic adjectives of nationality (used with *ser*):

argentino(a)	Argentine	hondureño(a)	Honduran
boliviano(a)	Bolivian	mexicano(a)	Mexican
chileno(a)	Chilean	nicaragüense	Nicaraguan
colombiano(a)	Colombian	panameño(a)	Panamanian
costarricense	Costa Rican	paraguayo(a)	Paraguayan
cubano(a)	Cuban	peruano(a)	Peruvian
dominicano(a)	Dominican	puertorriqueño(a)	Puerto Rican
ecuatoriano(a)	Ecuadoran	salvadoreño(a)	Salvadoran
español(a)	Spanish	uruguayo(a)	Uruguayan
guatemalteco(a)	Guatemalan	venezolano(a)	Venezuelan

Los Estados Unidos: Un país multicultural

Charlemos sobre la foto

1. Las personas en la foto están ahora en los Estados Unidos, pero posiblemente ellos o sus padres son de otro país. ¿Conoce usted a alguien que es de otro país pero ahora está en los Estados Unidos?

2. ¿Por qué cree usted que las personas en la foto están ahora en los Estados Unidos? ¿Cuáles son algunas posibles razones para dejar su país y venir a los Estados Unidos?

3. ¿Le gustaría (*Would you like*) a usted vivir en otro país? ¿Por qué sí o por qué no? ¿En dónde? ¿Por qué?

10

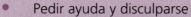

Metas comunicativas

- Pedir ayuda y disculparse
- Identificarse en cuanto a lugar de origen y nacionalidad
- Hacer y contestar preguntas usando los interrogativos
- Expresar emociones
- Describirse a sí mismo y a otros

Metas gramaticales

- Más usos de *ser*
- *Estar* y sus usos
- *Ser* y *estar*
- Presente de indicativo:
    verbos regulares e irregulares
    verbos con cambios en la raíz
    verbos con cambios ortográficos
    usos del presente de indicativo
- Palabras interrogativas

Metas culturales

- Reconocer la importancia de las contribuciones que aportan todas las culturas

Ahora, leamos

- "Ohming instick", por Ernesto Padilla

VOCABULARIO
PERSONAL

Make a list of the vocabulary needed to answer the questions about the photo. List the names of the Spanish-speaking countries that you know and their corresponding nationalities. Work on this in a group to see how many names you can list.

En contexto

Nuevos amigos

Arthur Stevens is walking around the university. Josefina Gómez Jaramillo sees that Arthur is carrying a copy of ***Charlemos un poco*** and she knows that he is studying Spanish.

Josefina: Ah, veo que estudias español. ¡Qué bien! ¡Me encanta cuando alguien estudia mi idioma! ¿Cómo te llamas? ¿De dónde eres?

Arthur: Lo siento mucho, pero no hablo muy bien el español. Estoy embarazado porque no entiendo. Por favor, ¿pudiera hablar más despacio?

Josefina: Sí, cómo no. ¿Cómo te llamas?

Arthur: Me llamo Arthur Stevens. ¿Y usted?

Josefina: Mi nombre es Josefina Gómez Jaramillo. Pero, Arturo, no se dice "estoy embarazado" porque eso significa "pregnant."

Arthur: ¡Por Dios! ¡Perdón! ¿Cómo se dice "embarrassed" en español?

Josefina: Se dice *estar avergonzado*.

Arthur: Ah, estoy muy avergonzado. Disculpe.

Josefina: Tranquilo, Arturo. No importa.

Arthur: ¿De dónde es usted?

Josefina: Vamos a tutearnos, ¿está bien?

Arthur: ¿Qué quiere decir *tutearnos*?

Josefina: Quiere decir que vamos a usar la forma *tú* como hacen los amigos.

Arthur: Muy bien. ¿De dónde eres?

Josefina: Soy de Arizona. Soy chicana, de padres mexicanos. Mucho gusto en conocerte.

Arthur: Igualmente. Yo soy canadiense, pero ahora estoy en los Estados Unidos para estudiar.

Josefina: Con permiso, Arturo. Tengo que ir a clase.

Arthur: Muy bien. Nos vemos pronto, ¿no?

Josefina: Sí. Hasta pronto. Chao, Arturo.

Arthur: ¡Chao!

In most Spanish-speaking countries, *chao* is used more commonly in taking leave than *adiós*. Because *chao* is originally an Italian expression, its spelling in Spanish is variable: *chao, chau,* or *ciao. Adiós* indicates some sense of permanence in saying good-bye. *Chao,* on the other hand, simply means "bye for now." ¡Chao!

¿Qué pasó?

1. ¿De dónde es Arturo? ¿Por qué está en los Estados Unidos?
2. ¿De dónde es Josefina? ¿De dónde son sus padres?
3. ¿Qué forma usan Josefina y Arturo inicialmente, *tú* o *usted*?
4. Josefina le dice a Arturo, "Vamos a tutearnos". ¿Qué quiere decir esto? ¿Por qué cree usted que Josefina dice eso?
5. ¿Por qué cuestiona Arturo el uso de *Chao* en la última línea de su conversación con Josefina?

Palabras prácticas

Acciones relacionadas con conocerse

conocer   to know, be familiar with
encantar   to delight

entender   to understand
interesarse   to be interested
saber   to know (how)
significar   to mean
tutearse   to use the *tú* form

Para describir situaciones, cosas o personas

avergonzado(a)   embarrassed
embarazada   pregnant

Expresiones útiles

Chao./Adiós.   Good-bye.
¿Cómo se dice… ?   How do you say… ?
¿Cómo te llamas?   What is your name?
Con permiso.   Excuse me.
¿De dónde es (eres)?   Where are you from?
Disculpe./Perdón.   Sorry!
Estoy avergonzado(a).   I'm embarrassed.
Háblame de *tú*.   Use the *tú* form!
No importa. / Está bien.   It's all right.
¡Por Dios!   Good grief!
¿Pudiera(s) hablar más despacio?   Could you speak more slowly?
¡Qué bien! / ¡Muy bien!   Great!
¿Qué quiere decir… ?   What does… mean?
Se dice…   We say…/One says…
¡Tranquilo(a)!   Don't worry! Take it easy!
Vamos a tutearnos.   Let's use the *tú* form.

INVESTIGUEMOS
UN POCO

Verbs that Merit Special Attention

The verbs *conocer* and *saber* are forms of *to know. Conocer* is used with people, places, and things to express familiarity or being acquainted with someone or something. *Conocer* also means to meet someone for the first time. *Saber* indicates acquired knowledge or learned information, or making an educated guess, as in "How do you know that"? (*¿Cómo sabes eso?*) *Saber* also means "to know how (+ verb)," as in *Arturo sabe tocar la guitarra.*

The Socially Correct Thing to Say

1. When you need assistance or are asking a favor, you say:

    ¿Me pudiera(s) ayudar?
    ¿Pudiera(s) hacerme un favor?
    Quisiera pedirle(te) un favor.
    ¿Pudiera(s) hablar más despacio, por favor?

Pudiera(s), quisiera(s) are forms of the imperfect subjunctive to be seen in a later chapter. Its use instead of the present indicative makes a request more polite, less abrupt.

When it is not in the form of a question, the use of *quisiera* denotes a wish usually expressed in English with *would*.

Quisiera conocer mejor a Josefina.   I would like to know Josefina better.

2. When you do not know how to say something, you say:

    ¿Cómo se dice... ?

3. When you do not understand what someone said, you ask:

    ¿Qué quiere decir... ?
    ¿Qué significa... ?
    ¿Cómo dijo/dijiste... ?

➡ *Ojo*: Be careful not to confuse, *¿Cómo se dice?* with *¿Qué quiere decir?* The former is used when you don't know how to express yourself in Spanish. The latter is used when you don't understand the meaning of something in Spanish.

➡ *Ojo*: Do not say *¿Qué?* when you did not hear or understand what was said. It is considered too abrupt and rather impolite (just as you would not say "What?" in English, but rather "Pardon me?"). A preferred form would be *¿Cómo?* (How was that?), or *Perdone(a)*.

4. If you need to apologize or excuse yourself, you can say:

    Perdone(a).   Con permiso.
    Disculpe(a).   Lo siento (mucho).

Note the difference in the use of the various expressions for "excuse me." *Perdone* can be used to get someone's attention, whereas *disculpe* is used if you have inadvertently offended someone or have reason to apologize. *Con permiso* is used when you need to pass in front of someone or when you are about to leave a place or person. *Lo siento* expresses that you are sorry about something, either an error you committed or an unfortunate event such as someone's illness or death.

A practicar

A. Expresiones de cortesía

¿Sabe usted bien las expresiones de cortesía? ¿Qué dice usted después de oír estas frases?

1. Encantado(a).
2. Muchísimas gracias.
3. ¿Me pudieras ayudar?
4. Quisiera presentarte a Sofía Morales.
5. ¿De dónde eres?

B. ¿Es usted cortés *(polite)*?

¿Entiende usted las reglas (rules) *de cortesía? ¿Qué dice en estas situaciones?*

1. ¿Qué dice usted cuando necesita ayuda?
2. Si yo quiero presentarle a mi madre, yo le digo a usted "Quiero presentarle a mi mamá". ¿Qué dice usted?
3. ¿Qué dice usted cuando conoce a una persona por primera vez?
4. Si usted necesita pasar en frente *(in front)* de alguien, ¿qué dice?
5. Si alguien necesita su ayuda, ¿qué dice usted?
6. Cuando alguien le pide un favor y usted no puede hacerlo, ¿qué dice?

C. ¿Son corteses estas personas?

¿Qué dicen estas personas? Llene los globos encima de las cabezas de las personas, que ahora están en blanco.

1.

2.

3.

4.

5.

6.

D. Encuentros personales

Con otros compañeros trabaje en las siguientes situaciones.

1. Introduce yourself to someone in class you don't know. Find out this person's name, where he or she is from, what he or she is studying, where he or she lives, and any other information you find interesting. Reverse roles.
2. Introduce your new friend to the class.

I.   You were introduced to some uses of *ser* in the preliminary chapter. Other uses of the verb *ser* follow.

A.   *Ser* is used with certain impersonal expressions.

Es importante, pero no es urgente.	It is important, but it is not urgent.
¿Es verdad que el español es difícil?	Is it true that Spanish is difficult?

B.   *Ser* is used with *para* to show destination, for whom something is intended, or by when (deadline).

¿Es éste el tren para Madrid?	Is this the train for Madrid?
Las flores son para mi madre.	The flowers are for my mother.
La tarea es para mañana.	The homework is for tomorrow.

C.   *Ser* is used to locate events in time and place (when and where the event will take place).

La conferencia es en la biblioteca.	The conference is in the library (the event).
El examen es a las 2:00.	The exam is at 2:00 (the event).

D. *Ser* is used with expressions involving numbers, time, and dates.

¿Cuánto es?	How much (money) is it?
Dos y dos son cuatro.	Two and two are (equal) four.
¿Qué hora es?	What time is it?
¿Cuál es la fecha de hoy?	What is today's date?

E. *Ser* is used with *de* to show type or kind, possession, or the material of which something is made, and place of origin (as seen earlier).

type/kind: Esto es un libro de español.
possession: El pasaporte es de Josefina.
material: El pasaporte es de papel.
origin: Arturo es de Canadá.

A practicar

A. ¿Cómo soy yo?

¿Cómo es usted? ¿Cómo es su personalidad? ¿Es usted una persona...?
    Usando estos adjetivos, escriba un párrafo describiéndose a sí mismo (describing yourself). *Después escriba unas preguntas para hacérselas a un(a) compañero(a).*

inteligente	tímido(a) o atrevido(a)
estudioso(a)	trabajador(a) o perezoso(a)
paciente o impaciente	optimista o pesimista
dedicado(a)	comunicativo(a) o callado(a)
práctico(a) o impráctico(a)	romántico(a)
organizado(a) o desorganizado(a)	generoso(a) o tacaño(a)
apasionado(a)	divertido(a) o serio(a)
religioso(a)	

B. ¡A conocernos!

En parejas, háganse estas preguntas.

1. ¿De dónde eres?
2. ¿Eres republicano o demócrata? ¿Eres católico o protestante? ¿budista? ¿musulmán?
3. En tu opinión, ¿esta clase es interesante o aburrida?
4. ¿Qué es difícil para ti? ¿Qué es importante? ¿Qué es intolerable?

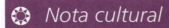

✷ Nota cultural

Ser is used to indicate nationality, such as *Arturo es canadiense.* This means that Arthur was born in Canada. To express ethnic heritage, however, one would not say *Yo soy italiano* or *Yo soy alemán* but *Yo soy de **herencia** italiana* or *de **origen** italiano,* unless, of course, you were born in Italy and have actually lived in Italy.

A   H   O   R   A

LEAMOS

Para su comprensión

The poem you are about to read deals with the communication problems of a Chicano child in an Anglo school. A Chicano is a person of Mexican descent born in the United States. The poem was written by a Chicano author, Ernesto Padilla, who combines English and Spanish in this poem. What type of problems do you suppose a Spanish speaker might encounter in an English-language school?

Antes de leer

1. A poem has the ability to evoke a number of visual images by using a small number of words. In this poem, a young boy daydreams about birds in flight. Make a list of adjectives that might be used to describe a bird. Compare your list with the adjectives that are used in the poem. Imagine a bird in flight, as the main character does. What images does it evoke in you?

2. The title of this poem, "Ohming Instick," refers to the homing instinct of a pigeon. Think about the title of the poem. Describe what the homing instinct is. What relationship do you think might exist between the image of a pigeon returning home from far away and a foreigner in another country?

....

Ernesto Padilla (1944–) es un escritor chicano que es actualmente profesor de literatura en California State University (Bakersfield). Vemos en su poema "Ohming instick" no sólo la existencia de las culturas mexicana y estadounidense sino también un ejemplo de un problema con el que se enfrentan muchos hispanos en los EE.UU.: el problema del lenguaje.

....

Ohming instick

por Ernesto Padilla

"The Peacock
as you see in Heidi's drawing here,
is a big colorful bird.
it belongs to the same family as…"

5   …Habla de Pavos°   **pavo**   *peacock*
ya yo sueño
de pavos magníficos
con
plumas azules;
10 como el cielo
cuando él se esconde° tras las nubes   **esconderse**   *to hide oneself*
a mediodía,
plumas rojas;
que se hacen anaranjosas°   **anaranjoso** *orange-like*
15 como en la tarde
al caer bajo
las sierras,
el sol tira para todo
el cielo rayos
20 anaranjándose
con tiempo…

"…and the pigeon, which all of you should already know
what it looks like. The pigeon can be trained to return to
his home, even it is taken far away…"
25 …¡Ahora habla de palomas°!…   **paloma** *pigeon, dove*
"…This is called the Pigeon's 'homing instinct,' and…"
…Mi palomita, Lenchita,
que me quitaron°   **quitar**   *to take*

porque iba a volar en las olimpiadas*
30 ¡lloré entonces!
y lloré también
cuando entre las miles de palomas que
enseñaron en la televisión
el primer día
35 de las olimpiadas,
¡Yo miré a mi Lenchita!

y después Lenchita volvió a casa
ya lo sabía...

"ALL RIGHT!"
40 "Are you kids in the corner paying attention?"
"Armando, what is a Peacock? What does homing instinct
mean?…"

¡A MÍ ME HABLA?
¡SOY MUY TONTO!

45 "Aohming instick eis...eis...como Lenchita..."
"Armando haven't I told you not to speak Spa…"
¡Caramba
me van a pegar!...
"It's bad for you... Go see Mr. Mann"

50 ...Mañana
sí iré con papá.

piscar *to pick*   ¡Piscaré° mucho algodón...

---

*Las olimpiadas de 1968 empezaron con miles de palomas que volaban a través de México.

Reaccionemos

¿Comprendió Ud. la historia?

1. ¿De qué habla la maestra en la primera sección? ¿Qué hace Armando mientras ella habla?
2. ¿Quién es Lenchita? ¿Adónde va Lenchita? ¿Por qué?
3. Cuando la maestra interrumpe los recuerdos de Armando, ¿cuál es su primera reacción al oír la voz de ella?
4. ¿Qué crítica hace la maestra? ¿Por qué? ¿Cómo reacciona Armando?
5. ¿Qué plan tiene Armando para mañana? ¿Por qué?

Solicitamos su opinión

1. ¿Qué emociones siente Armando en esa escuela? ¿Cómo lo sabe Ud.? Dé ejemplos del poema.
2. Durante la clase, Armando sueña con pájaros volando: un pavo y una paloma. Repase su lista de adjetivos que hizo anteriormente en *Antes de leer.* ¿Cómo puede un pájaro volando representar la actitud de Armando? ¿Qué cree Ud. que simboliza el pájaro?
3. Piense más en los ejemplos de la primera pregunta. ¿Por qué probablemente se siente así? ¿Por qué dice que es muy tonto? ¿Es cierto que es tonto? ¿Por qué o por qué no?
4. ¿Quién cree Ud. que es Mr. Mann? ¿Por qué tiene Armando que verlo? ¿Cree Ud. que es justo? ¿Qué representa para la situación de las personas en los Estados Unidos que no hablan inglés?
5. Lea otra vez la última parte del poema. ¿Qué tipo de trabajo cree Ud. que tiene su padre? ¿Qué efecto cree Ud. que puede tener en la educación de un niño en esa situación?

Temas escritos

1. Con otros dos estudiantes, escriba un diálogo en el que Armando y sus padres hablan sobre lo que pasó en la clase descrita en el poema.
2. Escriba un ensayo sobre los sentimientos y la reacción de una persona que habla solamente inglés y que, al oír una conversación en otra lengua que no entiende, se siente incómoda. ¿Por qué cree Ud. que reacciona así?
3. ¿Es Ud. poeta? Escriba un poema, similar al poema "Ohming instick", en el que Ud. escribe la segunda parte, la conversación entre Mr. Mann y Armando. Si prefiere, escriba otro poema completamente original que tenga que ver con los hispanos en los EE.UU. Emplee la imaginación y ¡diviértase!
4. Vemos en "Ohming instick" que un muchacho que habla español es castigado por usar su lengua nativa. ¿Qué opinión tiene Ud. sobre esta situación? Escriba un ensayo en que habla de los aspectos positivos y negativos de la educación bilingüe. ¿Cree Ud. que es importante ofrecer programas bilingües para los estudiantes que no hablan inglés? ¿Por qué sí o por qué no?

El verbo *estar*
The Verb *estar*

I. The verb *estar* is another form of *to be*. The following are the forms of *estar* in the present indicative. Note that this is an irregular verb.

Singular Forms	Plural Forms
yo estoy	nosotros(as) estamos
tú estás	
ella está	ellas están
él está	ellos están
usted está	ustedes están

II. Some uses of the verb *estar* follow:

A. *Estar* is used to describe the state or condition of people and things at a particular time. These conditions reflect the speaker's personal reaction.

El café está muy caliente.	The coffee is very hot (for me).
Josefina está linda hoy.	Josefina is pretty today (more than usual).

B. The verb *estar* can also suggest that a change has taken place in the normal condition or state of something or someone, or that the condition described surpasses the speaker's expectations.

Estoy enferma hoy.	I am sick today. (Being sick is contrary to the norm.)
Mi gato está muy gordo.	My cat is very fat (used to be thin).
¡Qué grande está tu niña!	Your daughter is so big! (I remember her being smaller, younger.)
¡Qué buena está la sopa!	How good the soup is! (It is better than I had expected.)

C. *Estar* is used to locate people and things (not events) in time and place. (Where and when are these entities?)

Estamos en clase ahora.　　　　We are in class now.

El libro está sobre la mesa.　　The book is on the table.

D. *Estar* is used with certain set phrases (idiomatic expressions).

    estar de acuerdo *(to agree)*
    estar de vacaciones *(to be on vacation)*
    estar de vuelta, de regreso *(to be back)*
    estar seguro(a) *(to be sure)*
    estar bien *(to be all right, well)*

E. *Estar* is used with **past participles** to express a condition or state, often the result of an action.

La puerta está *abierta*.　　　　The door is open (someone opened it).

El problema está *resuelto*.　　The problem is solved (someone solved it).

F. *Estar* is used with the **present participle** (gerund) to form the different progressive tenses that describe actions in progress.

Estaba *lloviendo*.　　　　　　It was raining.

Arturo estaba *durmiendo* cuando llamé.　　Arthur was sleeping when I called.

Estoy *asistiendo* a esa clase todos los días.　　I am attending that class every day.

III. If you recall, the gerund of regular verbs is formed in the following manner:

-*ar* verbs: add -*ando* to the stem   jugar = jug**ando**
-*er* verbs: add -*iendo* to stem   correr = corr**iendo**
-*ir* verbs: (same as -*er*)   vivir = viv**iendo**

A practicar

¡Quiero saber más de ti!

En parejas, háganse estas preguntas.

1. ¿Cómo estás hoy? ¿Estás bien o estás enfermo(a)?
2. ¿Estás nervioso(a) en este momento? ¿Cuándo estás nervioso(a)?
3. ¿Cuándo estás aburrido(a)? Generalmente, ¿dónde estás cuando estás aburrido(a)?
4. ¿Dónde están tus padres ahora?
5. ¿Dónde está tu mejor amigo(a) en este momento? ¿Está de vacaciones?
6. ¿Estás seguro(a) de que quieres aprender español?

ENFOQUEMOS

EL IDIOMA

Ser y estar en contraste
Ser vs. estar

El examen es en la sala número 217.   El examen está en la sala número 217.

I. One of the best ways to distinguish the uses of *ser* and *estar* is to see them in similar sentences.

La comida está muy buena *(speaker's reaction)*.
La comida en este restaurante es muy buena *(a characteristic of this restaurant)*.

El examen es en la sala número 217 *(the event)*.
El examen está en la sala número 217 *(the object)*.

Las montañas son altas *(characteristic)*.
Las montañas están altas *(speaker's reaction: They surpass his or her expectations.)*

La luz del semáforo que indica **alto** es roja *(characteristic)*.
¡La luz está roja! ¡Debes hacer **alto**! *(its condition at this particular time)*

Josefina es una persona nerviosa *(her characteristic personality)*.
Josefina está nerviosa hoy porque tiene un examen *(her condition today)*.

II. There can be a difference in meaning depending on the verb used, as shown here:

estar aburrido(a) = *to be bored*	ser aburrido(a) = *to be boring*
estar listo(a) = *to be ready*	ser listo(a) = *to be smart*
estar interesado(a) = *to be interested*	ser interesado(a) = *to be self-serving*
estar seguro(a) = *to be sure*	ser seguro(a) = *to be safe*
estar verde = *to be green, not ripe*	ser verde = *to be green, its natural color*

A practicar

A. Problemas de los extranjeros

*Con un(a) compañero(a), trabaje para llenar los espacios en blanco con **ser** o **estar**.*

Para una persona que _____ de otro país, como Arturo, obtener una tarjeta de residencia en este país no _____ fácil. Todos los extranjeros _____ de acuerdo con eso. Primero _____ necesario visitar la Oficina de Inmigración de los Estados Unidos. Generalmente esta oficina _____ en el centro de la ciudad y puede _____ difícil de encontrar. Las personas que trabajan en esa oficina generalmente _____ amables; _____ muy serias y _____ pacientes con el público. Por la cantidad de personas que hay allí en la oficina, a veces no tienen tiempo para explicar lo que _____ necesario hacer o lo que algunas cosas quieren decir. Por ejemplo, _____ necesario llenar muchas formas que requiere la Oficina de Inmigración y _____ muy complicadas. Y _____ muy importante no hacer errores, aun si *(even if)* la persona _____ cansada o aburrida de escribir y no quiere o no sabe cómo llenar tantas formas. La Inmigración puede pensar que los errores no _____ errores, pero que _____ mentiras *(lies)*, y eso _____ peligroso *(dangerous)*. Las personas extranjeras pueden resultar deportadas a su país por decir mentiras. Pero Arturo _____ una persona muy paciente y quiere hacer todo muy bien porque _____ muy interesado en obtener su permiso de residencia. ¡Buena suerte, Arturo!

B. ¿Sabe usted la diferencia?

*Con un(a) compañero(a) escriba oraciones usando **ser** o **estar**.* (Make sure that there is a clue within the sentence to tell you which one to use.)

Modelo: verde
Las manzanas "Granny" son siempre de color verde; las manzanas "Delicious" son generalmente rojas, pero éstas todavía están verdes.

1. pálido(a)
2. comunicativo(a)
3. optimista
4. nervioso(a)

5. aburrido(a)
6. elegante
7. listo(a)

E N F O Q U E M O S

EL IDIOMA

Presente de indicativo: Verbos regulares e irregulares

Present Indicative: Regular and Irregular Verbs

I. All Spanish verbs fall into three groups according to how they end in the infinitive form, which is the form found in your vocabulary lists or in a dictionary. The charts that follow will help you review the present tense of regular verbs for all three groups.

ayudar *(to help)*

Singular Forms	Plural Forms
yo ayudo	nosotros(as) ayudamos
tú ayudas	
ella ayuda	ellas ayudan
él ayuda	ellos ayudan
usted ayuda	ustedes ayudan

creer *(to believe)*

Singular Forms	Plural Forms
yo creo	nosotros(as) creemos
tú crees	
ella cree	ellas creen
él cree	ellos creen
usted cree	ustedes creen

vivir *(to live)*

Singular Forms	Plural Forms
yo vivo	nosotros(as) vivimos
tú vives	
ella vive	ellas viven
él vive	ellos viven
usted vive	ustedes viven

II. Present Indicative: Irregular Verbs

A. *Estar, dar, ir: Estar* and *dar* are irregular only in the *yo* form. *Ir,* irregular also in the *yo* form, follows the pattern of *dar.*

estar *(to be)*   **estoy,** estás, está, estamos, están
dar *(to give)*   **doy,** das, da, damos, dan
ir *(to go)*   **voy,** vas, va, vamos, van

B. Many verbs in the *-er* and *-ir* conjugations have irregular forms, although the rest of the forms are regular.

salir *(to go)*   **salgo,** sales, sale, salimos, salen

Other verbs that follow this pattern:

caer *(to fall)* caigo	**tener** *(to have)* tengo
decir (i) *(to say)* digo	**traer** *(to bring)* traigo
hacer *(to do, make)* hago	**valer*** *(to be worth)* valgo
oír *(to hear)* oigo	**venir (ie)** *(to come)* vengo
poner *(to put)* pongo	**ver** *(to see)* veo
saber *(to know)* sé	

C. The infinitive *haber* has a special verb form, *hay,* which most often means *there is* or *there are;* it stresses the existence of someone or something.

Aquí *hay* una comunidad hispana.   Here's a Hispanic community.

¿*Hay* escuelas bilingües aquí?   Are there any bilingual schools here? (Do they exist?)

A practicar

A. ¡Confianza, confianza!

Escriba la forma correcta de los verbos entre paréntesis.

Yo no _____ (conocer) muy bien a mi nuevo vecino, pero _____ (saber) que _____ (ser) hispano porque lo _____ (oír) hablar español con un acento perfecto. Creo que _____ (ir–yo) a visitarlo. Él siempre me _____ (sonreír) cuando él me _____ (ver), pero yo no le _____ (decir) nada porque no _____ (tener) confianza de hablar español. Yo _____ (estar) segura de poder hablar con él por unos momentos. Si yo _____ (hacer) muchos errores, le _____ (poder) pedir disculpas y terminar la conversación. Pero, la verdad _____ (ser) que si él y yo nos _____ (conocer) bien, ¡yo no _____ (pensar) cerrar la boca nunca! _____ (Valer) la pena empezar, ¿no? ¡Confianza!

Valer is most commonly used in the third person singular in these expressions: *Vale la pena* (It's worth it); *Vale* (O.K., Spain); ¿*Cuánto vale?* (How much is it?); *Más vale* (It's better).

B. Encuesta

Ponga los verbos en el presente y luego hágale las siguientes preguntas a un(a) compañero(a):

Modelo: ¿**Dar** la mano al conocer a alguien?
¿Das la mano al conocer a alguien?

1. ¿Crees que **valer** la pena presentarse a alguien? ¿Por qué?
2. ¿**Mostrar** interés en lo que dicen otras personas?
3. ¿Y qué **hacer** si no es interesante lo que **oír**?
4. ¿**Conocer** a personas de otras nacionalidades?
5. ¿**Tener** amigos que hablan otras lenguas?
6. ¿**Oír** música latina en la radio a veces?
7. ¿**Ver** programas en español en la televisión?
8. ¿**Ser** de los Estados Unidos?
9. ¿**Poder** hablar otras lenguas?
10. ¿**Hacer** más errores al hablar o al escribir en español?

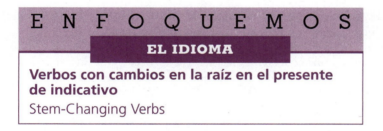

ENFOQUEMOS

EL IDIOMA

Verbos con cambios en la raíz en el presente de indicativo

Stem-Changing Verbs

I.   There are three kinds of changes in the stem of verbs in the present indicative:

> *e* changes to *ei*
> *o* changes to *ue*
> *e* changes to *i*

➡ *Ojo:* The stem of the verb is what remains after you take away the ending (-*ar,* -*er,* or -*ir*) of the infinitive. In **cont**ar (to count), **entend**er (to comprehend), and *ped*ir (to ask for), the stem of the verb is the part that appears here in boldface.

There are four forms in the present indicative that show a change in the stem: *yo, tú, ella (él, usted),* and *ellas (ellos, ustedes); nosotros(as)* has no change.

e → ei

sentir *(to feel)*   s**ie**nto, s**ie**ntes, s**ie**nte, sentimos, s**ie**nten
Verbs like *sentir:* cerrar, comenzar, despertar, divertir, empezar, entender, pensar, perder, preferir, querer, tener (tengo), venir (vengo)

o → ue

contar *(to count)*   c**ue**nto, c**ue**ntas, c**ue**nta, contamos, c**ue**ntan
Verbs like *contar:* almorzar, costar, dormir, encontrar, morir, mostrar, poder, recordar, resolver, soñar, volver

Jugar *(to play)* is the only verb that changes **u** to **ue**: j**ue**go, j**ue**gas, j**ue**ga, jugamos, j**ue**gan.

e → i

pedir *(to ask for)*   pido, pides, pide, pedimos, piden
Verbs like *pedir:* **decir (digo), elegir, repetir, seguir, servir, vestir**

Reír *(to laugh)* and **sonreír** *(to smile)*, require a written accent on every form: (son)río, (son)ríes, (son)ríe, (son)reímos, (son)ríen.

To make a sentence negative, place *no* in front of the conjugated verb and any object pronoun it may have.

Josefina conoce a Arturo.	*No conoce* a Susana.
¿Vives en la comunidad hispana?	*No, no vivo* allá.
¿Recuerdas mi nombre?	*No, no lo recuerdo.*

In the last two examples, the first *no* answers the question and the second *no* makes the sentence negative.

II.   Verbos con cambios de ortografía en el presente de indicativo

Some regular verbs require spelling changes. Most of these occur to maintain the sound of the infinitive throughout the conjugation.

A.   Verbs ending in *-ger, -gir* need to change *g* to *j* before *a* or *o* in the verb forms that have these vowels as endings, like *yo* in the present indicative.

escoger *(to select)*   escojo, escoges, escoge, escogemos, escogen
dirigir *(to direct)*   dirijo, diriges, dirige, dirigimos, dirigen

B. Verbs that end in *-guir* drop the *u* that comes after *g* before an *a* or an *o* in the verb forms that have these vowel endings, like the *yo* form of the present indicative.

> **seguir*** *(to follow)*   si**go,** sigues, sigue, seguimos, siguen

C. Verbs that end in *-cer, -cir* have *zc* in the *yo* form.

> **conocer** *(to know, meet)*   cono**zc**o, conoces, conoce, conocemos, conocen
>
> **traducir** *(to translate)*   tradu**zc**o, traduces, traduce, traducimos, traducen

A practicar

A. ¡A usar esos verbos! ¡Primero a escribirlos!

En grupos, escriban una pregunta con cada verbo usando la forma tú.

➡ *Ojo:* If a question is asked in the negative, *no* comes before the verb.

Modelo: conocer a personas extranjeras
¿Conoces a personas extranjeras en esta universidad?

1. entender al profesor
2. pedir comida mexicana
3. leer novelas en español
4. vestir ropa elegante
5. jugar a algún deporte para la universidad
6. mostrar interés especial en alguien de la clase
7. seguir las telenovelas *(soap operas)* en la televisión
8. escoger buenas clases para el semestre próximo *(next)*

B. ¡Ahora a usar estos verbos!

Con las preguntas que escribió para el ejercicio A, hágale preguntas a un(a) compañero(a) para practicar la primera persona (yo) de estos verbos.

Modelo: ¿Conoces a personas extranjeras en esta universidad?
Sí, conozco a varias personas extranjeras.

---

*Note that *seguir* also has a stem change from *e* to *i* in all forms of the present indicative, except *nosotros(as)*.

I. These are the basic uses of the present indicative:

A. To state a current fact

Soy estudiante.	I am a student.
Quiero aprender español.	I want to learn Spanish.

B. To indicate an ongoing activity or a habitual action

Asisto a clase tres veces por semana.	I attend class three times a week.
Siempre compro mi ropa en esta tienda.	I always buy my clothes in that store.

C. To indicate a near-future event

Te llamo por teléfono mañana.	I will call you on the phone tomorrow.

II. The following are special uses of specific verbs in the present indicative:

A. The verb *ir* in the present indicative followed by *a* and a verb in the infinitive is equivalent to the English construction "going to" + an infinitive.

Vamos a conocer a los padres de Josefina esta tarde.	We are going to meet Josefina's parents this afternoon.

B. The present indicative of *acabar* followed by *de* and an infinitive corresponds to "to have just" + past participle in English.

Acabamos de conocer a los padres de Josefina.	We have just met Josefina's parents.

C. *Hacer* in the present indicative followed by an expression of time and *que* indicates that an action began in the past and is continuing in the present.

Hace cinco meses que vivo en los Estados Unidos.	I have lived in the United States for five months.

D. The present indicative with *desde* is used to mean *since* or that an action that began in the past is continuing in the present.

Vivo aquí desde el año pasado.	I have been living here since last year.

➡ *Ojo: Desde* followed by *hace* and an expression of time is the same as the construction *hace* + time + *que*:

Vivo aquí desde hace cinco meses. = Hace cinco meses que vivo aquí.	I have been living here for five months.

E. The verb *estar* in the present indicative combines with the present participle (gerund) to form the present progressive tense, which focuses on the action or state currently in progress. Note the following conversation:

Conversación por teléfono

—¡Hola, Josefina! ¿Cómo estás? ¿Qué estás haciendo?
—¡Hola, Arturo! ¿Qué tal? Estoy estudiando para un examen.

Both speakers are stressing what is going on at that specific time.

A practicar

A. ¡Vamos a conocernos!

En parejas, háganse estas preguntas para conocerse.

1. ¿De dónde eres?
2. ¿Cuánto tiempo hace que vives en esta ciudad?
3. ¿Desde cuándo asistes a esta universidad?
4. ¿Cuándo vas a terminar tus estudios?
5. ¿Hace mucho tiempo que estudias español?
6. ¿Cuántas clases tomas este semestre?
7. ¿Qué carrera o profesión vas a seguir?

B. ¿Quién eres tú? Yo soy...

Usando las preguntas del ejercicio A (y otras más si es necesario) escriba usted su autobiografía.

Palabras interrogativas
Interrogative Words

I. Questions in Spanish usually follow this word order:

question word + *verb* + *subject* and/or *complement*
¿Cuándo + tiene + Luis la clase de español?
¿Quién + vive + en esta casa?

II. The following are some of the most common interrogatives in Spanish:

¿dónde?	where?
¿cómo?	how?
¿cuándo?	when?
¿cuánto(a)?	how much?
¿cuántos(as)?	how many?
¿cuál(es)?	which one(s) (when there is a choice)?
¿qué?	what/which?
¿quién(es)?	who?

Ejemplos:

¿Dónde están?	Where are they?
¿Cómo estás?	How are you?
¿Cuándo es tu clase?	When is your class?
¿Cuánto dinero tienes?	How much money do you have?
¿Cuántos amigos mexicanos tienes?	How many Mexican friends do you have?
¿Cuál es tu clase favorita?	Which is your favorite class?
¿Qué calle es ésta?	What street is this (identify)?

III. Although *cual* can also mean "what," the use of *¿cuál?* implies a choice.

¿Cuál de tus clases prefieres?   Among all classes, which one do
                                       you prefer?

Qué is used when asking for a definition, identification, or an explanation.

¿Qué día es hoy?   identify
¿Qué es esto?   explain
¿Qué es *infalible*?   define

IV. *Cómo* can also mean "what," when asking someone to repeat a statement because it was not understood.

¿Cómo?   Pardon me? / What was that?

Cómo can also be translated as "what" in the following example:

¿Cómo es Caracas?   What is Caracas like?

V. The interrogatives listed often follow a preposition, which gives the question a different meaning.

¿De dónde eres?	Where are you from?
¿Adónde vas?	Where are you going?
¿Con quién trabajas?	With whom do you work?
¿De quién es el libro?	Whose book is it?
¿Para quién son las flores?	For whom are the flowers?
¿De qué hablan?	What are they talking about?
¿En qué piensas?	What are you thinking of/about?
¿En quién piensas?	Of whom are you thinking?
¿Con qué preparas esta receta?	With what do you prepare this recipe?

[handwritten annotation: for whom *]*

VI. *¿Por qué?* (two words) meaning "why" should not be confused with *porque* (one word, and not an interrogative) which means "because."

Both *¿para qué?* and *¿por qué?* can be translated as "why" but with different meanings.

¿Para qué? = for what purpose (What is the objective?)
¿Por qué? = for what reason, what cause (why?)

—¿**Para qué vas a la reunión?**	What are you going to the meeting for?
—**Para practicar el español.**	To practice Spanish.
—¿**Por qué quieres ir al cine?**	Why do you want to go to the movies?
—**Porque estoy aburrida.**	Because I am bored.

A practicar

A. Preguntas

Con un(a) compañero(a), haga las preguntas que provocaron estas respuestas.

Modelo: Hoy es martes.
              ¿Qué día es hoy?

1. Se llama Josefina Gómez Jaramillo.
2. Es de Arizona.
3. Es estudiante, pero también es escritora.
4. Estudia periodismo y literatura hispanoamericana.
5. Escribe sobre la mujer en Latinoamérica.
6. Le interesa ese tema porque piensa que la situación de la mujer en Latinoamérica no es buena.
7. Josefina nació en los Estados Unidos, pero sus padres son mexicanos.
8. Parte de su familia está todavía en México.
9. Josefina se comunica con ellos por carta.
10. Ella viaja muy seguido a diferentes países latinoamericanos.
11. En sus viajes ella entrevista a muchas mujeres para conocer bien su situación.
12. Las mujeres con quienes ella habla son de diferentes clases sociales.
13. Podemos leer sus artículos en el periódico universitario y en algunas revistas.
14. Puedes comprar su libro en la librería de la universidad.
15. Se llama *Opiniones femeninas*.
16. Está en la sección de la librería que tiene literatura feminista.
17. Cuesta más o menos veinte dólares.
18. No, no es difícil para ti leerlo porque es una edición bilingüe.

B. Más preguntas

Lea este párrafo. ¿Qué preguntas puede hacer usted basadas en este párrafo?

Para la mayoría de las personas, la vida en los Estados Unidos es fácil porque hay una gran abundancia de muchas cosas. Por eso, y porque la situación económica en sus propios países es mala, muchas personas quieren emigrar y venir a vivir y a trabajar a los Estados Unidos. Muchos norteamericanos no quieren aceptar a los extranjeros porque son diferentes y hablan otra lengua. Pero las contribuciones de otras culturas a este país son muy importantes; hay una gran influencia multicultural en la historia norteamericana.

C H A R L E M O S
UN POCO MÁS

A. ¡Usted es periodista!

Usted es reportero(a) para el periódico de la universidad y tiene que entrevistar a una persona de otro país que vive ahora en los Estados Unidos. Prepare primero las preguntas y después con un(a) compañero(a) hagan los papeles de reportero y de inmigrante. Como usted no conoce a esta persona, debe empezar por presentarse; no olvide las frases de cortesía. Es necesario usar una grabadora *(tape recorder)*.

B. Solicitamos su opinión

1. ¿Deben vivir separadas las diferentes comunidades étnicas en los Estados Unidos? ¿Por qué existen en las ciudades grandes secciones étnicas separadas, como Chinatown en San Francisco o Little Havana en Miami? ¿Es ésta una buena situación o no? ¿Por qué?
2. ¿Cree usted que los inmigrantes que viven en los Estados Unidos deben aprender a hablar inglés aun *(even)* si no lo necesitan en su trabajo? ¿Deben olvidar su lengua para aprender mejor el inglés?
3. ¿Es un fenómeno bueno o malo la entrada de los trabajadores migratorios a los Estados Unidos? Explique.
4. ¿Cuáles son algunas soluciones para eliminar la discriminación entre culturas diferentes?

C. Debate

El gobierno de los EE.UU. no debe permitir la entrada de más personas en los EE.UU. porque ya hay muchos problemas respecto al empleo, a la vivienda, etc. Formen dos grupos para hablar sobre esta idea. Es necesario formular sus opiniones antes de la discusión en clase.

D. Temas escritos

1. Escoja Ud. a una de estas personas y vaya a la biblioteca para buscar información sobre él o ella. Escriba una biografía (en español, por supuesto) sobre esa persona. ¡Tenga cuidado de hacerla muy interesante!

Adolfo	Carlos Fuentes
María Conchita Alonso	Andy García
Isabel Allende	Gabriel García Márquez
Rubén Blades	Cristina Herrera
Jorge Luis Borges	Julio Iglesias
Pablo Casals	Raúl Julia
Fidel Castro	Frida Kahlo
César Chávez	Edward James Olmos
Linda Chávez	Eva Perón
Henry Cisneros	Pablo Picasso
Roberto Clemente	Gregory Rabassa
Salvador Dalí	Linda Ronstadt
Plácido Domingo	Carlos Santana
Gloria Estefan	Ritchie Valens

2. Ahora, a escribir la entrevista del ejercicio A. Escriba Ud. las preguntas y las respuestas de la entrevista, en una forma bien organizada. Recuerde que es un artículo para el periódico universitario. Es necesario eliminar las secciones que no sean interesantes.

L A   Ú L T I M A

PALABRA

Para conocerse

¿De dónde es (eres)?   Where are you from?
Soy de... I am from…
Vamos a tutearnos.   Let's use the *tú* form.
Háblame de *tú*.   Use the *tú* form.

Para pedir información, ayuda o un favor

¿Cómo se dice... ?   How do you say… ?
¿Qué quiere decir... ?   What does… mean?
¿Me pudiera(s) ayudar?   Could you help me?

Quisiera pedirle(te) un favor.   I would like to ask you a favor.

¿Pudiera(s) hablar más despacio?   Could you speak more slowly?

¿En qué puedo ayudarle(te)?   How can I help you?

¿En qué puedo servirle(te)?   How can I help you?

¡Por supuesto!   Of course!

¡Claro que sí! / ¡Cómo no!   Of course!

Disculpe(a); no puedo.   Sorry! I can't.

Muchas gracias. / Mil gracias.   Thank you very much.

Le agradezco mucho.   I am very grateful.

Para disculparse

Lo siento mucho.   I am very sorry.

Estoy muy avergonzado(a).   I am very embarrassed.

Disculpe(a).   Excuse me.

Perdón.   Excuse me.

Con permiso.   With your permission.

Está bien.   It's all right.

No hay cuidado.   Don't worry!

¡Tranquilo(a)!   Don't worry! Calm down!

Pasatiempos y diversiones

Charlemos sobre la foto

1. ¿Cómo se llama el deporte que vemos en la foto? ¿Se juega en los Estados Unidos? ¿Es este deporte tan popular en los Estados Unidos como en Europa y Latinoamérica?

2. ¿Por qué cree usted que este deporte es tan popular en Latinoamérica y Europa?

3. ¿Sabe usted si en este deporte hay equipos *(teams)* de mujeres?

4. ¿Cree usted que debe haber equipos de mujeres igual que de hombres en los diferentes deportes? ¿Por qué sí o por qué no?

5. ¿A usted le gusta participar en los deportes o prefiere ser espectador(a)?

6. ¿Cuáles son sus deportes favoritos?

Metas comunicativas

- Expresar sus gustos y preferencias
- Hablar de deportes y pasatiempos
- Expresar acciones en el pasado usando el pretérito y describir eventos y entidades en el pasado usando el imperfecto

Metas gramaticales

- El verbo *gustar* y verbos similares
- El tiempo pretérito
  verbos regulares
  verbos irregulares
  verbos con cambios en la raíz
- El tiempo imperfecto
  verbos regulares
  verbos irregulares
- El pretérito y el imperfecto

Metas culturales

- Aprender acerca de las diversiones populares en los países de habla española
- Reconocer las diferencias culturales en actitudes hacia los pasatiempos

Ahora, leamos

- "¿Qué deporte debe elegir?", de *¡Hola!* (Madrid: 1º agosto 1991)

VOCABULARIO
PERSONAL

Make a list of words and expressions that you would need to talk about *pasatiempos y diversiones*. Begin by listing your own favorite recreational activities, and move on to those you dislike or find boring. How many can you name? What about activities that have always interested you but that you have not had time to explore?

En contexto

Arthur wants to ask Josefina to go out with him on Saturday. He has no specific plans in mind as to where to go, so they discuss several possibilities.

Arthur: Josefina, ¿quisieras salir conmigo este sábado?

Josefina: ¡Buena idea! ¿Qué quieres hacer?

Arthur: No sé. ¿Eres aficionada a los deportes?

Josefina: Sí, pero más como espectadora que como participante. Antes jugaba al béisbol, al básquetbol y al boliche mucho, pero ahora que estoy en la universidad no tengo tiempo; estoy muy ocupada. Ahora prefiero actividades o deportes en que participo yo sola, como nadar, correr o andar en bicicleta.

Arthur: Yo jugaba mucho al hockey cuando vivía en el Canadá. Ahora que estoy en Arizona, veo que aquí el hockey no es un deporte muy popular. Pero no es necesario hacer algo deportivo el sábado. Otra posibilidad es ir al cine.

Josefina: Me encanta ir al cine. Cuando era niña, iba al cine todos los sábados con mis amigas y veíamos la misma película dos y tres veces; pasábamos toda la tarde en el cine. Entonces era posible hacer eso, pero ahora creo que está prohibido.

Arthur: Yo también soy muy aficionado a las películas. Con frecuencia voy al cine o alquilo videos para mirarlos en casa; con un video sí puedes mirar una película muchas veces, si quieres. ¿Te gustaría ir al cine, entonces? ¿Qué película quieres ver?

Josefina: Esta vez prefiero una película cómica porque la semana pasada vi *A Few Good Men* y es una película muy buena, pero un poco seria. ¿Qué te parece?

Arthur: Me parece muy bien. Vi en el periódico que exhiben esta semana *Home Alone II*. Es muy divertida.

Josefina: ¡Magnífico! ¿Me puedes llamar el sábado por la mañana para fijar la hora?

Arthur: ¡Claro que sí! Hasta el sábado.

¿Qué tipo de película es ésta? ¿Es una comedia o una película seria? ¿Cuál es el nombre de esta película en inglés? ¿Qué tipo de películas hace Woody Allen? ¿Le gustan a usted las películas de Woody Allen? ¿Cuáles son sus favoritas?

¿Qué pasó?

1. ¿Qué deportes practicaba Josefina antes de empezar sus estudios universitarios? ¿Cuáles practica ahora? ¿Por qué cambió?
2. ¿A qué deporte jugaba Arturo antes en el Canadá? ¿Por qué no lo practica ahora?
3. ¿Qué deciden hacer Arturo y Josefina?

Palabras prácticas

Para hablar de cosas y personas

la actividad   activity, something to do
el (la) aficionado(a)   fan
la bicicleta   bicycle
el boliche   bowling
el cine   movies
los deportes   sports
el (la) espectador(a)   spectator
el (la) niño(a)   child
el (la) participante   participant
la película   movie, film
el periódico   newspaper
la semana   week
la vez (*pl.*: **veces**)   time, occasion
el video   videotape

Acciones relacionadas con los pasatiempos y deportes

alquilar   to rent
andar en bicicleta   to ride a bicycle
correr   to run, jog
encantar   to be delighted by…
exhibir   to show (a movie)
fijar   to set
gustar   to be pleased by…
jugar   to play a game or sport
llamar   to call
mirar   to watch
nadar   to swim
participar   to participate
salir   to go out, leave
ser aficionado(a) a…   to be a fan of, fond of…
ver   to see
vivir   to live

Para describir cosas o personas

cómico(a)   funny
deportivo(a)   related to sports
divertido(a)   entertaining, amusing
mismo(a)   same
muchos(as)   many
ocupado(a)   busy
pasado(a)   last; past
prohibido(a)   prohibited
serio(a)   serious
solo(a)   alone, lonely

Expresiones útiles

ahora   now
antes   before, formerly
¡Buena idea!   Good idea!
¡Claro que sí!   Of course!
con frecuencia   frequently
entonces   (back) then
¡Estupendo!   Great!
hasta   until
¡Magnífico!   Wonderful! Great!
¿Qué te parece?   What do you think?

Word Formation

Many nouns are formed from verbs by dropping the final *r* of the infinitive and adding *-dor(a)*, as in: *jugador/jugadora*, from the verb *jugar*.

Can you form nouns from these verbs?

Verb	Noun	Verb	Noun
correr	_____	boxear	_____
nadar	_____	ganar	_____
bailar	_____	perder	_____
luchar	_____	lanzar	_____
patinar	_____		

Careful! A few vocabulary items in this chapter merit special attention.

a. *Juego* refers to *game* in general as well as *gambling*.

b. The verb *jugar* means *to play a game, to gamble,* or *to engage in a sport.* It is **not** used to mean *to play an instrument,* for which the verb *tocar* is needed.

A practicar

A. Identificar y ampliar

En parejas, escojan palabras de la segunda columna que se relacionan con palabras de la primera columna.

Modelo: jugar / ajedrez
Para jugar al ajedrez es necesario tener mucha concentración.

1. _____ jugar   a. piscina
2. _____ tocar   b. periódico
3. _____ alquilar   c. películas
4. _____ exhibir   d. televisión
5. _____ mirar   e. tenis
6. _____ leer   f. guitarra
7. _____ nadar   g. video

B. ¡A escribir!

Escriba oraciones con las palabras que conectó en las dos columnas del ejercicio A.

C. ¡A conocerse mejor!

Con las palabras que siguen, forme preguntas relacionadas con pasatiempos, diversiones y deportes para después hacerle estas preguntas a un(a) compañero(a) de clase.

Modelo: esquiar / agua / nieve
¿Esquías en el agua o en la nieve? ¿Cuál es más difícil? ¿Por qué?

1. mirar / películas de aventuras / películas de amor
2. gustar / los deportes / los pasatiempos intelectuales
3. preferir ser / espectador(a) / jugador(a)
4. saber / tocar instrumentos / bailar
5. jugar / ajedrez / damas
6. leer / novelas / dramas
7. gustar / exhibiciones en museos / conciertos

D. Encuentros personales

1. Describe to a classmate the last movie you saw. Include information about the plot, the actors, the director, etc. Your classmate should ask you questions about the film. Be sure to tell him or her why you'd recommend it or not.
2. Discuss with a classmate whether football, boxing *(el boxeo),* bullfighting *(la corrida de toros),* hockey, and wrestling are too violent.

E N F O Q U E M O S
EL IDIOMA

Gustar y verbos similares
Gustar and Similar Verbs

I. *Gustar* expresses the idea of *to like,* but it literally states that "something is pleasing to someone."

Me gusta la música latina.   Latin music pleases me.

Gustar and similar verbs are limited to the use of the third person singular and plural depending on whether one or several things or persons please

A Josefina le
gusta Arturo.

someone. Number agreement must thus be kept between *gustar* and someone and between *gustar* and the thing or things doing the pleasing.

Me gusta la pizza.	Pizza pleases me.
Me gustan los colores vivos.	Bright colors please me.

➡ *Ojo*: The verb phrase with *gustar* can come at the beginning or the end of the sentence without changing the meaning.

Me gustan mucho los chocolates. / Los chocolates me gustan mucho.

Remember that in <u>neither</u> case does the sentence translate as "I like chocolates very much" but rather "Chocolates please me very much."

II. A verb in the infinitive form can be used with *gustar* to tell that an action rather than a thing or person is pleasing to someone.

Me gusta bailar.	Dancing (To dance) pleases me.

Even if two or more actions are involved, *gustar* remains in the singular form.

Me gusta nadar y correr.	Swimming and running (To swim and to run) please me.

A Arturo le gusta tocar
la guitarra y cantar.

III. Note how the object (Chinese food) of the following English sentence becomes the subject when viewed in the light of the Spanish construction:

I like *Chinese food*. / *Chinese food* pleases me.
Me gusta la comida china.

Similarly, the subject pronoun *I* has been replaced by the indirect object pronoun *me*. Thus, it can be seen how the subject pronouns *yo, tú,* etc. <u>never</u> appear before *gustar* in a sentence.

IV. The indirect object pronouns—*me, te, le, nos, les*—when used with *gustar* can be preceded by the prepositional phrases *a mí, a ti, a él, a ella, a usted, a nosotros(as), a ellos, a ellas, a ustedes,* for emphasis or for clarification.

A mí me gusta mirar la televisión.	Me, I like to watch television (emphasis).
A ustedes no les gusta hacer ejercicio.	You all, you don't like to exercise (clarification).

Since *les* can stand for *ellos, ellas,* or *ustedes,* the phrase *a ustedes* was needed to clarify who is represented by *les*.

When speaking about third persons, singular or plural, the actual names of the persons referred to can be used instead of *a* + the subject pronouns (*a él, a ella,* etc.).

A Josefina y a Arturo les gusta ir al cine.	It pleases Josefina and Arthur to go to the movies.

➡ *Ojo*: Even though specific names are used in this example, note that the indirect object pronoun <u>must</u> still be used. The pronoun is required; the specific names are simply extra, optional information.

V. In Spanish several other verbs function in the same manner as *gustar*.

agradar	to be pleased by something/someone
caer bien	to get along with, to suit
deprimir	to be depressed by something/someone
desagradar	to be displeased by something/someone
doler	to ache, hurt
encantar	to be delighted by something/someone
fascinar	to be fascinated by something/someone

importar	to be concerned about something/someone
interesar	to be interested by something/someone
intrigar	to be intrigued by something/someone
molestar	to be bothered by something/someone
parecer	to appear, seem
sorprender	to be surprised by something/someone
A él no le importa mucho si su equipo favorito gana o no.	It doesn't matter much to him if his favorite team wins or not.

A practicar

A. Opiniones sobre los pasatiempos y diversiones

Cambie los pronombres de complemento indirecto por los que están en paréntesis.

1. Me desagradan los deportes violentos. (a nosotros, a ti, a Luis, a Juan y a Eugenia)
2. Me intrigan las novelas de misterio. (a ti y a mí, a Simón, a ustedes, a ellos)
3. No me gusta ir a bailar sin compañero. (a Rita y a Sara, a ella, a nosotros, a ti)
4. Me agrada ir a los museos porque son lugares muy tranquilos. (a ellos, a nosotros, a usted, a Joaquín)
5. Me encanta caminar por la playa sin zapatos. (a mi amigo Roberto, a ti y a Manuel, a ellas, a nosotros)

B. Entrevista

Hágale estas preguntas a un(a) compañero(a) de clase.

1. ¿Te gusta ir al cine? ¿Te gustaba ir al cine cuando eras niño(a)?
2. ¿Crees que hay demasiada violencia en las películas que vemos hoy en día?
3. ¿Qué tipo de películas prefieres? ¿Te gustan las comedias?
4. ¿Te molesta si las personas en el teatro hablan mucho y tú no puedes oír? ¿Qué haces en esa situación?
5. ¿Te duelen los ojos después de mirar la televisión por mucho tiempo? ¿Te duele la cabeza? ¿Qué haces?
6. ¿Te importa si tu universidad tiene un buen equipo de fútbol americano?
7. ¿Qué cosas te desagradan *(displease you)* en las personas del sexo opuesto?

C. Frases originales

Use un elemento de cada columna para escribir frases.

Modelo: a mí / interesar / libros de arquitectura porque...
A mí me interesa mirar libros de arquitectura porque quiero estudiar arquitectura.

A	B	C
a Mario	intrigar	el ajedrez porque...
a mí	aburrir	las novelas románticas porque...
a ella	desagradar	mirar fútbol porque...
a usted	sorprender	sacar A en sus clases porque...
a nosotros	agradar	la música de otros países porque...
a Julián	molestar	no tener dinero porque...
a ti	gustar	ir al gimnasio porque...
a ellos	encantar	las comedias en la televisión porque...
a ustedes	deprimir	películas serias porque...
a los niños	fascinar	la Navidad porque...

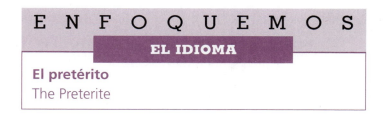

ENFOQUEMOS
EL IDIOMA

El pretérito
The Preterite

In Spanish, there are two ways to view the past. One is the preterite; the other is the imperfect (to be presented later).

I.   The preterite focuses on a completed action.

Arturo escribió a varias universidades en los Estados Unidos.	Arthur wrote to several universities in the United States.

Arthur may still be writing letters, but the speaker wishes to focus on the time in the past and views this event as completed.

II.   The preterite can be used to refer to more than one action (a series of events) that occurred in the past and were completed.

Arturo escribió las cartas, las envió y luego esperó la contestación.	Arthur wrote the letters, sent them, and then waited for a reply.

➡ *Ojo*: The following words usually call for the use of the preterite because they refer to specific periods of time in the past.

ayer	yesterday
anteayer	the day before yesterday
anoche	last night
anteanoche	the night before last
la semana pasada	last week
el mes pasado	last month
el año pasado	last year

➡ *Ojo*: To express *ago* in Spanish, use a verb in the preterite with *hacer.*

Arturo llegó a los Estados Unidos hace seis meses.
or: **Hace seis meses que Arturo llegó a los Estados Unidos.**

Arthur arrived in the United States six months ago.

III. The preterite of regular verbs is formed in the following manner:

-ar	-er	-ir
é	í	í
aste	iste	iste
ó	ió	ió
amos	imos	imos
aron	ieron	ieron

➡ *Ojo*: Note that *-er* and *-ir* verbs have the same endings.

IV. Some regular verbs have particular changes of spelling in the preterite.

A. Verbs whose infinitive ends in *-gar,* add a *u* to the stem before the *é* of the first person singular.

    jugar *(to play games, sports)* jug**u**é, jugaste, jugó, jugamos, jugaron

B. Similarly, verbs ending in *-car* change the *c* to *qu* before *é* in the first person singular.

    tocar *(to play an instrument, touch, knock)* to**qu**é, tocaste, tocó, tocamos, tocaron

C. Verbs that end in *-zar* change the *z* to *c* before *é* in the first person singular.

> **lanzar** *(to throw)*   lan**c**é, lanzaste, lanzó, lanzamos, lanzaron

D. When the stem of *-er* or *-ir* verbs ends in a vowel, as in *leer*, or *oír*, the endings for the third person singular and plural *(-ió, -ieron)* change the *i* to *y*.

> **leer** *(to read)*   leí, leíste, le**y**ó, leímos, le**y**eron
> **oír** *(to hear)*   oí, oíste, o**y**ó, oímos, o**y**eron

➡ *Ojo:* Note that some *-ar* and *-er* verbs that have a change in the stem in the present tense, do not have it in the preterite.

> **apostar** (o → ue) *(to bet)*   aposté, apostaste, apostó, apostamos, apostaron
> **jugar** (u → ue) *(to play)*   jugué, jugaste, jugó, jugamos, jugaron
> **perder** (e → ie) *(to lose)*   perdí, perdiste, perdió, perdimos, perdieron

E. Verbs that end in *-ir* show a change of stem only in the third person, singular and plural: the *e* changes to *i*, and the *o* to *u*.

> **preferir** (e → i) *(to prefer)*   preferí, preferiste, pre**f**irió, preferimos, pre**f**irieron
> **dormir** (o → u) *(to sleep)*   dormí, dormiste, d**u**rmió, dormimos, d**u**rmieron

A practicar

A. El juego de fútbol

Conteste las preguntas usando la primera persona del singular (yo) del pretérito.

1. ¿Quién jugó al fútbol ayer por la tarde en el parque?
2. ¿Jugaste por muchas horas?
3. ¿Ganaste o perdiste?
4. ¿A qué hora llegaste al parque?
5. ¿A qué hora terminaste de jugar?
6. ¿Quién leyó los resultados del juego en el periódico?
7. ¿Quién lanzó la primera pelota?
8. ¿Comiste algo después de jugar?
9. ¿Bebiste algo después de jugar?
10. ¿Te gustó participar en este juego?

B. Un día diferente

Termine las oraciones, poniendo los verbos en el pretérito y usando otro verbo original para explicar la acción diferente que ocurrió ayer.

Modelo: Generalmente yo llamo a mi madre por teléfono los domingos, pero ayer yo no la *llamé*; yo *le escribí una carta.*

1. Generalmente yo corro por la playa todos los días, pero ayer yo no _____; yo _____.
2. Los sábados normalmente María Luisa alquila un video para verlo encasa con sus amigos, pero ayer ella no _____; ella
_____.
3. Mi padre lee el periódico todas las mañanas, pero ayer no _____ el periódico; él _____.
4. Yo siempre toco la guitarra en las fiestas de mi amiga Carolina, pero ayer yo no _____; yo _____.
5. Yo siempre juego al ajedrez con mi abuelo los domingos por la noche, pero ayer yo no _____; nosotros _____
_____.
6. Arturo siempre duerme diez horas por la noche, pero anoche él no _____ nada porque él _____.

E N F O Q U E M O S

EL IDIOMA

El pretérito: Verbos irregulares
The Preterite: Irregular Verbs

I.   The preterite forms of *ser, ir,* and *dar* are irregular.

ser	ir	dar
fui	fui	di
fuiste	fuiste	diste
fue	fue	dio
fuimos	fuimos	dimos
fueron	fueron	dieron

➡ *Ojo:* Note that *ser* and *ir* have identical forms in the preterite, but the meaning can be derived from context.

¿Fuiste tú a México el verano pasado?　Did you go to Mexico last summer?

¿Fuiste tú la persona que me mandó esas flores?　Were you the person who sent me those flowers?

II. Other irregular verbs follow:

> **tener**　tuve, tuviste, tuvo, tuvimos, tuvieron
> **estar**　estuve, estuviste, estuvo, estuvimos, estuvieron
>
> **poder**　pude, pudiste, pudo, pudimos, pudieron
> **poner**　puse, pusiste, puso, pusimos, pusieron
> **saber**　supe, supiste, supo, supimos, supieron
>
> **hacer**　hice, hiciste, hizo, hicimos, hicieron
> **venir**　vine, viniste, vino, vinimos, vinieron
> **querer**　quise, quisiste, quiso, quisimos, quisieron
>
> **decir**　dije, dijiste, dijo, dijimos, dijeron
> **traer**　traje, trajiste, trajo, trajimos, trajeron
> **conducir**　conduje, condujiste, condujo, condujimos, condujeron
> **traducir**　traduje, tradujiste, tradujo, tradujimos, tradujeron

➡ *Ojo*: Note that there is a spelling change in the third person singular of the verb *hacer,* from *c* to *z*.

　　Also note that the last four verbs on the list (*decir, traer, conducir,* and *traducir*) do not have an *i* in the third person plural, as found in the endings of the other verbs: instead of *-ieron,* the ending is *-eron*.

A practicar

A. Preparaciones para ir a la universidad

Cambie los verbos en paréntesis al tiempo pretérito.

1. Arturo _____ (decidir) escribir a varias universidades en los Estados Unidos.
2. Él _____ (preguntar) los detalles de admisión.
3. Arturo también _____ (pedir) el catálogo de cursos.
4. Después de escribir las cartas _____ (ir) a la biblioteca y _____ (buscar) la dirección de las diferentes universidades.
5. Arturo _____ (esperar) varias semanas y _____ (recibir) varias contestaciones.
6. Él _____ (escoger) la Universidad de Arizona en Tucson porque le _____ (agradar) los cursos y también el clima.
7. A Arturo también le _____ (interesar) la idea de conocer el Suroeste de los Estados Unidos y de vivir en un lugar donde coexisten varias culturas.

B. Un viaje memorable

Cambie los infinitivos al pretérito.

Arturo y sus padres _____ (hacer) un viaje al Suroeste de los
Estados Unidos. _____ (Pasar) dos semanas en Colorado, Arizona
y Nuevo México. Cuando ellos _____ (llegar), _____
(buscar) un automóvil para alquilar. Así _____ (viajar) y
_____ (conocer) muchos lugares interesantes. Ellos
_____ (mandar) muchas tarjetas postales a todos sus amigos en el
Canadá. En Arizona _____ (ir) a conocer la universidad. A Arturo le
_____ (encantar) el recinto universitario y _____ (decidir)
estudiar allí. A sus padres les _____ (interesar) también la universidad y la región del Suroeste por ser tan diferente al Canadá.

C. Entrevista

*Busque a una persona que es de otro lugar pero que ahora vive en la misma
ciudad que usted. Hágale estas preguntas y después escriba las respuestas en
forma de composición para leer a la clase.*

1. ¿Por qué decidió usted venir a esta ciudad?
2. ¿Cuánto tiempo hace que llegó usted aquí?
3. ¿Cuál fue su primera impresión al llegar aquí?
4. ¿Qué aspecto de la ciudad le interesó más cuando llegó usted aquí?
5. ¿Qué sección de la ciudad le agradó más?
6. ¿Quién fue la primera persona a quien usted conoció aquí?
7. ¿Qué aspecto de la ciudad le desagradó más?

D. Anoche

*Pregúntele a un(a) compañero(a) qué hizo anoche y cuéntele lo que usted hizo
anoche. ¡Usen la imaginación!*

AHORA

LEAMOS

Para su comprensión

Exercise is an important consideration in living a longer, healthier life. No
matter what type of physical activity you choose, exercise can increase your
energy and improve your attitude. The article you are about to read dis-
cusses choosing a sport or exercise program, the medical benefits of exercise, and how certain physical activities can improve your well-being.

Antes de leer

1. There are many cognates* related to health and exercise in this article. Make a list of them as you read through it and give their English equivalents. For example:

Spanish	English
musculatura	musculature
respiración	_____

You will also see that some English words are used to name different sports activities in Spanish (for example, *el jogging*). Make a list of the English words used in this article. Why do you suppose they are used?

2. In Spanish, a verb can become a noun by using the infinitive form with the definite article *el*. In English, this same idea is expressed with the *-ing* form. For example:

Spanish Verb	Spanish Noun	English Verb	English Noun
correr	el correr	*to run*	running
nadar	el nadar	*to swim*	swimming
jugar (al tenis)	el jugar	*to play*	playing
caminar	_____	_____	_____

Pick out the sports activities that are mentioned in the article, and give synonyms for them by using infinitives with the article *el*. You may need to use a dictionary for some of them. For example:

Activity	Synonym
el ciclismo	el montar en bicicleta
la marcha	el caminar
_____	_____

¿QUÉ DEPORTE DEBE ELEGIR?

¡Hola! (Madrid: 1º agosto 1991)

¿Quién puede hacer deporte?

Cada individuo enfoca el deporte según sus propias características físicas y psíquicas, su voluntad y sus posibilidades. Si algunos aspectos desaventajan[1] a la mujer respecto al hombre (musculatura, respiración, fuerza...),

[1]**desaventajar** to put at a disadvantage

---

*If you recall, cognates are words that are identical or similar in two languages and have the same meaning.

otros, al contrario, le permiten rivalizar (flexibilidad, rapidez de reflejos, concentración, motivación). Es importante rectificar una idea falsa demasiado divulgada: la práctica de una actividad deportiva no es por sí misma adelgazante[2]. Hasta los cuarenta años, toda persona que presente un estado físico y psíquico sano (confirmado por su médico) puede practicar el deporte de su elección. A partir de esa edad, hay que tener en cuenta varios elementos:

- Respetar unas reglas básicas de dieta e higiene.
- Evitar el agotamiento.
- Evitar un excesivo aumento de peso.
- Privilegiar el momento de calentamiento.
- Evitar los deportes de competición, y en los deportes de grupo juntarse a las personas de la misma edad.

ES UNA NECESIDAD ABSOLUTA EFECTUAR UN CONTROL MÉDICO DE APTITUD ANTES DE EMPRENDER[3] UNA ACTIVIDAD DEPORTIVA (más aún si es inhabitual).

¿Por qué practicar un deporte?

El deporte debe acompañar a una vida más sana, que suprima los excesos alimenticios, acabe con el consumo de tabaco y reduzca los abusos de todo tipo. Tiene un indudable papel[4] preventivo en cuanto al envejecimiento[5] (oxigenación de las células y sobre todo del cerebro), fortalece el corazón, mejorando sus cualidades, y tonifica y modela[6] el cuerpo. Su impacto psicológico es también benéfico, ya que permite luchar contra las enfermedades de la vida moderna (sedentarismo, estrés...).

Sin embargo, el deporte puede tener también efectos nefastos[7] (durante el esfuerzo el sistema cardiovascular va a funcionar intensamente), lo cual explica la necesidad absoluta de una autorización médica.

Los principales deportes

- Los deportes colectivos, como el baloncesto,[8] son interesantes, porque permiten un desarrollo armonioso a nivel físico y un buen equilibrio[9] psicoafectivo y sociológico.
- El ciclismo: Expresa un deseo de vuelta a la naturaleza, asociado al placer del paseo (en familia puede ser un elemento decisivo). Desarrolla sobre todo los miembros[10] inferiores y es excelente para el sistema cardiovascular.
- Equitación[11]: Totalmente contraindicado en caso de problemas vertebrales.
- El golf: Deporte de resistencia (marcha de siete a diez kilómetros durante cuatro horas). Asocia los buenos efectos del caminar (cardíaco, pulmonar, psicológico) a los de la técnica de precisión del movimiento. Un profesor es indispensable[12] al comienzo.
- El jogging: Sin obligaciones materiales, es el deporte asequible a todos, cada cual modulará[13] su ritmo y su tiempo de carrera (sin embargo, exige una disciplina para jamás sobrepasar los límites... cardíacos).
- La marcha: Para aquéllos a quienes una actividad deportiva asusta, ¡una hora caminando a buen ritmo cada día es un excelente ejercicio!
- El tenis: Sucesión de esfuerzos que solicitan una buena coordinación de todo el cuerpo y una tensión nerviosa y psicológica (se rivaliza con un adversario).

- La natación[14]: Flexibiliza las articulaciones, es excelente para los problemas de espalda (recomendado en caso de embarazo[15]), es un deporte esencialmente respiratorio (inspirar, espirar[16]). Permite un desarrollo armonioso y estético del cuerpo (vientre[17] plano, músculos alargados).

- Los deportes del mar (windsurf, vela...): Es esencial saber nadar y no temer al agua, no marearse (aunque existen medicamentos eficaces) y tener la noción del equilibrio en el espacio. Se necesita control de sí mismo.

Esta lista no es exhaustiva, una multitud de otros deportes puede ser considerada según sus preferencias y sus posibilidades: submarinismo,[18] paracaidismo,[19] boxeo, judo, alpinismo,[20] patinaje[21] artístico, gimnasia, atletismo, esquí náutico...

[14]**natación** *swimming*
[15]**embarazo** *pregnancy*
[16]**inspirar, espirar** *inhale, exhale*
[17]**vientre** *abdomen*
[18]**submarinismo** *scuba diving, snorkeling*
[19]**paracaidismo** *parachuting*
[20]**alpinismo** *mountain climbing*
[21]**patinaje** *skating*

Reaccionemos

¿Comprendió Ud. la historia?

1. ¿Cuáles son las ventajas físicas del hombre sobre la mujer? ¿De la mujer sobre el hombre?
2. ¿Cuáles son seis beneficios físicos de practicar los deportes?
3. ¿Por qué es importante consultar con un médico antes de empezar a practicar un deporte?
4. Haga una lista de los beneficios de nadar.
5. ¿Cuáles son los cuatro requisitos para practicar los deportes acuáticos (del mar)?

Solicitamos su opinión

1. ¿Se apasiona Ud. por un deporte? ¿Cuál es? ¿Prefiere Ud. participar en un deporte o ser espectador(a)?
2. ¿Cree Ud. lo que dice el artículo de los efectos que tienen los deportes sobre la psicología y el estrés? ¿Por qué sí o por qué no?
3. En su opinión, ¿es preferible practicar un deporte individual (como el ciclismo) o un deporte de grupo (como el fútbol)? ¿Cuáles son las ventajas de un deporte individual? ¿De un deporte de grupo?
4. Es muy popular en los EE.UU. ser socio de un gimnasio. ¿Cuáles son las ventajas de ir a un gimnasio comparado con hacer ejercicio en casa o afuera?
5. ¿Qué opinión tiene Ud. sobre la abundancia de videos relacionados con el ejercicio aeróbico u otras actividades? ¿Cree Ud. que son una buena alternativa a ir a un gimnasio? ¿Cree Ud. en su eficacia?

Temas escritos

1. Hay tantas diversiones y pasatiempos además de los deportes y la televisión. En un ensayo, describa cómo uno puede divertirse en la comunidad en que Ud. vive. ¿Qué cosas hay para hacer? ¿Cómo se divierten Ud. y sus amigos?

2. Recuerde Ud. que divertirse de cualquier manera requiere algún tiempo libre y frecuentemente un poco de dinero disponible. En todas partes del mundo hay unos que no tienen ni el tiempo ni el dinero para practicar deportes. Escriba un ensayo en que sugiere qué puede hacer la gente que no tiene el dinero para deportes, para hacer ejercicio y estar en forma. ¿Es siempre necesario tener dinero para practicar deportes?

3. El mismo gobierno de los EE.UU. ha dicho que a los norteamericanos les falta hacer más ejercicio. ¿A qué se debe esta situación? En su opinión, ¿tiene razón? Con otro(a) estudiante, prepare un diálogo en el que una persona apoya la opinión del gobierno y la otra la rechaza. Den muchos ejemplos de por qué están de acuerdo o no con esa opinión.

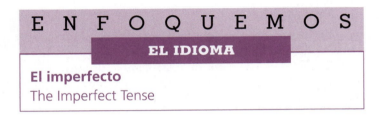

E N F O Q U E M O S

EL IDIOMA

El imperfecto
The Imperfect Tense

You have already studied one aspect of the past called the preterite tense. Now you will examine another way to express past actions, the imperfect tense. The use of either one depends on what the speaker wishes to stress. The preterite implies that an action or event is viewed as completed. The imperfect, on the other hand, shows that the speaker views the situation as an ongoing action or condition, without being too concerned about the outcome.

I. The imperfect tense is used to set the scene and give background information. It also describes incomplete, repeated, or habitual actions. It is used to describe emotional, mental, or physical conditions or states. Time of day and age in the past are likewise expressed by the imperfect.

In general, the imperfect expresses what was happening in the past without reference to the beginning or end of the action.

In English, the forms *used to, was + -ing / were + -ing* (sometimes *would*) represent this idea of continuity or repetition.

> **Estela escuchaba música mientras leía.**
> Estela was listening to music while she was reading.
> *(no reference to beginning or end of the action)*

Yo iba mucho al cine cuando era niña.
I used to go to the movies a lot when I was a child.
(habitual action in the past)

Mariana no sabía que yo estaba enferma.
Mariana did not know that I was sick.
(*mental,* saber, *and physical,* estar enferma, *conditions in the past*)

Eran las doce de la noche y los jugadores seguían jugando.
It was midnight and the players were still playing.
(time and description of an ongoing action in the past)

Yo le escribía cartas a él aunque nunca las enviaba.
I would write letters to him even though I would never send them.
(repeated actions)

II. The imperfect is also used to set the background for another action (usually in the preterite) to take place.

Ellos caminaban por el parque cuando empezó a llover.	They were walking in the park when it started to rain.

➡ *Ojo:* The progressive form of the imperfect (formed with the imperfect of *estar* and the gerund) is often used instead of the simple imperfect if the speaker wishes to emphasize what was in progress at that particular time.

    Estaban caminando cuando empezó a llover.

III. In the imperfect tense all verbs are regular except *ir, ser,* and *ver.*

-Ar verbs drop the *-ar* ending of the infinitive and add these endings:

-ar	
aba	ábamos
abas	
aba	aban

-Er and *-ir* verbs drop their infinitive endings and add the following:

-er	-ir
ía	ía
ías	ías
ía	ía
íamos	íamos
ían	ían

IV. *Ir, ser,* and *ver* are the only verbs that are irregular in the imperfect tense.

ir	iba, ibas, iba, íbamos, iban
ser	era, eras, era, éramos, eran
ver	veía, veías, veía, veíamos, veían

➡ *Ojo:* There are no stem-changing verbs in the imperfect.

A practicar

A. Mi primer juego de béisbol

Ponga los verbos en el imperfecto.

Un día, cuando yo _____ (ser) niña, mi padre me llevó a ver mi primer juego de béisbol.

_____ (Ser) una noche de verano. _____ (Hacer) fresco y muchas estrellas *(stars)* _____ (brillar = *to shine*) en el cielo.

Era la primera vez que yo _____ (asistir) a un juego de béisbol profesional; yo _____ (tener) seis años.

Mi padre _____ (llevar) sólo un boleto porque no _____ (ser) necesario pagar por los niños. _____ (Haber) mucha actividad en el parque de béisbol. _____ (Haber) muchas personas que _____ (comprar) cosas para comer y beber. Los vendedores _____ (vender) Coca-Cola, salchichas *(hot dogs),* cacahuates *(peanuts),* dulces, etc.

El público _____ (estar) impaciente porque _____ (parecer) que el juego no _____ (ir) a comenzar a tiempo. Yo _____ (querer) ver a los jugadores en sus trajes con sus nombres y números en los colores de su equipo. A mí no me _____ (interesar) saber cuándo _____ (ir) a comenzar el juego, ni qué equipo _____ (ir) a ganar. A mí sólo me _____ (encantar) estar allí.

B. Cuestionario personal

Hágale estas preguntas a un(a) compañero(a) de clase.

1. ¿Cómo era la escuela primaria adonde tú asistías cuando eras pequeño(a)?
2. ¿Jugabas a algún deporte?
3. ¿Cómo se llamaba tu maestro(a) favorito(a)? ¿Cómo era?
4. ¿Había niños de otros países en tu escuela?
5. ¿Todos hablaban inglés en tu escuela?
6. ¿Quién era tu mejor amigo(a)? ¿Cómo era?

7. ¿Cuál era la materia (*subject*) más difícil para ti?
8. ¿Eras buen(a) estudiante?
9. ¿Te gustaba asistir a la escuela?
10. ¿Qué hacías en las vacaciones?

C. Una joven muy deportista

Describa qué estaba haciendo María Luisa a diferentes horas esta mañana.

Modelo: ¿Qué estaba haciendo María Luisa esta mañana a las 5:00?
María Luisa estaba durmiendo.

Ahora escriba una lista con las cosas que usted estaba haciendo esta mañana (o anoche) a diferentes horas.

ENFOQUEMOS

EL IDIOMA

El pretérito y el imperfecto
The Preterite and the Imperfect

Here is a summary of the uses of the preterite and the imperfect. Remember that these are only guidelines to get a feeling for the two tenses; their use is determined primarily by the focus the speaker wishes to convey.

I. The preterite

A. describes completed actions, whether instantaneous or of long duration.

La carta llegó ayer.	The letter arrived yesterday (instantaneous).
Ayer llovió todo el día.	Yesterday it rained all day (long duration).

B. describes a series of completed events.

Él fue a la biblioteca, buscó la dirección, escribió la carta y la envió.	He went to the library, looked up the address, wrote the letter, and sent it.

II. The imperfect

A. expresses habitual actions or events in the past.

Eduardo jugaba al béisbol todos los días en el verano.	Eduardo would play baseball every day during the summer.

B. describes emotional, mental, or physical conditions in the past, without focusing on their termination.

Yo me sentía enferma anoche.	I was feeling sick last night.

C. describes ongoing actions or states in the past.

Arturo vivía en el Canadá antes de venir a Arizona.	Arthur was living (or used to live) in Canada before coming to Arizona.

Eran las cuatro de la tarde cuando María Luisa y Chato caminaban por el parque y de pronto empezó a llover. Chato quería caminar más, pero María Luisa abrió su paraguas y decidió regresar a casa.

D. expresses time of day, age, or a stage in a person's life.

Eran las cinco de la tarde.   It was five o'clock in the afternoon.

Yo tenía seis años.   I was six years old.

Ella era muy joven para jugar al béisbol profesional.   She was too young to play professional baseball.

E. sets the background for other actions to take place (usually expressed with the preterite tense).

Llovía cuando terminó el juego.   It was raining when the game ended.

A practicar

A contar un cuento

Todos sabemos el cuento de "Caperucita Roja" (Little Red Riding Hood). Vamos a narrarlo usando el imperfecto o el pretérito según sea necesario.

➡ *Ojo:* In Spanish most stories begin with *"Había una vez…"* for "Once upon a time…" Note the use of the imperfect *había* to begin providing the background for the story.

Había una vez una niña que se _____ (llamar) Caperucita Roja porque ella siempre _____ (llevar) un saco rojo con una caperuza (*hood*). Ella _____ (vivir) con su madre. Ellas _____ (tener) una casa en el bosque.

La abuela de Caperucita también _____ (vivir) en el bosque, pero su casa _____ (estar) lejos de la casa de Caperucita. Con frecuencia, Caperucita _____ (visitar) a su abuela y le _____ (llevar) comida que su madre _____ (preparar).

Un día la madre de Caperucita _____ (preparar) una comida muy especial para la abuela porque ella _____ (estar) enferma. La madre le _____ (pedir) a Caperucita llevar la comida a la abuela en una canasta. Antes de salir, la madre le _____ (decir) a Caperucita:
—¡Mucho cuidado con el lobo!...

Ahora, en parejas, terminen el cuento para leerlo después a la clase. No es necesario usar la versión tradicional. ¡Es mejor escribir un desenlace original!

C H A R L E M O S
UN POCO MÁS

A. Actividades

1. Ud. trabaja para una agencia de viajes y tiene que determinar qué personas pueden compartir una habitación durante el viaje. Cada persona tiene que entrevistar a las otras personas de la clase y después hacer una lista de posibles compañeros(as) de cuarto. Sus preguntas deben tener que ver con los pasatiempos. No pase más de cinco minutos con cada persona. Se recomienda que Ud. escriba las preguntas de antemano.
2. Formen un grupo de tres o cuatro personas. Escriban Uds. un cuestionario en español para identificar los pasatiempos, los deportes, etc., de los estudiantes de español de su universidad. Denles el cuestionario a las distintas clases de español que ofrece su universidad. Recopilen los resultados.

B. Debate

Formen Uds. grupos para analizar las siguientes ideas.

1. Es necesario trabajar como un(a) loco(a) para tener éxito.
2. El tiempo es oro.
3. Hay que gastar dinero para divertirse.

4. El bienestar físico y mental tiene que ver con la cantidad de estrés en su vida.

5. La sociedad actual se preocupa demasiado por las preocupaciones.

C. Temas escritos

1. Escoja Ud. un deporte o un juego y escriba las reglas o una descripción de este pasatiempo, en español, usando un diccionario cuando sea necesario. (baseball)

2. Escriba un resumen de lo que pasó en el último partido deportivo que vio. Este artículo es para el periódico universitario.

3. Escriba Ud. una composición sobre una(s) de las ideas del ejercicio B.

L A Ú L T I M A

PALABRA

Nombres de actividades

las artes marciales   martial arts
el boxeo   boxing
las carreras de autos   car races
las carreras de caballos   horse races
las corridas de toros   bullfights
el frontón   racquetball
la gimnasia   gymnastics
la lucha libre   wrestling
el tenis   tennis
el vólibol   volleyball

Otras palabras relacionadas con los pasatiempos y deportes

el anzuelo   fishhook
el bate de béisbol   baseball bat
la bola   ball (as used for bowling)
el campeonato   championship
la cancha   court (as for tennis)
la caña de pescar   fishing rod
la competencia   competition
el empate   tie
el equipo   team, equipment
el gimnasio   gym
el gol   goal

el guante   glove
el juego   game, match
la liga   league
el palo   stick
el partido   game, match
los patines   skates
la pelota   ball
los puntos   score
la raqueta   racket
la red   net

Deportes

andar o montar en bicicleta   to go bicycling
boxear   to box
correr   to run, jog
esquiar   to ski
hacer ejercicio   to exercise
jugar al básquetbol   to play basketball
jugar al béisbol   to play baseball
jugar al boliche   to go bowling
jugar al fútbol   to play football
jugar al golf   to play golf
jugar al hockey   to play hockey
jugar al jai alai   to play Basque racquetball
jugar al polo   to play polo
jugar al vólibol   to play volleyball
levantar pesas   to lift weights
montar a caballo   to go horseback riding
nadar   to swim
patinar   to skate
pescar   to go fishing

Acciones relacionadas con los deportes

apostar   to bet
atrapar la pelota   to catch the ball
ganar   to win
lanzar la pelota   to throw the ball
pegarle a la pelota   to hit the ball
perder   to lose

Acciones relacionadas con los pasatiempos

alquilar un video   to rent a video
bailar   to dance
dar un paseo   to go for a ride or a walk

escuchar música   to listen to music
ir a la playa   to go to the beach
ir al cine   to go to the movies
ir al teatro   to go to the theater
ir a un concierto   to go to a concert
ir a un museo   to go to a museum
jugar al ajedrez   to play chess
jugar a las damas   to play checkers
jugar a los naipes   to play cards
tocar un instrumento musical   to play an instrument
tomar el sol   to sunbathe
tomar/sacar fotos   to take photographs

Expresiones útiles

Cuando hablamos de deportes, podemos decir

El juego o el partido está empatado, dos a dos.
Una jugadora de nuestro equipo acaba de hacer un gol.
Al terminar el segundo tiempo, el resultado era cuatro a dos.
¿Cuál fue el resultado? ¿Quién ganó el campeonato?

Cuando hablamos de películas, podemos decir

Prefiero las películas de aventuras a las de amor o a las comedias.
¿Quiénes eran los actores principales? ¿Cómo se llama la actriz/el actor?
Es muy popular ese(a) artista de cine.

Cuando queremos conocer mejor a una persona, podemos preguntarle
cuáles son sus pasatiempos y qué cosas le gusta hacer

¿Sabes tocar algún instrumento musical? ¿Te gusta nadar / montar a
caballo / bailar? ¿Juegas al ajedrez / a las damas?
¿Te interesa visitar un museo? ¿Te agradaría ir al teatro / a un concierto?

C A P Í T U L O **3**

La mujer y el hombre en la sociedad de hoy

Charlemos sobre la foto

1. ¿Tiene las mujeres en la foto un empleo tradicional? ¿Conoce usted a muchas mujeres con empleos no tradicionales similares a éste?

2. ¿Es fácil para una mujer competir con los hombres en el mundo profesional? ¿Qué cosas tiene que hacer?

3. ¿Piensa usted que los hombres lamentan (resent) su nuevo papel en la sociedad?

4. Los papeles (roles) del hombre y de la mujer en la sociedad de hoy han cambiado. ¿Cree usted que este cambio es la causa de problemas para parejas (couples)? ¿Por qué sí o por qué no?

Metas comunicativas

- Describir al hombre y a la mujer de hoy
- Expresar mandatos directos, formales e informales
- Pedir indirectamente que alguien haga algo

Metas gramaticales

- El concepto del subjuntivo
- Presente de subjuntivo:
  verbos regulares
  verbos irregulares
- Mandatos formales e informales
- Pronombres de complemento directo

Metas culturales

- Reconocer los cambios en los papeles de la mujer y del hombre en el mundo hispano
- Comprender que el "machismo" no es un fenómeno exclusivo del hombre latino

Ahora, leamos

- "De lo que aconteció a un mancebo que se casó con una mujer muy fuerte y muy brava", por Don Juan Manuel

domar = to tame (wild animals)

rigo = overcome, control, control conquer, master

Make a list of the jobs that have been typically women's chores in the past but that are shared with men today. Are there any tasks that have been typically male but that are also done by women as well today?

En contexto

Rufina and her husband Luis are having a conversation regarding how to divide the household chores. Luis enjoys teasing Rufina but actually believes in sharing the work with her.

Rufina: Luis, ¿quieres ayudarme con los quehaceres domésticos? ¡Qué desorden hay en este apartamento! Tenemos mucho que hacer.

Luis: Pero, ¡mujer! Yo trabajo más de cuarenta horas a la semana y quiero descansar. Los quehaceres domésticos son para las mujeres.

Rufina: ¿Cómo? ¿Qué tienes? Esa actitud machista es cosa del pasado. Yo también trabajo y es justo compartir los quehaceres por partes iguales.

Luis: ¡Calma! Te lo digo en broma.

Rufina: Bueno. Basta de comentarios, ¿no? Voy a empezar por el dormitorio. Necesito cambiar las sábanas.

Luis: Yo voy a limpiar el baño porque está muy sucio.

Rufina: ¡Y no olvides el excusado! ¡Los hombres nunca friegan el excusado!

Luis: Este hombre es una excepción, como tú sabes.

Pasan diez minutos.

Luis: ¡El baño está como nuevo! Ahora ¿qué quieres hacer? ¿Por qué no vamos al cine?

Rufina: Porque queda mucho por hacer. Si yo sacudo el polvo, ¿quieres tú pasar la aspiradora por la alfombra? Yo puedo barrer el piso de la cocina y tú puedes tirar la basura, ¿no?

Luis: ¡Qué mujer tan dominante! ¿Crees que te voy a obedecer como un perro? El hombre no necesita trabajar en la casa si no quiere.

Rufina: ¡Qué machista y qué egoísta eres!

Luis: ¡Basta, basta, mi amor! Te tomaba el pelo, nada más. Como hoy me toca cocinar a mí, ¿por qué no voy a la tienda y compro los comestibles que necesito para preparar la cena?

Rufina: Muy bien. Si compartimos todos los quehaceres y terminamos pronto, después podemos ir al cine.

Luis: ¡Magnífico! ¡Ya basta de discusiones ridículas!

¿Qué pasó?

1. ¿Quiénes son Luis y Rufina? ¿Viven en una casa o en un apartamento?
2. ¿Son Luis y Rufina una pareja moderna o tradicional? ¿Cómo sabemos esto?
3. ¿Por qué dice Luis que él es un tipo de hombre que es una excepción?
4. ¿Cuáles son los quehaceres domésticos que le toca hacer a Luis hoy?
5. ¿Es Luis una persona muy seria, o le gusta decir bromas y tomarle el pelo a Rufina?

Palabras prácticas

Para hablar de cosas relacionadas con los quehaceres domésticos

la alfombra   rug, carpet
el apartamento   apartment
la aspiradora   vacuum cleaner
el baño   bathroom
la basura   trash
la cena   supper
la cocina   kitchen
los comestibles   groceries
el desorden   mess, disorder
el dormitorio   bedroom
el excusado   toilet
el inodoro   toilet
el polvo   dust
el quehacer doméstico   household chore
la sábana   sheet

Acciones relacionadas con los quehaceres domésticos

ayudar   to help
barrer   to sweep
cambiar   to change
cocinar   to cook
compartir   to share

comprar   to buy
fregar (ie)   to scrub
obedecer   to obey
pasar la aspiradora   to vacuum
terminar   to finish

Para describir

débil   weak
dominante   domineering
egoísta   selfish
feminista   feminist
igual   equal
limpio(a)   clean

machista   male chauvinist
nuevo(a)   new
querido(a)   dear
ridículo(a)   ridiculous
sucio(a)   dirty

Expresiones útiles

¡Basta!   Enough!

¿Cómo?   What did you say?

en broma   in jest

hacer la cama   to make the bed

hacer la limpieza   to do the cleaning

hacer mandados   to run errands

poner la mesa   to set the table

por partes iguales   equally divided

¿Qué te pasa?   What is wrong with you?

quedar como nuevo   to be like new (again)

quedar mucho por hacer   to have a lot left to do

quitar/sacudir el polvo   to dust

ser justo(a)   to be fair

tirar la basura   to take out the trash

tocarle a uno   to be one's turn

tomarle el pelo   to pull one's leg

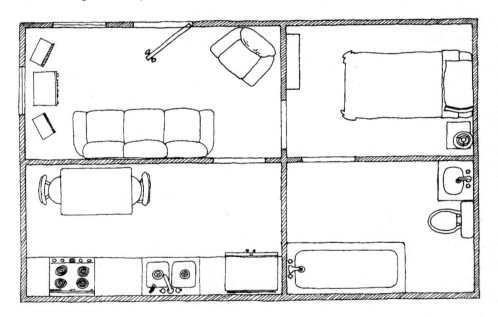

Word Relationships

Many of the words listed have related forms. Can you guess what the following words mean? Can you think of a word you know that is related to the words on the list that follows?

1. una persona **desordenada**
2. una persona **bromista**
3. un perro **obediente**
4. el basurero
5. bastante

6. la limpieza
7. la suciedad
8. el egoísmo
9. ridiculizar

10. la lavadora
11. el cambio
12. desigual
13. la ayuda

¿Cómo es esta persona? ¿Cómo está su cuarto?

Be Careful with These Words!

Tocarle a uno (To be one's turn) is often followed by an infinitive, such as *cocinar*. *Tocar* is used **only** in the third person singular with the indirect object pronouns *(me, te, le, nos, les)*, often accompanied by the prepositional pronouns *(a mí, a ti,* etc.) for emphasis or clarification.

(A mí) Me toca cocinar.   It is my turn to cook.

(A ti) Te toca lavar el baño.   It is your turn to clean the bathroom.

(A él/ella/usted) **Le toca...**	It is his/her/your turn to …
(A nosotros[as]) **Nos toca...**	It is our turn to …
(A ellos/ellas/ustedes) **Les toca...**	It is their/your turn to …

Tocarle can also be used with phrases such as *buena suerte* or *mala suerte* to indicate that someone has a run of good or bad luck.

| **Me tocó la mala suerte.** | I had a run of bad luck. |

➡ *Ojo:* The idiom *tomarle el pelo a alguien* also takes indirect object pronouns, but the verb *tomar* is used with all verb forms according to subject.

> Luis le toma el pelo a Rufina.
> Nosotros le tomamos el pelo a ella.

Can you give the English equivalents of these sentences?

1. ¿Por qué me tomas el pelo?
2. A ti te toca limpiar la cocina.
3. Me gusta tomarte el pelo porque tus reacciones son muy cómicas.
4. A Luis le desagradan los quehaceres domésticos.
5. Después de hacer la limpieza, la casa queda como nueva.
6. No es justo no compartir los quehaceres domésticos.
7. Tomarle el pelo a una persona es decirle algo en broma.
8. Sacarse la lotería es tocarle a uno la buena suerte.

A practicar

A. Asociaciones

¿En qué piensa cuando oye las siguientes palabras? Léale usted a un(a) compañero(a) estas palabras para que él o ella escriba la primera palabra que le viene a la mente. Cambien los papeles. Comparen sus reacciones.

Modelo: limpiar → *el baño*

1. barrer
2. el excusado/inodoro
3. ir de compras
4. sucio(a)
5. la aspiradora
6. quehaceres domésticos
7. fregar
8. egoísta
9. tomarle el pelo a alguien
10. machismo
11. dominante
12. querido(a)
13. feminista
14. descansar
15. desorden
16. cocinar

B. Encuesta personal

Hágale las preguntas 1 y 2 a un(a) compañero(a) y luego cambien los papeles con las preguntas 3 y 4.

1. ¿Dónde vive usted —en una residencia estudiantil, en un apartamento, en una casa? ¿Es importante para usted tener ese lugar limpio? ¿Por qué sí o por qué no?
2. ¿Cuáles de los quehaceres domésticos hace usted con frecuencia? ¿Cuáles le desagradan más?
3. Cuando alguien especial lo visita a usted, ¿limpia bien su casa antes para dar una buena impresión? ¿Cocina algo especial? ¿Por qué sí o por qué no?
4. ¿Cree usted que la condición en que está el cuarto (la habitación) de una persona revela algo de su personalidad? ¿Qué revela?

C. ¿Cuál es su opinión?

Escriba sobre uno de estos temas para después leerlo en clase y compartir su opinión con los demás.

1. ¿Cree Ud. que los hombres deben compartir las responsabilidades de la casa? ¿Por qué sí o por qué no?
2. ¿Cree Ud. que las mujeres deben obedecer a los hombres? ¿O que los hombres deben obedecer a las mujeres? ¿O que la obediencia es algo del pasado? Explique.
3. ¿Cuáles son algunos de los estereotipos del pasado sobre las diferencias entre el hombre y la mujer? ¿Cuáles son algunos que todavía existen hoy?
4. ¿Qué es ser una mujer fuerte? ¿Un hombre fuerte? ¿Una mujer débil? ¿Un hombre débil? ¿Cuáles son las actitudes de la sociedad hacia cada uno?

D. Encuentros personales

Con unos compañeros de clase, hagan los papeles de los personajes en las siguientes situaciones.

1. You are at home. Your mother tells you that the Cedeño family is coming to visit tonight. She tells you to clean the kitchen. You protest, saying that you have other plans. You think your brother should help. Describe your plans and why your brother should take your place. Your brother says cleaning is "woman's work." Debate the question.
2. Your roommate answers the phone and gives you the message that your boyfriend's (girlfriend's) parents are coming for a visit. Your apartment is a mess. Enlist your roommate's help. He (She) doesn't feel like cleaning. Try to convince him (her) to help.
3. You are a married couple, both working. It's cleaning day, and shopping has to be done. Discuss whose turn it is to do what and why.

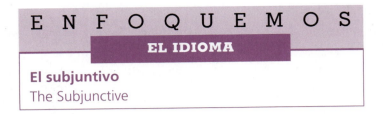

E N F O Q U E M O S

EL IDIOMA

El subjuntivo
The Subjunctive

The subjunctive is not a tense, but one of the moods that are part of the Spanish verb system. A mood represents the speaker's attitude toward the idea expressed in the verb. The indicative, for example, reflects an objective view of what has happened, is happening, or will happen.

The subjunctive mood, on the other hand, expresses subjectivity or unreality; it speculates about something that has not happened yet. It is used when the speaker wishes to express emotion, doubt, negation, anticipation of events, contrary-to-fact situations, to request that something be done, or to prohibit something from being done.

For the most part, the subjunctive appears in sentences made up of at least two clauses, one main clause (indicative) and one subordinate or dependent clause (subjunctive).

El presente de subjuntivo: Verbos regulares e irregulares

I. To form the present subjunctive, change the present indicative forms as follows: remove the *-o* of the *yo* form and add the appropriate endings.

-ar verbs   present indicative of *limpiar* (to clean) = *yo limpio*

Present Subjunctive

yo limpi**e**
tú limpi**es**
él limpi**e**
nosotros limpi**emos**
ellos limpi**en**

-er, -ir verbs   present indicative of *barrer* (to sweep) = *yo barro*
present indicative of *compartir* (to share) = *yo comparto*

<table>
<tr><td colspan="2">

Present Subjunctive

</td></tr>
<tr><td>yo barr**a**</td><td>compart**a**</td></tr>
<tr><td>tú barr**as**</td><td>compart**as**</td></tr>
<tr><td>él (ella) barr**a**</td><td>compart**a**</td></tr>
<tr><td>nosotros(as) barr**amos**</td><td>compart**amos**</td></tr>
<tr><td>ellos(as) barr**an**</td><td>compart**an**</td></tr>
</table>

II. Several verbs have spelling changes; some are similar to those found in the preterite (see Chapter 2).

A. Verbs that end in *-gar* change *g* to *gu,* and those ending in the *-car* change the *c* to *qu.*

> **pegar** *(to hit)*   pe**gu**e, pe**gu**es, pe**gu**e, pe**gu**emos, pe**gu**en
> **secar** *(to dry)*   se**qu**e, se**qu**es, se**qu**e, se**qu**emos, se**qu**en

B. Verbs that end in *-ger, -gir* change the *g* to *j* before *a.*

> **escoger** *(to choose)*   esco**j**a, esco**j**as, esco**j**a, esco**j**amos, esco**j**an
> **corregir** *(to correct)*   corri**j**a, corri**j**as, corri**j**a, corri**j**amos, corri**j**an

C. Verbs that end in *-cer,* change the *c* to *z* before *a.*

> **convencer** *(to convince)*   conven**z**an, conven**z**as, conven**z**a,
>   conven**z**amos, conven**z**an

D. Verbs that end in *-zar* change the *z* to *c* before *e.*

> **alcanzar** *(to reach)*   alcan**c**e, alcan**c**es, alcan**c**e, alcan**c**emos, alcan**c**en
> **empezar** *(to begin)*   empie**c**e, empie**c**es, empie**c**e, empe**c**emos,
>   empie**c**en

III. Some verbs have stem changes in the present subjunctive.

A. *-Ar* and *-er* verbs that have a stem change in the present indicative follow the same pattern in the present subjunctive.

Infinitive	**Present Indicative**	**Present Subjunctive**
fregar	fr**ie**go	fr**ie**gue
(to scrub)		fr**ie**gues
		fr**ie**gue
		freguemos
		fr**ie**guen

Infinitive	Present Indicative	Present Subjunctive
perder *(to lose)*	pierdo	pierda
		pierdas
		pierda
		perdamos
		pierdan

➡ *Ojo:* Note that there is no stem change in the *nosotros* form (just as in the indicative).

B. *-Ir* verbs in the present subjunctive differ from the present indicative pattern in the *nosotros* form: *o → ue, u; e → i, i; e → ie, i* as shown.

Infinitive	Present Indicative	Present Subjunctive
dormir *(to sleep)*	duermo	duerma
		duermas
		duerma
		durmamos
		duerman
preferir *(to prefer)*	prefiero	prefiera
		prefieras
		prefiera
		prefiramos
		prefieran
sentir *(to feel)*	siento	sienta
		sientas
		sienta
		sintamos
		sientan

IV. Verbs that are irregular in the *yo* form of the present indicative show the same irregularity throughout the present subjunctive.

Infinitive	Present Indicative	Present Subjunctive
conocer	conozco	conozca, conozcas, conozca, conozcamos, conozcan
decir	digo	diga, digas, diga, digamos, digan
hacer	hago	haga, hagas, haga, hagamos, hagan
oír	oigo	oiga, oigas, oiga, oigamos, oigan
poner	pongo	ponga, pongas, ponga, pongamos, pongan
salir	salgo	salga, salgas, salga, salgamos, salgan
tener	tengo	tenga, tengas, tenga, tengamos, tengan

V. The following verbs are irregular in the present subjunctive in a manner that **does not** resemble the irregularities of the present indicative.

dar	dé, des, dé, demos, den
estar	esté, estés, esté, estemos, estén
haber	haya, hayas, haya, hayamos, hayan
ir	vaya, vayas, vaya, vayamos, vayan
saber	sepa, sepas, sepa, sepamos, sepan
ser	sea, seas, sea, seamos, sean

➡ *Ojo:* The *yo* form of these verbs in the present indicative does **not** end in *-o*.

Algunos usos del subjuntivo

One main use of the subjunctive is in noun clauses (the direct object).

Insisto en que me ayudes.   I insist that you help me.

The clause *que me ayudes* functions as a noun in the role of direct object of the verb *insistir,* answering the question "I insist on what?"

There are several categories of noun clauses. These will be discussed in the chapters that follow.

I. One type of noun clause is that of volition or softened command. In these clauses the main verb expresses a wish that something be done (or not be done) by someone else.

> Verbs of this type range from merely suggesting
> **sugerir (ie), recomendar (ie), aconsejar, decir***
>
> to wishing and needing
> **desear, querer (ie), pedir (i), preferir (ie), necesitar**
>
> to commanding
> **mandar, ordenar, insistir en**
>
> to prohibiting
> **prohibir, impedir (i), no permitir**

---

* Note that some verbs of communication like *decir* can be used to request as well as to simply report facts.

Request	**Les digo que no sean pasivas.**	I tell them not to be passive.
Report	**Les digo que no son pasivas.**	I tell them (I am saying) that they are not passive.

➡ *Ojo:* Note that sentences with the subjunctive have two different subjects, and that the noun clause is usually introduced by the word *que*. When there is no change of subject, an infinitive is used.

(Yo) Sugiero que (tú) limpies la casa antes de salir.	I suggest that you clean the house before leaving.
Sugiero limpiar la casa antes de salir.	I suggest cleaning the house before leaving.
Rufina quiere que Luis comparta los quehaceres.	Rufina wants Luis to share the household chores.
Rufina quiere compartir los quehaceres.	Rufina wants to share the household chores.

II. Some impersonal expressions also convey the idea of request or influence, such as *es necesario, es importante, es esencial, es preferible,* and call for the subjunctive if another subject is involved.

Es necesario que tú laves los platos después de comer.	It is necessary for you to wash the dishes after eating.
Es necesario lavar los platos después de comer.	It is necessary to wash the dishes after eating.

If you recall, the English word *it* when used as a subject has no equivalent in Spanish.

A practicar

A. Un día de limpieza

Cambie el verbo al presente de subjuntivo según las personas.

1. Quiero que tú me *ayudes.* (Roberto, nuestros hijos, Manuel y tú)
2. Es necesario que tú *laves* las ventanas. (Susana, nosotros, ustedes)
3. Sugiero que no *perdamos* el tiempo porque hay muchas cosas que hacer. (tú, Lisa, ellos)
4. Prefiero que tú *saques* la basura ahora y no más tarde. (nosotros, ella, tú y él)
5. Necesito que pongas la mesa antes de empezar a cocinar. (tú y yo, ustedes, Rogelio)

B. Algunos comentarios

Ponga la forma apropiada del presente de subjuntivo de los verbos que están entre paréntesis.

1. Carlos habla con su amiga Rita por teléfono.
   —Quiero que tú _____ (venir) a mi casa hoy. Necesito que tú me _____ (dar) información sobre la vida de la mujer moderna. Es importante que tú _____ (contestar) unas preguntas que tengo.

2. Una mujer habla de su esposo.
   —Armando no quiere que yo lo _____ (obedecer). No es necesario que él me _____ (decir) lo que tengo que hacer, ni yo a él. Él desea que yo _____ (saber) que somos iguales.

3. Un profesor de sociología les dice a sus estudiantes:
   —Quiero que ustedes _____ (saber) que hay diferencias entre la mujer de ayer y la mujer de hoy. Las mujeres no son el sexo débil. Es esencial que ustedes _____ (aceptar) los cambios en la sociedad y que _____ (reconocer) los errores del pasado.

C. Observaciones

Con un(a) compañero(a), combine elementos de las columnas A, B y C para formar oraciones completas poniendo los verbos de la columna C en el presente de subjuntivo.

A	B	C
Es esencial que	mis amigos	no ser egoísta
Es importante que	ustedes	compartir los quehaceres
Es necesario que	mi esposo	saber la diferencia entre la mujer de ayer y la de hoy
Quiero que	tú	olvidar los estereotipos sobre las diferencias entre el hombre y la mujer
Es preferible que	yo	estudiar más sobre los problemas entre los dos sexos

D. ¡A usar la imaginación!

Usando el presente de subjuntivo, termine las oraciones en una forma creativa.

1. Es necesario que él...
2. Mis padres prefieren que yo...
3. Yo quiero que mis amigos no...
4. Deseo que todos mis amigos...
5. Mi profesor no permite que sus estudiantes...
6. Es importante que nosotros...

Chistes

I

—Mi esposo piensa que debemos comprar una lavadora.
—¡Qué suerte tienes! Mi esposo piensa que yo soy una.

II

—Mi esposa y yo tenemos veinte años de casados y somos muy felices. Salimos dos veces por semana al cine, al teatro, a bailar, a comer al restaurante.
—¿De verdad? ¿Dos veces por semana?
—Sí, ella sale los lunes y yo los viernes.

AHORA

LEAMOS

Para su comprensión

Women's roles have changed considerably throughout history. In medieval Spain, as you are about to read, a woman was expected to be obedient and serve her husband without questioning his authority. The story that follows was written six centuries ago and reflects the attitudes of that time. As you read through it, take mental note of how the situation would be different in today's world. Finally, compare the young woman's reaction to domination with that of her mother at the end of the story. Was the women's liberation movement really as recent as one might think?

Antes de leer

1. You have been studying the present subjunctive and its use in noun clauses in this chapter. The story that follows is written in the past tense and includes examples of the past subjunctive. You do not need to know how to form the past subjunctive yet, only to recognize it. One set of endings is *-se, -ses, -se, -semos,* and *-sen.* Look at this example:

Le dijo que le *diese* agua.   He told her to give him water.
(noun clause of softened command)

2. There are many cognates in this reading selection. Try to guess the meanings of these:

mencionado	el traidor	obediente
falso	prometer	el tono
preparar	tranquilo	apreciar

....

Don Juan Manuel (1282–1348) era miembro de la nobleza española y sobrino del rey Alfonso X, el Sabio. Se dedicó a escribir y poco a poco se hizo el escritor más famoso de su época. Su obra principal, Conde Lucanor *o* Libro de Patronio, *es una colección de cincuenta cuentos morales que terminan con una moraleja en verso. Cada cuento tiene un propósito didáctico y aún podemos aprender hoy en día de las moralejas que escribió Don Juan Manuel hace seis siglos.*

....

De lo que aconteció a un mancebo[1] que se casó con una mujer muy fuerte y muy brava[2]

por Don Juan Manuel

Hace muchos años vivía en una aldea un moro[3] quien tenía un hijo único. Este mancebo era tan bueno como su padre, pero ambos eran muy pobres. En aquella misma aldea vivía otro moro, también muy bueno, pero además rico; y era padre de una hija que era todo lo contrario del mancebo ya
5 mencionado. Mientras que el joven era fino, de muy buenas maneras, ella era grosera[4] y tenía mal genio. ¡Nadie quería casarse con aquel diablo!

Un día el mancebo vino a su padre y le dijo que se daba cuenta de lo pobres que eran y como no le agradaría[5] pasarse su vida en tal pobreza, ni tampoco marcharse fuera de su aldea para ganarse la vida, él preferiría casarse
10 con una mujer rica. El padre estuvo de acuerdo. Entonces el mancebo propuso casarse con la hija de mal genio del hombre rico. Cuando su padre oyó esto, se asombró mucho y le dijo que no; pues ninguna persona inteligente, por pobre que fuese, pensaría en tal cosa. "¡Nadie", le dijo, "se casará con ella!" Pero el mancebo se empeñó tanto que al fin su padre consintió en arreglar la boda.
15 El padre fue a ver al buen hombre rico y le dijo todo lo que había hablado con su hijo y le rogó[6] que, pues su hijo se atrevía a casarse con su hija, permitiese el casamiento. Cuando el hombre rico oyó esto, le dijo:

—Por Dios, si hago tal cosa seré amigo falso pues Ud. tiene un buen hijo y yo no quiero ni su mal ni su muerte. Estoy seguro que si se casa con mi hija, o
20 morirá o su vida le será muy penosa. Sin embargo, si su hijo la quiere, se la daré, a él o a quienquiera que me la saque de casa.

Su amigo se lo agradeció mucho y como su hijo quería aquel casamiento, le rogó que lo arreglase.

El casamiento se hizo y llevaron a la novia a casa de su marido. Los
25 moros tienen costumbre de preparar la cena a los novios y ponerles la mesa y dejarlos solos en su casa hasta el día siguiente.

[1]**mancebo** un joven
[2]**brava** *wild, rough*
[3]**moro** *Moor, person originally from Africa*
[4]**grosera** *ill-mannered*
[5]**no le agradaría** no le gustaría
[6]**rogar** *to beg*

7recelar pensar
8maltrecho abusado
9enfadado enojado, furioso
10sañudo enfadado
11huir *to flee*
12ensangrentado *bloody*
13pata *paw*
14ferozmente *ferociously*
15espada *sword*
16la haría pedazos *he would chop her into pieces*

Así lo hicieron, pero los padres y parientes de los novios recelaban[7] que al día siguiente hallarían al novio muerto o muy maltrecho.[8]

30 Luego que los novios se quedaron solos en casa, se sentaron a la mesa. Antes que ella dijese algo, miró el novio en derredor de la mesa, vio un perro y le dijo enfadado[9]:

—Perro, ¡danos agua para las manos!

Pero el perro no lo hizo. El mancebo comenzó a enfadarse y le dijo más bravamente que le diese agua para las manos. Pero el perro no se movió. Cuando 35 vio que no lo hacía, se levantó muy sañudo[10] de la mesa, sacó su espada y se dirigió a él. Cuando el perro lo vio venir, comenzó a huir.[11] Saltando ambos por la mesa y por el fuego hasta que el mancebo lo alcanzó y le cortó la cabeza.

Así muy sañudo y todo ensangrentado,[12] se volvió a sentar a la mesa, miró en derredor y vio un gato al que mandó que le diese agua para las manos. 40 Cuando no lo hizo, le dijo:

—¡Cómo, don falso traidor! ¿No viste lo que hice al perro porque no quiso hacer lo que le mandé yo? Prometo a Dios que si no haces lo que te mando, te haré lo mismo que al perro.

Pero el gato no lo hizo porque tampoco es su costumbre dar agua para 45 las manos. Cuando no lo hizo, el mancebo se levantó y le tomó por las patas[13] y lo estrelló contra la pared.

Y así, bravo y sañudo, volvió el mancebo a la mesa y miró por todas partes. La mujer, que estaba mirando, creyó que estaba loco y no dijo nada.

Cuando hubo mirado por todas partes, vio su caballo, el único que tenía. 50 Ferozmente[14] le dijo que le diese agua, pero el caballo no lo hizo. Cuando vio que no lo hizo, le dijo:

—¡Cómo, don caballo! ¿Crees que porque tú eres mi único caballo te dejaré tranquilo? Mira, si no haces lo que te mando, juro a Dios que haré a ti lo mismo que a los otros, pues no existe nadie en el mundo que se atreva a 55 desobedecerme.

Pero el caballo no se movió. Cuando el mancebo vio que no le obedecía, fue a él y le cortó la cabeza.

Y cuando la mujer vio que mataba su único caballo y que decía que haría lo mismo a quienquiera que no obedeciese, se dio cuenta de que el mancebo no 60 estaba jugando. Tuvo tanto miedo que no sabía si estaba muerta o viva.

Y él, bravo y sañudo y ensangrentado, volvió a la mesa, jurando que si hubiera en la casa mil caballos y hombres y mujeres que no le obedeciesen, los mataría a todos. Luego se sentó y miró por todas partes, teniendo la espada[15] ensangrentada en la mano. Después de mirar a una parte y otra y de no ver a 65 nadie, volvió los ojos a su mujer muy bravamente y le dijo con gran saña, con la espada ensangrentada en alto:

—¡Levántate y dame agua para las manos!

La mujer, que creía que él la haría pedazos[16] si no hacía lo que le manda-ba, se levantó muy aprisa y le dio agua para las manos.

70 —¡Cuánto agradezco a Dios que hayas hecho lo que te mandé —le dijo él— que si no, te habría hecho igual que los otros!

Después le mandó que le diese de comer y ella lo hizo. Y siempre que decía algo, se lo decía con tal tono, con la espada en alto, que ella creía que le iba a cortar la cabeza.

75   Así pasó aquella noche: nunca ella habló, y hacía todo lo que él mandaba. Cuando hubieron dormido un rato, él dijo:

—No he podido dormir por culpa de lo de anoche. No dejes que me despierte nadie y prepárame una buena comida.

A la mañana siguiente los padres y parientes llegaron a la puerta y como 80 nadie hablaba creyeron que el novio estaba ya muerto o herido. Al ver a la novia y no al novio lo creyeron aun más.

Cuando la novia los vio a la puerta, llegó muy despacio y con gran miedo comenzó a decirles:

—¡Locos, traidores! ¿Qué hacen aquí? ¿Cómo se atreven a hablar aquí? 85 ¡Cállense, que si no, todos moriremos[17]!

Al oír esto, todos se asombraron y apreciaron mucho al joven que había domado a la mujer brava.

Y desde aquel día su mujer fue muy obediente y vivieron muy felices.

Y a los pocos días el suegro[18] del mancebo quiso hacer lo mismo que 90 había hecho su yerno[19] y mató un gallo de la misma manera, pero su mujer le dijo:

—¡Ya es demasiado tarde para eso, don Nadie! No te valdrá de nada aunque mates cien caballos, pues ya nos conocemos demasiado bien...

Si al comienzo no muestras quien eres
95 *nunca podrás después, cuando quisieres.*

[17]**todos moriremos** *we'll all die*
[18]**suegro** *father-in-law*
[19]**yerno** *son-in-law*

Reaccionemos

¿Comprendió Ud. la historia?

1. ¿Por qué quería el mancebo casarse con la hija del hombre rico?
2. ¿Cómo reaccionó el padre del mancebo al saber del plan de su hijo? ¿Cómo reaccionó el padre de la muchacha?
3. En la mesa después de casarse, ¿qué mandó el mancebo? ¿A quién(es)? ¿Cómo reaccionó el mancebo?
4. Cuando los padres y parientes llegaron la mañana siguiente, ¿qué creyeron? ¿Por qué? ¿Qué había pasado de veras?
5. Al final del cuento, ¿qué quería hacer el suegro del mancebo? ¿Qué pasó?

Solicitamos su opinión

1. ¿Cuál es la moraleja del cuento? ¿Tiene sentido? ¿Por qué sí o por qué no?
2. ¿Cuál es su reacción ante las acciones del hijo?
3. El autor del cuento dice que los novios "vivieron muy felices". ¿Es posible, en su opinión, vivir felices bajo las circunstancias del cuento? ¿Por qué sí o por qué no?
4. El mancebo no se casó con la muchacha por amor sino por otra razón. Ella, en cambio, no tuvo la libertad de aceptarlo o rechazarlo. ¿Cree Ud.

que la situación es diferente ahora? ¿Qué ha cambiado y/o qué no ha cambiado?

5. Al final del cuento, la suegra del mancebo llama a su esposo "don Nadie" cuando intenta hacer lo mismo que hizo el mancebo. ¿Qué quiere decir eso? ¿Por qué es un "nadie" el señor?

Temas escritos

1. El papel de la mujer en la sociedad, y dentro de la familia, ha cambiado mucho en los últimos seis siglos. Haga una lista de las responsabilidades que tenía la mujer del siglo XIV, de acuerdo con lo que leyó en el cuento. Después, haga otra lista de las responsabilidades que tiene la mujer actualmente. ¿Hay diferencias? ¿Semejanzas? Escriba un ensayo en que compare y contraste el papel de la mujer en estas épocas tan diferentes.

2. Para mantener la paz en una familia, a veces es necesario que un(a) esposo(a) obedezca al (a la) otro(a). Escriba una composición bien organizada y pensada que defienda o critique esta idea.

3. Imagínese que esta situación entre el mancebo y su esposa pasa hoy en día, en vez de hace seis siglos. Escriba un diálogo en que un mancebo intenta domar a una mujer del siglo XX. ¿Sería el resultado el mismo? ¿Quién domaría a quién? ¡Sea muy creativo(a) en su diálogo!

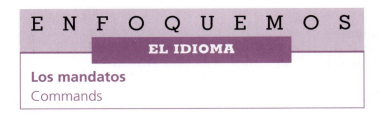

E N F O Q U E M O S

EL IDIOMA

Los mandatos
Commands

When you want someone to do something, you can request it indirectly in the manner shown previously, for which Spanish uses the subjunctive.

Quiero que barras el patio.   I want you to sweep the patio.

Or you can do it directly by means of a command (*mandato*), as in:

¡Barre* el patio!   Sweep the patio!

I.   Direct commands, or *mandatos,* can be affirmative or negative and can only logically be used with those individuals that you can address directly. Therefore, the subjects of these commands can only be *tú, usted, ustedes,* and *nosotros(as).*

---

* Note that positive commands using *tú* do not take the subjunctive.

II. Commands using the *nosotros* verb form are more a suggestion than a command, and correspond to the English "Let's …"

Enfoquemos.	Let's focus.
Practiquemos.	Let's practice.
Charlemos.	Let's chat.

III. The formal *usted, ustedes* commands, like the *nosotros* commands just presented, are simply the present subjunctive form of the verb you have been studying.

limpiar *(to clean)*	limpie (usted)
	limpien (ustedes)
barrer *(to sweep)*	barra (usted)
	barran (ustedes)
compartir *(to share)*	comparta (usted)
	compartan (ustedes)

IV. Those verbs that are irregular in the present subjunctive have irregular commands.

dar	dé (den)
estar	esté(n)
ir	vaya(n)
saber	sepa(n)
ser	sea(n)

V. Negative commands for the *usted, ustedes,* and *nosotros* forms are made by placing *no* before the verb forms.

No olvide de limpiar el baño.	Do not forget to clean the bathroom.
No vayan hoy al cine.	Do not go to the movies today.
No pensemos en él.	Let's not think about him.

VI. To form the affirmative *tú* commands, use the third person singular *(usted/él/ella)* of the present tense.

Present Tense	Commands
usted limpia	limpia (tú)
usted barre	barre (tú)
usted sacude	sacude (tú)

¿Qué piensa usted de estos anuncios?

VII. Some verbs are irregular in the affirmative *tú* commands.

decir	di	**salir**	sal
hacer	haz	**ser**	sé
ir	ve	**tener**	ten
poner	pon	**venir**	ven

➡ *Ojo*: Note that *sé* can be both the present tense *yo* form of the verb *saber* and the affirmative *tú* command of the verb *ser*. Compare *yo sé* (I know) and *¡Sé tú!* (Be!). Context will tell you which verb is being used.

The negative *tú* command is the same as the *tú* form of the present subjunctive you learned earlier.

Present Subjunctive	**Negative *tú* Commands**
...que tú limpies	no limpies
...que tú barras	no barras
...que tú sacudas	no sacudas
...que tú hagas	no hagas
...que tú pongas	no pongas

A practicar

A. ¡A limpiar la casa!

Repase el vocabulario al fin del capítulo, si es necesario. Luego escriba una lista para su compañero(a) de cuarto con instrucciones de lo que es necesario hacer y por qué, usando los siguientes verbos: barrer, limpiar, cocinar, fregar, lavar, poner, sacudir, sacar, secar, descansar.

Modelo: cambiar
                ¡Cambia las sábanas porque hace tres semanas que no las cambias!

B. Una madre muy estricta

Rosario, madre divorciada, necesita salir de la ciudad en viaje de negocios y piensa dejar a su niña de seis años con una niñera profesional (baby-sitter). Como es la primera vez, Rosario le da muchas instrucciones a la señora que va a cuidar a su hija el fin de semana.

Llene los espacios en blanco con los mandatos (ustedes) de lo que pueden y no pueden hacer la niñera y la niña.

No _____ (alquilar) videos. No _____ (mirar) la televisión. _____ (Jugar) a algún deporte afuera *(outdoors)*, pero no le _____ (pegar) a la pelota muy fuerte porque pueden romper una ventana. _____ (Ir) a dar un paseo por el parque y _____ (tomar) el sol, pero no _____ (hablar) con personas extrañas. No _____ (comprar) dulces, y no _____ (beber) Coca-Cola. _____ (Descansar) después de ir al parque. Después, _____ (comer) la comida que yo preparé y _____ (limpiar) la cocina, _____ (lavar) y _____ (secar) los platos y _____ (sacar) la basura. ¡Y no _____ (olvidar) divertirse!

E N F O Q U E M O S
EL IDIOMA

Pronombres de complemento directo
Direct Object Pronouns

I. A direct object receives the action of the verb directly and answers the question "what?" (or "whom?" if it is a person).

I write a letter.
What do you write? I write **it.**

I will see my friends after class.
Whom will you see? I will see **them.**

Letter and *friends* are the direct objects. When these nouns *(letter, friends)* are replaced by pronouns *(it, them),* they are called **direct object pronouns.**

II.   These are the direct object pronouns in Spanish:

me	me	**nos**	us
te	you (familiar)		
lo	him, you (formal), it	**los**	them, you (formal)
la	her, you (formal), it	**las**	them, you (formal)

The sentences in I would appear in Spanish as follows:

Escribo una carta.
La escribo.

Veo a mis amigos después de clase.
Los veo.

➡ *Ojo:* Note that the word *a* is needed when the direct object is a person. This is called personal *a.*

III.   A direct object pronoun is usually placed **before** the conjugated verb. In a negative sentence *no* comes before the object pronoun.

¿Los platos? Los lavo más tarde.   The dishes? I will wash them later.

¿Los platos? No los lavo ahora;   The dishes? I won't wash them
los lavo más tarde.   now; I'll wash them later.

IV.   Object pronouns **may** be attached to an infinitive or to a gerund, but they **must be attached** to an affirmative command.

infinitive   **¿La basura? Voy a tirarla / La voy a tirar.**
            The trash? I am going to take it out.

gerund   **¿Los pisos? Estoy lavándolos / Los estoy lavando.**
            The floors? I am washing them.

affirmative   **¿Mis camisas? ¡Plánchalas inmediatamente!**
command   My shirts? Iron them immediately!

V. The direct object pronouns *lo, la, los, las* must agree in gender and number with the noun they have replaced.

> la basura → *la*
> los pisos → *los*
> las camisas → *las*

The pronoun *lo* can also stand for an idea, an action, or a situation to which no gender can be assigned. *Lo* in this case can be translated as "it" or "what" or "that which," although sometimes there is no English equivalent.

No me gustó lo que tú hiciste.	I did not like what you did.
Lo que propones es una buena idea.	What you propose is a good idea.

A practicar

A. Una cena especial

Rufina y Luis planean su primera cena para unos amigos. Haga el papel de Luis y conteste las preguntas de Rufina según el modelo.

Modelo: **Rufina:** Luis, ¿cuándo vas a limpiar la cocina?
(inmediatamente)
Luis: *Voy a limpiarla inmediatamente.*

1. ¿Cuándo vas a invitar a Ramón? (antes de invitar a los otros)
2. ¿Y cuándo vas a llamar a Irene? (después de llamar a Jorge)
3. ¿Cuándo vas a comprar la comida? (esta tarde)
4. ¿Cuándo vas a limpiar el baño? (hoy)
5. ¿Cuándo vas a servir la comida? (a las ocho y media)

B. El día de la cena

Rufina y Luis salen de compras. Rufina sigue haciendo preguntas porque está nerviosa. Conteste según el modelo.

Modelo: **Rufina:** Luis, ¿llamaste a Juan?
Luis: *Sí, ya lo llamé.*

1. ¿Viste a Lucía en la tienda?
2. ¿Invitaste a Lucía a la cena?
3. ¿Invitaste a su novio también?
4. ¿Aceptaron ellos la invitación?
5. ¿Compraste el vino?
6. ¿Hiciste la comida?
7. ¿Barriste la cocina?
8. ¿Estás contento?

C. ¿A quién obedecer?

Estela, la hermana de Rufina, quiere ayudar a preparar todo para la cena, pero Luis quiere que Estela haga las cosas de una manera y Rufina de otra. Haga los papeles de Luis y Rufina según el modelo.

Modelo: **Estela:** ¿Quieren que barra la cocina ahora?
Luis: *Sí, bárrela.*
Rufina: *No, no la barras.*

1. ¿Quieren que compre flores?
2. ¿Quieren que ponga la mesa?
3. ¿Quieren que abra las botellas de vino?
4. ¿Quieren que sacuda los muebles?
5. ¿Quieren que saque la basura?
6. ¿Quieren que pase la aspiradora?
7. ¿Quieren que lave las ventanas?
8. ¿Quieren que limpie el baño?

D. ¿Qué cree usted?

Escriba una lista de mandatos (commands) dirigidos a los hombres si usted es mujer y a las mujeres si usted es hombre. Estos mandatos son para eliminar ideas y actitudes negativas o sexistas.

Modelos: *Mujeres, no sean negativas.*
Hombres, no sean egoístas.

C H A R L E M O S
UN POCO MÁS

A. Solicitamos su opinión

1. ¿Qué diferencias existen entre la mujer del pasado y la del presente? ¿Son buenos o malos esos cambios?
2. ¿Qué problemas crea el nuevo papel de la mujer en la sociedad de hoy? ¿Qué problema tiene la joven de la foto en la página siguiente? ¿Piensa usted que las personas de ambos sexos tienen derecho de trabajar en cualquier empleo? ¿Qué problemas prácticos presenta emplear a la señorita Rodríguez de bombera?
3. ¿Sufrió Ud. algún caso de (o conoce a alguien que haya sufrido) discriminación sexual? Explique.
4. ¿Existe ahora una discriminación contra el hombre causada por el movimiento de liberación femenina?

NO ME
DEJAN
SER
BOMBERA
VEA PAG. 2

JULIA RODRIGUEZ
Alega ser víctima de
discriminación.

B. Debate

Formen Uds. un grupo para discutir uno o varios de los siguientes temas.

1. La mujer debe ser igual al hombre, pero no debe participar en el servicio militar.
2. La liberación femenina empeora *(worsens)* las relaciones entre los hombres y las mujeres.
3. Ciertas profesiones deben ser sólo para hombres y otras sólo para mujeres.

C. Temas escritos

1. Ud. tiene que escribir un artículo para una revista. En el artículo, es necesario hablar de los cambios respecto al papel de la mujer en la sociedad del pasado y del presente. Ud. tiene que entrevistar a una mujer o a un hombre que tenga por lo menos cincuenta años y que sea hispanoparlante (si es posible). Haga una lista de preguntas antes de hacer la entrevista.
2. Considere la moraleja del cuento:

    "Si al comienzo no muestras quien eres
    nunca podrás después, cuando quisieras."

    Escriba sobre la importancia de ser honesto(a) en las relaciones humanas en general y las consecuencias de no ser honesto(a).

Nombres de cosas en la casa

el baño   bathroom
la cocina   kitchen
el comedor   dining room
el cuarto / la habitación   room
el dormitorio   bedroom
los muebles   furniture
el pasillo   hallway
la puerta   door
la sala   living room
el suelo / el piso   floor
la ventana   window

En el dormitorio

el buró   chest of drawers
la cama   bed
el guardarropa   closet
la mesita de noche   nightstand
las sábanas   sheets
la sobrecama   bedspread

En la sala y el comedor

la alfombra   carpet
la mesa   table
la silla   chair
el sillón   easy chair
el televisor   television set
el tocadiscos   record (CD) player
el trastero   china cabinet

En el baño

la bañera / la tina   bathtub
el cepillo de dientes   toothbrush
el desodorante   deodorant
la ducha / la regadera   shower
el excusado / el inodoro   toilet
el jabón   soap
el lavamanos   washbasin

el papel higiénico   toilet paper
la pasta dental   toothpaste
la secadora del pelo   hair dryer
la toalla   towel

En la cocina

la cafetera   coffeemaker
el cubo de la basura   trash can
la estufa   stove
el fregador   sink
el horno microondas   microwave oven
la lavadora de platos   dishwasher
la lavadora de ropa   washing machine
el refrigerador   refrigerator
la secadora   clothes dryer
el tostador   toaster

Acciones relacionadas con los quehaceres domésticos

barrer   to sweep
cocinar   to cook
compartir   to share
fregar (ie)   to scrub, wash
lavar   to wash
limpiar   to clean
planchar   to iron
secar   to dry

Objetos relacionados con los quehaceres

la aspiradora   vacuum cleaner
el detergente   detergent
la escoba   broom
la plancha   iron
el plumero   feather duster
las toallas de papel   paper towels

Expresiones útiles

barrer el piso   to sweep the floor
cambiar/hacer la cama   to change/make the bed
hacer la limpieza   to do the cleaning
pasar la aspiradora   to vacuum
poner la mesa   to set the table
poner en orden   to straighten out …
quitar/sacudir el polvo   to dust
sacar/tirar la basura   to take out the trash

El mundo del comercio

Charlemos sobre las fotos

1. ¿Cuáles de los productos que se ven en la foto compra usted? ¿Por qué?

2. ¿Generalmente, compra usted un producto porque le gusta, o porque está de moda?

3. ¿Cree usted que los anuncios comerciales que se ven en la televisión los sábados por la mañana durante los programas de caricaturas (cartoons) son malos para los niños? ¿Qué clase de anuncios son?

4. ¿Piensa usted que está bien anunciar en la televisión productos como bebidas alcohólicas y cigarrillos? ¿Por qué sí? ¿Por qué no?

5. En los supermercados (supermarkets) algunos productos reciben más atención que otros porque unas compañías pagan extra por recibir mayor promoción. ¿Cree usted que esto está bien? ¿Por qué sí o por qué no?

Metas comunicativas

- Mantener un diálogo entre cliente y vendedor
- Expresar duda, emoción y negación
- Nombrar diferentes tiendas y sus vendedores

Metas gramaticales

- El subjuntivo en cláusulas sustantivas II
- El subjuntivo en cláusulas adjetivas
- Pronombres de complemento indirecto
- Pronombres de complementos dobles

Metas culturales

- Aprender acerca del comercio precolombino en México
- Comparar los anuncios comerciales a través de las culturas

Ahora, leamos

- *Historia verdadera de la conquista de la Nueva España*, por Bernal Díaz del Castillo

VOCABULARIO
PERSONAL

Make a list of all the Spanish words you can remember for different kinds of stores. Do you also know the name given to the clerk/vendor/maker of the products sold at these stores? Make an additional list of words needed to discuss shopping.

En contexto

You will now read (and hear) a dialogue in which Josefina goes shopping with her friends Rufina and María Luisa. Before you read the dialogue, review the vocabulary in the section *Palabras prácticas* and read the questions under *¿Qué pasó?* to help you better understand the passage.

De compras

Josefina y sus amigas Rufina y María Luisa van de compras. Josefina necesita la opinión de ellas para escoger ropa para una entrevista de empleo. Ellas van a un centro comercial y piensan buscarla en todas las tiendas del centro comercial, si es necesario, hasta encontrar una ganga.

Josefina: Ahora que voy a terminar mis estudios, debo comprar ropa más profesional que los jeans y camisetas típicos de la vida de estudiante. Ya es hora de hacer un cambio.

Rufina: Es una buena excusa para ir de compras, ¿no? A mí me encanta ir de compras, pero tengo que controlar mis impulsos y no usar tanto mis tarjetas de crédito. Antes de conocer a Luis yo gastaba demasiado dinero y tenía muchas deudas. Como era soltera, todo mi salario era para mí y yo cargaba muchas cosas a las cuentas que tenía en todos los almacenes grandes. Ahora que estoy casada, veo que hay cosas que son más importantes que ir de compras. Luis es muy económico y ahora los dos ahorramos parte de nuestro salario todos los meses, pensando en el futuro.

Josefina: Quieres decir que Luis es algo tacaño, ¿no?

Rufina: ¡Claro que no! Luis es generoso, pero no es gastador ni es impulsivo. Aprovecha y compra las cosas que están a descuento únicamente y siempre paga al contado.

Josefina: Pues, en mi opinión, la persona que siempre quiere ahorrar y siempre busca las ventas de ocasión es algo tacaña.

María Luisa: Bueno, entremos en esta tienda a buscar algo bonito para Josefina y dejemos de hablar de quién es o no es tacaño.

Rufina: Josefina, es importante que no compres algo muy de moda. Compra algo clásico y práctico que puedas usar por mucho tiempo, y de un color que sea fácil de combinar con otras cosas. Y no te dejes influir por los anuncios comerciales o las marcas de prestigio; puedes encontrar ropa muy bonita que no tiene el nombre de algún diseñador famoso.

María Luisa: Pero es esencial que tengas paciencia y no compres lo primero que veas. Es lógico que quieras comprar algo práctico y barato, pero recuerda que lo práctico no es siempre lo mejor. Si quieres usar la ropa por mucho tiempo, es importante que te guste y que te veas bien con ella. Es absurdo que compres algo que no sea bueno, bonito y barato al mismo tiempo.

Rufina: Dudo mucho que encuentres algo con esas tres características. Es una lástima que ésa sea la realidad, pero lo bueno y bonito siempre es costoso, no barato.

Josefina: ¿Saben una cosa? ¡Es aburrido venir de compras con ustedes! No me quejo, pero es que ustedes son demasiado sensatas: "¡No hagas esto!", "¡Haz aquello!" La próxima vez, voy de compras yo sola, y compro y hago lo que quiera.

¿Qué pasó?

1. ¿Por qué razón van las tres amigas de compras?
2. ¿Adónde van de compras? ¿Cuál es su meta *(goal)*?
3. ¿Cómo describe Rufina a su esposo Luis?
4. ¿Qué piensa Josefina del esposo de Rufina?
5. ¿Qué consejos le da Rufina a Josefina?
6. ¿Qué consejos le da María Luisa a Josefina?
7. ¿Qué decide hacer al fin Josefina? ¿Por qué?

Palabras prácticas

Para hablar de cosas relacionadas con las compras

el almacén   department store
el anuncio comercial   commercial ad
el centro comercial   shopping center
la cuenta de crédito   charge account
el descuento   discount
la deuda   debt
el (la) diseñador(a)   designer
la ganga   bargain
las marcas de prestigio   name brands
la moda   fashion
el salario   salary, wages
la tarjeta de crédito   credit card
la tienda   store
la venta de ocasión   special sale

Acciones relacionadas con comprar

ahorrar   to save
aprovechar   to take advantage of, benefit
cargar   to charge
comprar   to buy
gastar   to spend
influir   to influence
pagar   to pay for

Para describir cosas relacionadas con comprar

barato(a)   inexpensive
caro(a)/costoso(a)   expensive
económico(a)   inexpensive, thrifty
gastador(a)   spendthrift
generoso(a)   generous
impulsivo(a)   impulsive
sensato(a)   sensible, prudent
tacaño(a)   stingy

Expresiones útiles

al contado   cash
cargar a su cuenta   to charge to one's account
en efectivo   cash
estar de moda   to be in fashion
ir de compras   to go shopping
quedarle bien/mal   to fit, suit well/badly
usar su tarjeta de crédito   to use one's credit card
verse bien/mal   to look nice/bad

INVESTIGUEMOS
UN POCO

Word Formation

In Spanish, the names of many shops and their owners/workers are derived from the nouns that name the products sold, made, or repaired in that establishment. Sometimes these names are also used for places where services (such as repairs) associated with these products are provided.

To form the name of stores, the ending -ería is added to the last consonant of the noun in question: *flor → florería*. If the noun ends in a vowel, this vowel is dropped before adding -ería: *joya* (jewel) → *joyería* (jewelry store).

The name for the person associated with a shop is usually a word ending in -ero or -era, which is added to the noun in the same manner just described: *joya → joyero*.

➡ **Ojo:** Note that the same ending -ero(a) can also mean the container in which objects are kept; therefore, *joyero* can mean a jewelry box as well as a jewelry maker or one who repairs jewels. The meaning can be understood from context.

A practicar

A. ¿Cómo se dice?

From the name of the product, give the name of the store.

Producto	Tienda
libro	la _____
mueble	la _____
juguete *(toy)*	la _____
papel	la _____
reloj	la _____
flor	la _____
dulce *(candy)*	la _____
pizza	la _____
zapatos	la _____
perfume	la _____
droga*	la _____

PORTAL DE FLORES
Y
AV. HIDALGO

TEL.: 6-25-95

OAXACA, OAX.

Primavera

S.A. de C.V.
(LA CASA DE UD. DESDE 1896)

PERFUMERIA
REGALOS
DISCOS Y CASSETTES
ROPA DE NIÑOS
JUGUETERÍA
ARTICULOS RELIGIOSOS
Y DE 1ª COMUNION
RELOJES Y PLUMAS

UN REGALO DE LA "PRIMAVERA", ES MAS APRECIADO...POR ALGO SERA

_____

*prescription drug

B. ¿Qué quiere decir...?

From what you already know about word formation, can you guess what these words mean? Note the spelling changes in some cases.

1. el carnicero   la carnicería
2. el panadero   la panadería
3. el peluquero   la peluquería
4. el sastre   la sastrería
5. el relojero   la relojería
6. la papelera
7. el perfumero
8. el zapatero
9. el florero
10. el librero

If necessary, use a dictionary to look up the meanings; words might have more than one meaning.

C. ¡Vamos a jugar!

Work in groups of four or five people. Each person has a chance to guess after the others decide on the name of a store, person, or container. The person who is guessing must figure out the word by asking questions such as the ones that follow:

- ¿Es persona o tienda o un objeto?
- Si es persona, ¿vende esta persona comida o cosas?
- ¿Vende cosas esenciales para vivir o cosas no muy necesarias?
- ¿Esta persona hace, vende o repara cosas en esa tienda?
- Si es tienda, ¿se vende aquí algo para comer?
- ¿Los clientes en esta tienda son principalmente mujeres? ¿hombres? ¿niños?
- ¿Podemos encontrar esta tienda en un centro comercial?
- ¿Las cosas que se venden allí son muy costosas?

D. Encuesta personal

En parejas, háganse las siguientes preguntas.

1. ¿Te gusta ir de compras? ¿Por qué sí o por qué no?
2. ¿Cuáles son tus tiendas favoritas? ¿Por qué?
3. Cuando vas de compras, ¿prefieres ir a varias tiendas separadas o a un almacén grande para comprarlo todo allí? ¿Por qué?
4. Cuando vas de compras, ¿prefieres ir solo(a) o con alguien más?
5. Situación hipotética: si acabas de recibir $500 como regalo de tus padres, ¿adónde vas y qué compras?
6. ¿Compras alguna vez cosas que ves en catálogos? ¿Es más fácil comprar por catálogo que ir a las tiendas?

7. ¿Tienes tarjetas de crédito? ¿Cuántas? ¿Las usas mucho?
8. Describe a una persona que compra cosas impulsivamente. ¿Eres tú como esa persona? Explica.
9. ¿Crees que son importantes las marcas de prestigio? ¿Afecta tu decisión el nombre del diseñador de un producto?
10. ¿Crees que los anuncios comerciales (en la televisión, en revistas y en periódicos) influyen mucho en la decisión de las cosas que compran las personas?

ENFOQUEMOS

EL IDIOMA

El subjuntivo en cláusulas sustantivas II
The Subjunctive in Noun Clauses II

I. Doubt or Negation

When the speaker is unsure about or denies some information, these feelings are shown by using the subjunctive in the clause stating what the doubt or denial is about. The main verb (a verb of doubt or negation) is in the indicative.

Dudo que Josefina encuentre un vestido barato.	I doubt that Josefina will find an inexpensive dress.
No es verdad que Luis sea tacaño.	It is not true that Luis is stingy.

➡ *Ojo*: Note that when there is no uncertainty in sentences with verbs of doubt, or an affirmation is made, the subjunctive is **not** used in the noun clause.

No dudo que Josefina va a encontrar un vestido barato.	I don't doubt that Josefina will find an inexpensive dress.
Estoy segura de que ella sabe escoger su ropa bien.	I am sure that she knows how to select her clothes well.

Verbs that require the subjunctive in noun clauses

dudar	no es evidente
hay duda	no es que
negar	no es verdad
no creer	no estar seguro(a)
no es cierto	

Verbs that do <u>not</u> require the subjunctive in noun clauses

no dudar	es evidente
no hay duda	es que
no negar	es verdad
creer	estar seguro(a)
es cierto	

II. Emotion

When the speaker makes a subjective comment or shows emotion (joy, sorrow, surprise, hope, fear, etc.), about the information being given, the verbs used in the noun clause are in the subjunctive.

Mi madre espera que limpiemos el apartamento.	My mother hopes that we will clean the apartment.

Other expressions included in this category:

alegrarse (de) que	to be happy that
estar contento(a) (de) que	to be glad that
encantar que	to be delighted that
gustar que	to be pleased that
sentir (ie) que	to regret that
dar pena (de) que	to regret that
dar lástima (de) que	to feel sorry that
sorprender (de) que	to be surprised that
esperar que	to hope that
temer que	to fear that
tener miedo (de) que	to fear that
ojalá*	

➡ *Ojo*: Note the optional use of *de* with many expressions of emotion. This is a matter of regional dialects, which differ from country to country.

III. Impersonal Expressions

Remember that impersonal expressions are those whose subject, in English, is an impersonal *it;* in Spanish, the subject is an understood *it,* which is not stated explicitly.

Ojalá ("May Allah grant that… ") can be loosely translated as "I hope that… " and always requires the subjunctive.

There are several impersonal expressions that convey emotion or subjective commentaries as well as doubt or negation, in the same manner as the verbs listed in II, and these expressions require the use of the subjunctive. These expressions include the following:

es absurdo que	it is absurd that
es bueno que	it is good that
es díficil que	it is unlikely that
es dudoso que	it is doubtful that
es extraño que	it is strange that
es fácil que	it is likely that
es fantástico que	it is terrific that
es (im)probable que*	it is (un)likely that
es (im)posible que*	it is (im)possible that
es interesante que	it is interesting that
es una lástima que	it is a pity that
es lógico que	it makes sense that
es malo que	it is unfortunate that
es maravilloso que	it is great that
es sorprendente que	it is surprising that
es terrible que	it is terrible that

*Note that neither *probable* nor *posible* denotes certainty; therefore, the use of the subjunctive with these phrases is required.

A practicar

A. !Ojalá que... !

Exprese seis deseos que usted tenga. ¡No sea tímido(a)! ¡Todo es posible!

Modelo: *¡Ojalá que mis padres me regalen dinero para mi cumpleaños!*

B. ¿Qué desean estas personas?

En parejas, escriban una lista de los posibles deseos de las personas en estos dibujos. Escriban cosas que las personas desean y cosas que no desean también.

Una cita sorpresa

Una carta sorpresa

C. Exprese sus sentimientos

En parejas, contesten las preguntas expresando sus sentimientos en estas situaciones usando el subjuntivo.

1. Yo tengo miedo de que...
2. Me alegro de que...
3. Yo siento mucho que...
4. A mí me sorprende que...
5. A mí me da lástima que...

➡ *Ojo:* Remember that different subjects are needed in the main clause and in the dependent clause in order to use the subjunctive.

ENFOQUEMOS

El subjuntivo en cláusulas adjetivas
The Subjunctive in Adjective Clauses

I.   In addition to noun clauses (as explained previously), the subjunctive is also used in some adjective clauses. An adjective clause is one that functions as an adjective, modifying a noun.

Conozco a muchas personas *que son bilingües.*	I know a lot of people *who are bilingual.*

The clause *que son bilingües* is an adjectival clause describing *muchas personas.* The subjunctive is **not** used here, however, because the existence of the antecedent is known and identifiable. Note the following sentence, in which the existence of the antecedent is unknown:

Busco una secretaria *que sea bilingüe.*	I am looking for a secretary who is (may be) bilingual.

➡ *Ojo*: Note that indefinite antecedents, if they are persons, do not require a "personal" *a.*

In this case, even though the type of person that is needed is known, he or she has not yet been identified. The subjunctive is used to express that an antecedent is unknown, questioned, denied, or uncertain.

¿Hay alguien que *quiera acompañarme al centro comercial?*	Is there someone who wants to go along with me to the mall? (existence questioned)
No hay nadie que *quiera acompañarme.*	There is no one who wants to go along with me. (existence denied)

II.   *Buscar* and other verbs with a similar use do not always require the subjunctive. If the person or thing searched for is known, the indicative is used.

Busco a la persona que *estuvo aquí ayer.*	I am looking for the person who was here yesterday.

A practicar

A. De compras: ¡Necesito muebles!

Complete las frases, y luego combínelas escribiendo un párrafo original.

1. Espero encontrar un sofá que...
2. Ahora tengo un sofá que...
3. ¿Existe un televisor que... ?
4. En realidad, no hay un televisor que...
5. Seguiré buscando hasta encontrar unas mesas que...

B. ¡Todo está descompuesto!

Complete las oraciones con la forma correcta del presente de subjuntivo.

Jefe: ¡Por Dios! ¿Que no hay nadie que _____ (poder) reparar una computadora? No hay en esta oficina una sola computadora que _____ (funcionar). Señorita, llame por teléfono a alguien que _____ (venir) inmediatamente y _____ (componer) estas máquinas.¡No podemos hacer nada sin computadoras!

Secretaria: Lo siento, pero los teléfonos tampoco funcionan. Y yo no conozco a nadie que _____ (estar) cerca de aquí que _____ (trabajar)con estas computadoras. Aquí en la oficina no hay nadie que _____ (hacer) esa clase de trabajo. Tenemos que esperar a que la compañía de teléfonos envíe a alguien que _____ (reparar) el teléfono primero, y luego buscaré a alguien que _____ (venir) a trabajar en la computadora.

Jefe: ¡Bueno, bueno¡ ¡No hay más remedio que esperar! Entre tanto *(Meanwhile)*, escriba usted esta carta en una máquina de escribir porque es urgente.

Secretaria: Lo siento, pero la máquina de escribir está descompuesta; se descompuso la semana pasada y la mandé componer y todavía no la devuelven. ¿Quiere usted que yo la escriba a mano?

Jefe: ¿Cómo? ¿Puede usted escribir? ¿No tiene la mano fracturada o algo así? Mire, señorita, cerremos la oficina y vámonos antes de que pasen más desastres.

C. ¿Subjuntivo o indicativo?

En las siguientes oraciones, decida si se necesita usar el presente de indicativo o de subjuntivo.

1. En este almacén, necesitamos unos dependientes que _____ (hablen/hablan) dos idiomas. Tenemos dependientes que solo _____ (hablen/hablan) un idioma.
2. No encuentro una camisa que _____ (vaya/va) con mis pantalones verdes; seguiré buscando. Mientras tanto, usaré la camisa que tengo, que sí _____ (vaya/va) con ellos.

3. Todas las personas que _____ (vienen/vengan) a esta tienda siempre son bien recibidas. Todas las personas que mañana _____ (vengan/vienen) a esta tienda serán bien recibidas.

4. El dependiente propone ayudar a todas las personas que _____ (pidan/piden) ayuda. Él siempre ayuda a todas las personas que _____ (pidan/piden) ayuda.

5. Ese empleado sólo hace el trabajo que le _____ (gusta/guste). Él dice que sólo hará el trabajo que le _____ (gusta/guste).

6. Mis padres me dieron dinero para comprar los libros que yo _____ (quiera/quiero). Ellos no me dan dinero para comprar todos los libros que yo _____ (quiera/quiero).

7. Solicitaré una tarjeta de crédito que me _____ (permita/permite) financiar el carro. Tengo una tarjeta de crédito que me _____ (permita/permite) financiar el carro.

8. ¿Existe un carro que _____ (sea/es) muy deportivo y que no _____ (cueste/cuesta) mucho? Ella sí tiene un carro que _____ (sea/es) muy deportivo y que no _____ (cueste/cuesta) mucho.

A H O R A
LEAMOS

Para su comprensión

When the Spaniards arrived in Tenochtitlán (present-day Mexico City), the capital of the Aztec Empire, they were surprised and fascinated by, among other things, the extensive market system that was in place in the city. The excerpt that follows was written by a Spanish chronicler who accompanied Hernán Cortés in the conquest of Mexico. He describes in detail the Spaniards' initial reaction to the great markets of Tenochtitlán and gives the reader an idea of some of the products sold there. Why do you think the Spaniards were so fascinated by the Aztec market?

Antes de leer

1. Reading firsthand historical documents like diaries or chronicles gives the reader a more personal account of historical events. Imagine what preconceived ideas the Spaniards probably had about the native peoples of Mexico before seeing Tenochtitlán. Make a list of what you think their opinion of indigenous peoples must have been. As you read through the excerpt, take special note of the opinion the author expresses about the market. How are the preconceived ideas and the actual reaction of the Spaniards related?

2. In this short excerpt, the author describes the variety of products that the Spaniards saw in the Aztec market. As you read, make a list of the products and classify them (food, tools, etc.). Based on your list, how would you describe the Aztecs' market system? Does it seem primitive or modern to you? What does this description tell readers about the Aztecs' way of life?

Bernal Díaz del Castillo (1492–1584), escritor de la crónica de la conquista de los aztecas, participó en dos exploraciones de la costa mexicana antes de su expedición con Cortés a Tenochtitlán. Empezó a escribir sus memorias a la edad de setenta años porque no estaba de acuerdo con las historias escritas por otros. Terminó de escribir a la edad de ochenta y cuatro años, ciego y sordo, según su propio dicho. Murió pobre en Guatemala, el último sobreviviente de la conquista.

Cómo nuestro capitán salió a ver la Ciudad de México y el Tatelulco que es la Plaza Mayor... (Historia verdadera de los sucesos de la conquista de la Nueva España: Capítulo XCII)

por Bernal Díaz del Castillo

¹ cacique jefe de autoridad
² regimiento orden
³ cosa labrada cosa trabajada
⁴ hilo torcido *woven thread*
⁵ cacahuatero vendedor de cacao
⁶ feria *fair*
⁷ manta *blanket*
⁸ henequén *henequen*
⁹ soga *rope*
¹⁰ raíz *root*
¹¹ rebustería que sacan del mismo árbol
¹² cuero *skin*
¹³ nutria *otter*
¹⁴ adobado cocinado
¹⁵ liebre *hare*
¹⁶ venado *deer*
¹⁷ anadón *duck*

Iban muchos caciques[1] que Montezuma envió para que nos acompañasen; y desde que llegamos a la gran plaza, que se dice el Tatelulco, como no habíamos visto tal cosa, quedamos admirados de la multitud de gente y mercaderías que en ella había y del gran concierto y regimiento[2] que en todo tenían. Y los

5 principales que iban con nosotros nos lo iban mostrando; cada género de mercaderías estaban por sí, y tenían situados y señalados sus asientos. Comencemos por los mercaderes de oro y plata y piedras ricas y plumas y mantas y cosas labradas,[3] y otras mercaderías de indios esclavos y esclavas.... Luego estaban otros mercaderes que vendían ropa más basta y algodón y cosas de hilo torcido,[4] y

10 cacahuateros[5] que vendían cacao, y de esta manera estaban cuantos géneros de mercaderías hay en toda la Nueva España, puesto por su concierto de la manera que hay en mi tierra, que es Medina del Campo, donde se hacen las ferias,[6] que en cada calle están sus mercaderías, por sí; así estaban en esta gran plaza, y los que vendían mantas[7] de *henequén*[8] y sogas[9] y *cotaras,* que son los zapatos

15 que calzan y hacen del mismo árbol, y raíces[10] muy dulces cocidas, y otras *rebusterías,*[11] que sacan del mismo árbol, todo estaba en una parte de la plaza en su lugar señalado; y cueros[12] de tigres, de leones y de nutrias,[13] y de adives y de venados y de otras alimañas, tejones y gatos monteses, de ellos adobados,[14] y otros sin adobar, estaban en otra parte, y otros géneros de cosas y

20 mercaderías.

Pasemos adelante y digamos de los que vendían frijoles y chía y otras legumbres y yerbas a otra parte. Vamos a los que vendían gallinas, gallos de papada, conejos, liebres,[15] venados[16] y anadones,[17] perrillos y otras cosas de este arte, a su parte de la plaza. Pues todo género de loza, hecha de mil maneras,

25 desde tinajas grandes y jarrillos chicos, que estaban por sí aparte; y también los

que vendían miel y melcochas[18] y otras golosinas[19] que hacían como nuégados. Pues los que vendían madera, tablas, cunas y vigas y tajos[20] y bancos, todo por sí. Vamos a los que vendían leña, ocote,[21] y otras cosas de esta manera. Qué quieren más que diga que, hablando con acato,[22] también vendían muchas canoas llenas
30 de yenda de hombres, que tenían en los esteros cerca de la plaza, y esto era para hacer sal o para curtir cueros, que sin ella dicen que no se hacían buena…. Para qué gasto yo tantas palabras de lo que vendían en aquella gran plaza, porque es para no acabar tan presto de contar por menudo todas las cosas, sino que papel, que en esta tierra llaman *amal,* y unos cañutos[23] de olores con liquidámbar, llenos
35 de tabaco, y otros ungüentos[24] amarillos y cosas de este arte vendían por sí; y vendían mucha grana debajo los portales que estaban en aquella gran plaza. Había muchos herbolarios y mercaderías de otra manera; y tenían allí sus casas, adonde juzgaban,[25] tres jueces y otros como alguaciles ejecutores que miraban las mercaderías. Olvidado se me había la sal y los que hacían navajas de peder-
40 nal,[26] y de cómo las sacaban de la misma piedra. Pues pescaderas y otros que vendían unos panecillos que hacen de una como lama que cogen de aquella gran laguna, que se cuaja[27] y hacen panes de ello que tienen un sabor a manera de queso; y vendían hachas de latón y cobre y estaño,[28] y jícaras,[29] y unos jarros muy pintados, de madera hechos….

[18] **melcocha** *paste of concentrated honey*
[19] **golosina** *dulce*
[20] **tajo** *chopping block*
[21] **ocote** *tipo de madera*
[22] **acato** *respeto*
[23] **cañuto** *small tube*
[24] **ungüento** *ointment*
[25] **juzgar** *to judge*
[26] **pedernal** *flint*
[27] **cuajar** *to curdle*
[28] **estaño** *tin*
[29] **jícara** *small cup*

Reaccionemos

¿Comprendió Ud. la historia?

1. ¿Cómo reaccionaron los españoles al ver el mercado azteca? ¿Por qué?
2. Mire los adjetivos que usa Bernal Díaz para describir el mercado. ¿Cómo era?
3. ¿Qué era Tatelulco? ¿Qué importancia tenía?
4. ¿Cuáles son algunos de los productos que vendían en el mercado azteca?
5. ¿Cuál es un producto que vendían los aztecas que asombró al autor? ¿Cómo lo usaban los aztecas?

Solicitamos su opinión

1. El autor describe todo lo que había en el mercado en muchísimo detalle, muchas veces comparando lo que vio con lo que ya conocía de España. ¿Por qué cree Ud. que hace tantas comparaciones? ¿Qué opinión tiene el autor del mercado azteca?
2. Es obvio que los españoles quedaron sorprendidos por todo lo que vieron en Tenochtitlán. ¿Por qué se sorprendieron? ¿Qué cree Ud. que probablemente esperaban encontrar allí?
3. ¿Cuál es el tono de este relato? ¿Qué opinión tenía Bernal Díaz de los aztecas, basado en lo que escribió? Dé ejemplos de la historia.
4. Imagine cómo es la comida típica de México. Muchas de esas comidas, como la tortilla y los frijoles, se originaron en la comida indígena. ¿Qué otros ingredientes, además de los que se mencionan en la historia, cree Ud. que se vendían allí?

Temas escritos

1. Los españoles estaban convencidos de que traían la "civilización" al Nuevo Mundo. Mire el relato de Bernal Díaz del Castillo otra vez. ¿Está Ud. de acuerdo? Desarrolle un ensayo en el que apoye o rechace esta idea.

2. ¿Sabía Ud. que los españoles no conocían el tomate antes de verlo por primera vez en México? ¿Sabía que no conocían la papa antes de verla en los mercados del Perú? Vaya a la biblioteca a buscar más información sobre las contribuciones gastronómicas de los indígenas americanos a la comida. Con la información que saque de la biblioteca, escriba un ensayo en el que Ud. se imagine un mundo culinario sin esos productos. Por ejemplo, sin la papa y el tomate, ¿existiría McDonald's? ¡Deje volar su imaginación!

3. Con otro(a) estudiante, escriba un diálogo entre un vendedor azteca y un soldado español que está pasando por el mercado. ¿Qué tipo de preguntas le haría el español frente a tantos productos desconocidos?

4. Haga una lista de los colores, los olores, los sonidos, los sabores y las texturas posibles en el mercado azteca. Escriba un poema usando estas imágenes.

ENFOQUEMOS

EL IDIOMA

Pronombres de complemento indirecto
Indirect Object Pronouns

I. An indirect object can be identified by asking to/for/of or on what/whom falls the action of the verb. The answer to this question is the indirect object. For example, in the sentence "I write a letter to John," *John* is the indirect object because the action of the verb *write* falls on him.

II. Indirect object nouns can be replaced by the following pronouns:

me	me
te	you (familiar)
le	her, him, you (formal)
nos	us
les	them, you (formal)

El dependiente *le* vendió las flores (a Luis).

The clerk sold the flowers *to Luis.*

In the previous sentence, *le* is essential to the grammatical structure of the Spanish sentence involving an indirect object, although it might sound redundant since *a Luis* already appears in the sentence. But the prepositional phrase *a Luis* is used only to clarify what *le* stands for, since *le* could represent either him, her, or you. If it were clear from the context what *le* stood for, the phrase *a Luis* could be omitted, but not *le*.

Luis me dio las flores (a mí).
gave

Luis gave me the flowers / Luis the flowers to me.

In this instance, the prepositional phrase *a mí* appears only for emphasis or contrast and could be omitted, since there is no question about what *me* represents. The prepositional phrase is optional, but the pronoun *me* is not and must be used.

III. The indirect object pronouns come before a conjugated verb as do the direct object pronouns (see Chapter 3).

Luis le da flores a Rufina.

Luis gives Rufina flowers.

As with the direct object pronouns, the indirect object pronouns **may** be attached to infinitives and to gerunds.

infinitive   Luis va a comprar**le** flores a Rufina.
Luis **le** va a comprar flores a Rufina.

gerund   Luis está comprándo**le** flores a su madre.
Luis **le** está comprando flores a su madre.

As you will recall from Chapter 3, the object pronouns **must** be attached to the verb in an affirmative command.

¡Luis, cómpra**me** flores!

Negative commands follow the same rule of placement **before** the verb. For example:

No **le** compres flores a Rufina.

IV. The pronouns *le* and *les* often need clarification about who they represent because *le* and *les* could refer to so many different people (or things). Therefore, the constructions *a él, a ella, a usted, a ellas, a ellos, a ustedes,* made up of the preposition *a* and the subject pronouns, are used.

This construction seems redundant in English but is necessary in Spanish.

Le dan consejos a ella.   They give advice to her.

Note that the name of the person in question can also be used after *a*.

Le dan consejos a Josefina.   They give Josefina advice.

For the sake of emphasis, the pronouns *mí, ti, él, ella, usted(es), nosotros(as), ellos(as)* with *a* can be used in addition to the indirect object pronouns, even though it might be clear whom the pronouns refer to.

Eso no *me* gusta a *mí!*   Me, *I* don't like that!

A *ti* no *te* queda bien ese color.   On *you,* that color is not becoming.

A practicar

A. Josefina busca ropa nueva

¿Quién puede ayudar? Cambie las letras cursivas por las que están en paréntesis, haciendo los cambios necesarios.

Modelo: Josefina me pide que le acompañe a ir de compras. (a ti)
          Josefina te pide que le acompañes a ir de compras.

1. Josefina acaba de pedir*me* mi opinión. (a María Luisa y a Rufina, a nosotros, a ti, a ustedes)
2. *Me* pide que vaya con ella al almacén. (a Luis, a nosotros, a ti, a ustedes, a ellos)
3. *Me* dice que siempre busca un buen precio. (a María Luisa, a usted, a nosotros, a ellas)
4. *Me* pregunta si conozco una tienda barata. (a Rufina, a ti, a él, a nosotros)
5. *Me* asegura *(assures)* que mi ayuda es muy importante. (a Luis, a ti, a ustedes, a nosotros)

B. Los consejos a Josefina continúan

Las amigas de Josefina continúan haciéndole preguntas y dándole consejos, pero ella ya no quiere aceptarlos. Conteste las preguntas negativamente, haciendo los cambios necesarios.

Modelo: Josefina, ¿te damos nuestra opinión?
          ¡No, no me den su opinión!

1. Josefina, ¿te damos instrucciones para llegar al almacén?
2. ¿Nos vas a pedir dinero?

3. ¿Te decimos cuál vestido es más bonito?
4. ¿Te ofrecemos más ideas?
5. ¿Te indicamos dónde está la zapatería?
6. ¿Vas a comprarte estos zapatos tan feos?
7. ¿Le pides a la dependiente otro color?
8. ¿Nos vas a invitar a comer después?

ENFOQUEMOS

EL IDIOMA

Pronombres de complementos dobles
Double Object Pronouns

I. The following are the object pronouns, both direct and indirect:

Indirect Object	Direct Object
me	me
te	te
le (se)	lo, la
nos	nos
les (se)	los, las

II. When two object pronouns occur together, the indirect object pronoun is placed before the direct object pronoun.

Luis me compra flores.	Luis buys me flowers.
Luis me las compra.	Luis buys them for me.

Note that *le* and *les* change to *se* when combined with another pronoun that begins with the letter *l (lo, la, los, las)*.

Rufina le compró un regalo a Luis.	Rufina bought a gift for Luis.
Rufina se lo compró a Luis.	Rufina bought it for him.
Josefina les dio regalos a sus amigas.	Josefina gave presents to her friends.
Josefina se los dio.	Josefina gave them to them.

III. With a simple conjugated verb, the pronouns usually precede the verb.

¿Los cosméticos? Te los compré.   The cosmetics? I bought them for you.

With a conjugated verb plus an infinitive or a gerund, the pronouns may either go **before** the conjugated verb or be **attached** to the infinitive or gerund.

¿Los cosméticos?   **Te los** voy a comprar.
Voy a comprár**telos.**

¿Los cosméticos?   **Te los** estoy comprando.
Estoy comprándo**telos.**

With affirmative commands, the pronouns **must be attached** to the end of the verb form.

¿Los cosméticos?   Cómpra**melos.**

But with negative commands, the pronouns **must come before** the verb.

¿Esos cosméticos?   No **me los** compres.
¿Ese vestido?   No **se lo** des.

➡ *Ojo:* When pronouns are the objects of two different verbs, the pronouns are **not** combined.

Me gusta visitarte.   visiting you / To visit you pleases me.

Me molesta pedírtelo.   asking you / To ask you for it bothers me.

A practicar

A. En el almacén

Esta vez Josefina va de compras sola y le pide ayuda a la dependiente. Haga el papel de la dependiente y conteste las preguntas.

Modelo: ¿Me da un consejo?
Sí, se lo doy.

1. ¿Me contesta unas preguntas?
2. ¿Me permite un momento antes de escoger?
3. ¿Me explica los beneficios de estos cosméticos?

4. ¿Usted les recomienda a sus clientes esta crema humectante?
5. ¿Me puede decir el precio?

B. En el almacén

En esta escena la dependiente le hace preguntas a Josefina. Contéstelas primero en forma afirmativa, luego en forma negativa.

Modelo: Señorita, ¿le doy un consejo?
Sí, claro, démelo.
No, gracias, no me lo dé.

1. ¿Le muestro una crema de noche?
2. ¿Le traigo un lápiz labial?
3. ¿Le sugiero un color?
4. ¿Le pongo un poco de perfume?
5. ¿Le regalo una muestra *(sample)*?

Cosméticos:

crema humectante	*moisturizing cream*
crema de noche	*night cream*
esmalte	*nail polish*
lápiz labial	*lipstick*
maquillaje	*makeup*
mascarilla	*face mask*
polvo	*face powder*
rímel	*mascara*
rubor	*blusher*
sombra	*eye shadow*

C. En las tiendas

Escriba oraciones combinando todos los elementos. Después quite los complementos directos e indirectos del verbo y reemplácelos por pronombres.

Modelo: El panadero / vender / pan / a mí
El panadero me vende pan a mí.
El panadero me lo vende.

1. El barbero / cortar / el pelo / al señor
2. La dependiente / ofrecer / cosméticos / a la señorita
3. El relojero / reparar / el reloj / a usted
4. El zapatero / mostrar / los zapatos / a Josefina
5. La peluquera / hacer / una permanente *(perm)* / a María Luisa
6. La florista / vender / flores / a Luis
7. Josefina / dar / dinero / a la dependiente
8. El cliente / devolver / el regalo / al dependiente

A. Encuentros personales

1. Play the roles of shoppers and clerks in various stores. Ask for help and advice, inquire about various objects, and ask for prices.
2. One student is a door-to-door salesperson and the other, the homeowner. The salesperson should try to sell the product and convince the homeowner to buy it.
3. A customer wants to return a watch he or she recently bought and complains that it is not running properly. The clerk claims that the watch was in perfect condition when it was sold and refuses to hear the customer's complaint.

B. Solicitamos su opinión

1. ¿Cuántas veces por semana va de compras? ¿Siempre compra Ud. cosas que necesita? ¿Qué cosas le gusta a Ud. que otras personas le compren?
2. ¿Puede Ud. decirle que no a un(a) vendedor(a) que llama a la puerta? ¿Por qué sí o por qué no?
3. De niño(a), ¿qué preguntas les hacía a sus padres cuando iba de compras? ¿Qué preguntas les hace ahora?
4. Si Ud. tiene muchas ganas de comprar algo y no tiene suficiente dinero, ¿a quién(es) se lo pide? ¿Cómo se lo pide? ¿Qué hace Ud. si esa(s) persona(s) no le da(n) a Ud. el dinero? ¿Puede Ud. contar algo acerca de tal situación?
5. Se dice que a los hombres no les gusta ir de compras. ¿Es verdad? ¿Por qué sí o por qué no?

C. Debate

Formen Uds. dos grupos para criticar o defender esta idea.

El ir de compras es trabajo de mujeres. A ellas les gusta gastar dinero más que a los hombres. Las mujeres no consideran penoso el ir de compras; de hecho les encanta y tienen más talento para encontrar las gangas que los hombres.

D. Temas escritos

1. Muchos hispanohablantes prefieren ir a tiendas especializadas en vez de ir al supermercado. Esto requiere mucho tiempo, pero puede ser una experiencia muy agradable también. En una composición bien pensada, explique por qué Ud. prefiere el sistema hispano o por qué le gusta más el norteamericano.

2. El día de mercado en países hispanos también es una experiencia diferente para muchos norteamericanos. En el mercado hay de todo: comida, ropa, medicinas, etc. Y es posible regatear *(bargain)* con los vendedores. Escriba Ud. un diálogo entre un(a) vendedor(a) y un(a) cliente en el mercado. Y si Ud. tiene bastante energía, forme un grupo con otros compañeros de clase para representar este "drama" en clase.

LA ÚLTIMA

PALABRA

Para hablar del comercio y de las compras

el almacén   department store
el anuncio comercial   commercial ad
la barba   beard
la barbería   barbershop
la caja   cash register
el (la) cajero(a)   cashier
el cambio   change
el catálogo   catalog
el centro comercial   shopping center
el cheque bancario   check
el (la) cliente   client
el comercio   commerce, business
el (la) comprador(a)   buyer
los cosméticos   cosmetics
el (la) dependiente   clerk
el descuento   reduction, discount
la deuda   debt
el (la) diseñador(a)   designer
el (la) empleado(a)   clerk, employee
la flor   flower
la florería   flower shop
la ganga   bargain
la joya   jewel
la joyería   jewelry store
la librería   bookstore
el maquillaje   makeup
el mercado   market
la moda   fashion
el mueble   piece of furniture

la mueblería   furniture store
el papel   paper, stationery
la papelería   stationery store
el pelo   hair
la peluca   wig
la peluquería   beauty salon, barbershop
el (la) peluquero(a)   hairdresser
el precio   price
el reloj   clock, watch
la relojería   clock shop
el (la) relojero(a)   watchmaker, watch repairer
la tienda   store
la venta   sale
la zapatería   shoestore
el (la) zapatero(a)   shoemaker, shoe salesperson
los zapatos   shoes

Acciones relacionadas con el comercio

aceptar   to accept
ahorrar   to save
anunciar   to advertise, announce
aprovechar   to take advantage of, benefit
cambiar   to change, exchange
cargar   to charge
comprar   to buy
consumir   to buy, consume
decidir   to decide
devolver (ue)   to return (something)
gastar   to spend
influir   to influence
mostrar (ue)   to show
pagar   to pay (for)
probar (ue)   to try, taste
probarse (ue)   to try on (clothing)
quedar   to remain, have left
quejarse   to complain
vender   to sell

Para describir cosas relacionadas con el comercio

barato(a)   inexpensive
caro(a)/costoso(a)   expensive
económico(a)   inexpensive; thrifty
gastador(a)   spendthrift

impulsivo(a)   impulsive
sensato(a)   sensible, prudent
tacaño(a)   stingy

Expresiones útiles

al contado   cash
al mismo tiempo   at the same time
cargar a su cuenta   to charge to one's account
en efectivo   cash
estar de moda   to be in fashion
quedarle bien/mal   to fit, suit well/badly
tener una queja   to have a complaint
usar su tarjeta de crédito   to use one's credit card
verse bien/mal   to look good/bad

El mundo del trabajo

Charlemos sobre la foto

1. ¿Cree usted que generalmente un salario refleja el mérito o valor de una profesión? ¿Por qué sí o por qué no?

2. Por lo general, hay más artesanos en la América Latina que en los Estados Unidos. ¿Por qué cree Ud.?

3. ¿Cuál es mejor, un trabajo donde usted gana poco dinero pero no tiene muchas presiones, o uno donde gana mejor salario pero hay mucha tensión *(stress)*?

4. ¿Cuál es más importante para usted, ganar mucho dinero o estar satisfecho(a) con el trabajo que hace?

5. ¿Dónde cree usted que hay más diferencia en los salarios que reciben los hombres y las mujeres por su trabajo, en el mundo profesional o en el mundo de los artesanos? ¿Por qué? ¿Y entre los obreros *(blue-collar workers)*?

Metas comunicativas

- Describir las credenciales profesionales y los requisitos de un empleo
- Discutir las características del mundo del trabajo tales como son, y las de un mundo del trabajo ideal
- Hablar de la mejor manera de presentarse a una entrevista de empleo

Metas gramaticales

- Las preposiciones
- Usos de *por* y *para*
- Pronombres preposicionales
- El subjuntivo en cláusulas adverbiales

Metas culturales

- Reconocer la existencia de las diferentes condiciones en el trabajo para hombres y mujeres en el mundo hispano, un fenómeno presente también en todas las culturas
- Aprender sobre algunas profesiones y algunos oficios en el mundo hispano

Ahora, leamos

- "Carreras en computación" de *Saludos Hispanos*

VOCABULARIO
PERSONAL

Make a list of the good and bad characteristics of the job shown in the photo on the opening page of this chapter. Do the positive characteristics outweigh the negative ones? Make a list of jobs you have held and their good and bad points. Make a list of jobs you would never consider doing and the reasons why. (Consult the vocabulary list at the end of this chapter or the *Appendix* for vocabulary relating to jobs.)

En contexto

Entrevista memorable

You will now read (and hear) a dialogue in which Raúl tells Luis about a disastrous job interview. Before you read the dialogue, review the vocabulary in the section *Palabras prácticas* and read the questions under *¿Qué pasó?* to help you understand the passage. Raúl Méndez talks to his friend Luis about an interview for a job as a journalist.

Entrevista

Raúl: ¡Por Dios! ¡Qué entrevista más horrible tuve hoy!

Luis: ¿Qué pasó?

Raúl: Pues, en los anuncios clasificados del periódico vi uno para un puesto de periodista y fui a solicitarlo. La semana pasada me llamó el señor Echeverría, el editor del periódico *El Excelsior,* para una entrevista. Hoy fui, pero metí la pata un millón de veces.

Luis: ¿Cómo metiste la pata? ¡Tú siempre quedas bien en todo!

Raúl: Fíjate, primero el editor me preguntó si yo generalmente escribo artículos sobre la política local.

Luis: ¡Claro que los escribes! ¿Y luego qué pasó?

Raúl: Bueno, le dije al señor Echeverría que tengo un buen artículo sobre el senador Morales, y se lo iba a mostrar, ¡pero no lo llevaba! ¡Lo olvidé en casa! Llevaba uno sobre otro tópico.

Luis: ¡Qué desastre! Bueno, estabas nervioso. Es normal. Creo que te preocupas demasiado.

Raúl: Es que todavía no te dije lo peor que pasó.

Luis: ¿Hay más?

Raúl: Sí. Me ofreció un café. Fue entonces cuando me pasó no sólo un desastre, sino dos. Iba a beber y se me derramó *(spilled)* el café. ¡Adiós, mi corbata nueva! Y ¡adiós, el puesto de periodista!

Luis: Hombre, es que estabas muy nervioso.

Raúl: Pero, escucha, hay más. Cuando le iba a mostrar *(to show)* el artículo que llevaba, derramé el café del señor Echeverría sobre su escritorio. ¡Qué vergüenza!

Luis: ¡Ése sí fue un verdadero *(true)* desastre! ¡Qué situación tan embarazosa! ¿Cómo reaccionó él?

Raúl: No dijo nada. Aceptó mis disculpas... Pero estoy seguro de que no me va a llamar. Ya perdí ese puesto.

Luis: No te preocupes, Raúl. ¡Cálmate! Hay otros puestos que puedes solicitar.

Pasa una semana. Suena el teléfono.

Raúl: ¿Bueno?

La secretaria: Perdone, ¿está el señor Raúl Méndez?

Raúl: Sí, él habla.

La secretaria: Habla la secretaria del señor Echeverría, el editor de *El Excelsior.*

Raúl: Ah, sí. ¿Cómo está, señorita?

La secretaria: Muy bien, gracias. El señor Echeverría quiere verlo para ofrecerle el puesto de periodista que usted solicitó.

Raúl: ¡Fantástico! ¡Qué sorpresa más maravillosa!

La secretaria: Bien, pero él mencionó una condición.

Raúl: ¿Sí? ¿Cuál es?

La secretaria: Que cuando venga a hablar con él... ¡no tome café! ¡Ja! ¡Ja!

¿Qué pasó?

1. Raúl solicitó el puesto de _____ para un periódico que se llama _____.

2. Raúl no está contento porque cree que la entrevista fue _____.

3. Raúl tuvo dos problemas con el café:
   a. _____
   b. _____

4. ¿Quién llama a Raúl para ofrecerle el puesto de periodista?

5. El Sr. Echeverría le ofrece el trabajo a Raúl con una condición. ¿Cuál es?

Palabras prácticas

Para hablar de cosas relacionadas con el trabajo

el ambiente   atmosphere, environment
el anuncio/aviso clasificado   classified ad
el ascenso   promotion
la capacidad   ability
la competencia   competition
el desastre   disaster
la disculpa   apology
el empleo   job
la entrevista   interview
la jornada completa   full-time job
la media jornada   part-time job
el (la) periodista   journalist
las prestaciones   benefits
el puesto   job, position
el salario/sueldo   salary
la solicitud   application
el título universitario   degree, diploma

Acciones relacionadas con el trabajo

aceptar una disculpa   to accept someone's apology
derramar   to spill
disculparse   to apologize
estar capacitado(a)   to be able
estar seguro(a)   to be sure
llevarse bien/mal   to get along well/badly
mandar por correo   to mail
meter la pata   to make a blunder
mostrar (ue)   to show
preocuparse   to worry
quedar bien/mal   to do well/badly, to give a good/bad impression
solicitar un puesto   to apply for a job

Expresiones útiles

¡Cálmate!   Calm down!
¡Claro que... !   Of course… !
¡Fíjate!   Imagine!
No te preocupes.   Don't worry.
¡Qué desastre!   What a disaster!
¡Qué embarazoso!   How embarrassing!
¡Qué vergüenza!   How embarrassing!

Preguntas que debe hacer la persona que busca empleo

...si las condiciones de trabajo son buenas
...cómo es el ambiente general en la oficina
...si está capacitado(a) para ese trabajo
...cómo es el (la) jefe(a)
...si la compañía ofrece ascensos y cuándo
...si es necesario tener título universitario
...si es un puesto de jornada completa o de media jornada
...si es necesario mandar antes un curriculum vitae
...cuál es el último día que se aceptan solicitudes
...si la competencia es muy fuerte
...qué prestaciones ofrece la compañía
...si es fácil llevarse bien con los colegas

INVESTIGUEMOS
UN POCO

Elcíades (Colombia)

—Comenzando ganará $30 mil al mes, después $100 mil . . .
—Está bien . . . ¡entonces vengo después!

Adjectives

What adjectives would you use to describe the man in the cartoon looking for a job? Would you employ this person?

Word Relationships

All of the verbs that follow have related forms. Next to each verb write the noun that you associate with it. Then write short sentences using these nouns to show your understanding of them.

Modelo: preocuparse → la preocupación
Quedar bien en una entrevista es una preocupación normal.

1. anunciar
2. ascender
3. solicitar
4. competir
5. emplear
6. aspirar
7. entrevistar
8. decidir
9. dedicar
10. organizar

Word Formation

In a previous chapter you learned that certain word endings have specific meanings: *-ería* for the store where certain things are sold as in *florería, zapatería, librería*. You will also recall that the ending *-ero(a)* is often used for the names of some tradespeople or professionals as in *panadero(a), carnicero(a), mesero(a), jardinero(a), cocinero(a)*. The following endings are also used to designate professionals or tradespeople:

-ista	-or(a)
artista	director(a)
dentista	doctor(a)
guitarrista	coordinador(a)
pianista	profesor(a)
periodista	supervisor(a)

Special Words

1. Several of the vocabulary items for this chapter merit special attention.

a. *Empleo* and *trabajo* refer to work in general. *Puesto* refers to a specific position or job. *Oficio* means a trade, craft, or occupation.

b. *Sueldo* and *salario* are interchangeable, as are *la aptitud* and *la capacidad.*

c. *Despedirse* as a reflexive verb means "to say good-bye." When it is not reflexive, *despedir (i)* means "to fire" someone from a job.

2. Uses of *pero* and *sino*
Although both *sino* and *pero* mean "but," there are differences in their use. *Pero* means "but" in the sense of "however" or "on the other hand." *Sino*

means "but" in the sense of "but rather" and contradicts the first part of the sentence.

Manuel quiere trabajar, *pero* no puede.	Manuel wants to work, but he can't.
El uniforme en esa compañía no es de color azul *sino* café.	The color of the uniform in that company is not blue but brown.

The phrase *sino que* is used if there is a conjugated verb in the second part of the sentence.

El editor no quiere que los aspirantes traigan su curriculum vitae *sino que* recomienda que lo manden por correo.	The editor does not want the applicants to bring their curriculum vitae but suggests that they mail it.

When *sino* is used in a negative sentence, it is often balanced by the use of *no sólo* in the first part of the sentence, to mean "not only."

No sólo metí la pata una vez, *sino* dos veces.	Not only did I mess up once, but twice.

Now complete the sentences with **sino, pero,** *or* **sino que.**

1. Luis trata de calmar a Raúl, _____ sus comentarios no ayudan.
2. Raúl cree que no sólo salió un poco mal en su entrevista, _____ terriblemente mal.
3. Raúl no sólo tuvo un desastre con el café, _____ dos.
4. El editor sabe que Raúl quería quedar bien en la entrevista, _____ estaba nervioso.
5. El jefe no sólo quiere hablar con un aspirante, _____ quiere entrevistar a muchos.

A practicar

A. ¿Sabe usted entrevistar a un(a) aspirante?

Haga el papel de jefe(a) de una compañía que busca una persona responsable que sea bilingüe. Con un compañero prepare una lista de preguntas que debe hacerle al (a la) aspirante incluyendo la información que sigue. Después conduzcan la entrevista, haciendo una persona el papel de jefe(a) y la otra de aspirante.

1. aptitud
2. experiencia
3. título universitario
4. curriculum vitae
5. sueldo
6. vacaciones
7. ropa/uniforme que debe llevar el (la) empleado(a)
8. lenguas que habla

¿Qué preguntas debe hacer ahora el (la) aspirante al (a la) jefe(a)? Esta vez la persona que es el (la) aspirante tiene oportunidad de hacerle preguntas a la persona que hace el papel de jefe(a) acerca del empleo.

B. ¡A usar la imaginación!

Usted trabaja en la sección de personal en una compañía muy grande que necesita varios empleados en las diferentes divisiones de la compañía. Usted necesita preparar anuncios clasificados para cada uno de estos puestos. Escriba los anuncios incluyendo las características del aspirante ideal, usando muchos adjetivos. (Consult the Appendix for additional vocabulary.)

1. un(a) cocinero(a) para preparar la comida en la cafetería de la compañía
2. un(a) recepcionista
3. un(a) secretario(a) ejecutivo(a) *(administrative secretary)*
4. un(a) jardinero(a)

C. Solicitamos su opinión

En parejas, háganse estas preguntas.

1. ¿Qué tipo de trabajo te interesa? ¿Por qué?
2. En tu opinión, ¿cómo es el (la) jefe(a) ideal?
3. ¿Cómo te preparas para una entrevista?
4. ¿Es muy importante la apariencia física de una persona en una entrevista?
5. ¿Es importante llevarte bien con tus colegas en el trabajo? ¿Cuándo es difícil llevarte bien con tus compañeros de trabajo?
6. ¿Qué cosas no debe hacer una persona en una entrevista? Mira el dibujo que sigue y describe las cosas que hicieron mal esas personas.

D. Situaciones

1. Call a newspaper to place a classified ad about a job you wish to advertise. The newspaper employee will ask you for the following information: name of job; qualifications of candidates; approximate salary; your name, company, address, and telephone number. State also

that you want a cover letter and résumé sent to P.O. Box 209. Reverse roles and practice with other types of jobs.

2. You work in a busy office with many employees. Certain conditions bother you—smoking *(el fumar)*, too much talking and gossip *(el chismorreo)*, etc. You like your job but would like to work out these problems. Discuss with a coworker the importance of getting along well with others and what to do about the problems.

3. You are working parents. Your schedules *(horarios)* are difficult. Choose professions and take turns describing your work responsibilities. Then decide how you both can share housework and child care *(cuidado de los niños)* to accommodate your work schedules.

4. You are a supervisor in a large company. One of your employees doesn't take his (her) work seriously. In a conversation, you discover that he (she) doesn't feel that you take him (her) seriously. See if you can come to an understanding.

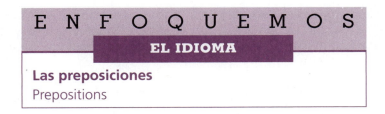

ENFOQUEMOS
EL IDIOMA

Las preposiciones
Prepositions

In this section, several familiar prepositions are reviewed, and a few others are introduced.

A. The preposition *a* means "to" or "at" and can be used

before nouns that refer to persons in what is called the "personal *a*."

El jefe entrevista *a* los aspirantes.	The boss interviews the applicants.

after certain verbs of motion like *ir*.

Voy *a* escribir un anuncio y luego voy *a* la oficina *a* dárselo a la secretaria.	I am going to write an ad and then I will go to the office to give it to the secretary.

to indicate price or rate.

El papel se vende *a* diez dólares por paquete.	Paper sells for ten dollars per package.

before object pronouns for clarification or emphasis.

Doctor, por favor, déle consejos
a mi padre, no me dé consejos
a mí.

Doctor, please give advice to
my father; don't give advice
to me.

B. *De* means "of," "from," or "about." It can be used

to indicate possession.

Las cartas son *de* la secretaria.

The letters are the secretary's.

to indicate origin.

La secretaria es *de* Ecuador.

The secretary is from Ecuador.

to join two nouns, the second of which modifies the first.

un estudiante *de* periodismo

a journalism student

to join a noun and an infinitive (where English sometimes uses a
gerund + a noun).

una máquina *de* escribir

a typewriter

un estilo *de* escribir

a writing style

to identify personal attributes.

Es un mesero *de* ojos negros y
***de* altura mediana.**

The waiter has black eyes and
is of medium height.

C. *En* means "in," "on," or "onto." It can be used

to indicate fixed location.

Estoy *en* la oficina del editor.

I'm in the editor's office.

as a synonym of *sobre*.

La solicitud está *en* la mesa.

The application is on the table.

to indicate motion into something.

Puso el artículo *en* el bolsillo.

He put the article in his pocket.

to indicate time.

La supervisora no vino a trabajar *en* tres días.	The supervisor didn't come to work for three days.

D. *Sobre* means "up," "upon," "above," or "about." It can be used

to indicate location (the equivalent of *encima de*).

La carta está *sobre* la mesa.	The letter is (up) on the table.

to mean "concerning," or "about."

En la entrevista, hablaron *sobre* su habilidad como periodista.	In the interview, they talked about his abilities as a journalist.

E. *Desde,* meaning "since," indicates the beginning of an action. Remember that the present indicative is used in this construction.

Trabaja mejor *desde* ayer.	She has been working better since yesterday.

F. *Hasta* in reference to time means "until."

Va a seguir tomando clases *hasta* escribir mejor.	He's going to keep taking classes until he writes (can write) better.

G. *Contra* means "against." It can be used

to express opposition to something or someone.

Están *contra* los prejuicios asociados con los empleados.	They're against prejudices associated with employment.

to indicate location.

El hombre estaba nervioso, se apoyó *contra* el escritorio.	The man was nervous; he leaned against the desk.

H. **Entre** means "between" or "among." It can be used

to indicate location in the middle of other people or things.

El escritorio está *entre* el editor y yo.	The desk is between the editor and me.

to indicate a partnership.

Hicimos las solicitudes de empleo *entre* **nosotros.**	The job applications were completed among ourselves.

I. *Hacia* means "toward" or "around." It can be used

to indicate direction.

Caminaba *hacia* **la oficina.**	He was walking toward the office.

for an approximation of time.

Debe venir a mi oficina *hacia* **las tres.**	You should come to my office around three (o'clock).

J. *Detrás de* means "behind." It is used to indicate fixed location.

Su oficina está *detrás* **del banco.**	His office is (located) behind the bank.

K. *Después de* means "after." It is used to indicate a time relationship.

Después de **ver los aspirantes, la editora salió.**	After seeing the (job) applicants, the editor left.

L. *Delante de* means "in front of." It is used to indicate a fixed location.

Mi escritorio está *delante* **de la jefa.**	My desk is (located) in front of the boss'.

M. *Antes de* means "before." It is used to indicate a time relationship.

Antes de **salir, preparé el informe para la editora.**	Before leaving, I prepared the report for the editor.

N. Here is a list of other common prepositions.

además de	besides	**en vez de**	instead of
alrededor de	around	**fuera de**	outside of
con	with	**junto a**	next to
contrario a	contrary to	**lejos de**	far from
debajo de	under	**para**	for
dentro de	inside	**por**	for
durante	during	**según**	according to
en busca de	in search of	**sin**	without

Be careful not to confuse prepositions and conjunctions. The following prepositions are conjunctions when they are followed by *que*.

antes de   después de
hasta   para
sin

Nos cuidamos *para* tener buena salud. (*preposition*)
El médico trabaja *para que* tengamos buena salud. (*conjunction*)

Many prepositions are also used as adverbs when *de* is omitted.

Adverb	Preposition	Adverb	Preposition
afuera	fuera de	antes	antes de
cerca	cerca de	después	después de
lejos	lejos de		

Remember that, in Spanish, the only verb form that can follow a preposition is the infinitive, regardless of the English equivalent.

Después de *ver* a sus pacientes, el médico salió.   After seeing his patients, the doctor left.

A practicar

A. Mi amiga Cristina

Complete las frases con la preposición más apropiada si es necesario.

Cristina trabaja _____ una oficina federal _____ Washington. Ahora mismo, ella está buscando _____ otra recepcionista _____ ayudar _____ ella. Tiene que emplear _____ alguien pronto porque nunca puede terminar su trabajo. El problema es que se compadece _____ cada aspirante que entra, y pasa mucho tiempo hablando _____ ellos, _____ sus experiencias.

   Este fin _____ semana pasada, Cristina vino _____ visitarme. _____ toda la visita, ella se quejó _____ algo. (¡_____ Ud. y yo, ella empezó _____ volverme loca!) _____ tres días, escuché una lista _____ problemas, _____ las nueve _____ la mañana _____ las once _____ la noche. Por fin, decidí decirle _____ ella que dejara _____ hablar _____ esas cosas.

¿Qué pasó? Termine Ud. esta anécdota. Trate de usar preposiciones.

B. ¿Puede Ud. encontrar estas cosas?

Su amigo no puede ver bien porque acaba de romper sus anteojos (glasses).
Dígale a su amigo dónde están las siguientes cosas usando preposiciones.

Modelo: la revista
Está encima de (sobre) la mesita.

1. el papel
2. la médica
3. el secretario
4. la planta

5. el cuadro
6. la medicina
7. la mujer

8. el niño
9. el teléfono
10. la mesa

C. Temas escritos

1. Escriba una carta de presentación *(letter of introduction)* para solicitar un puesto que le interese a usted. ¿Por qué cree que deben emplearlo(la)? ¿Cuáles son sus credenciales? ¿Qué puede usted ofrecer?
2. Escriba una carta de recomendación para un(a) compañero(a) de clase que quiere solicitar un puesto importante. Pídale la información necesaria si no conoce usted bien las credenciales de esta persona.
3. Escriba la descripción de un puesto que usted tuvo. Incluya lo siguiente: el trabajo, el sueldo, las condiciones, los requisitos, las prestaciones, los colegas, el ambiente, y si le gustó este trabajo o no, y por qué.

ENFOQUEMOS
EL IDIOMA

Las preposiciones *por* y *para*
The Prepositions *por* and *para*

The prepositions *por* and *para* often have the same equivalents in English, but they must be used carefully because each conveys a different meaning. The differences are listed here.

I. *Por* is used to express the following:

A. "because of," "for" (reason, a cause-and-effect situation).

Despidieron a Jaime *por* perezoso.   They fired Jaime for being lazy.

Lo despidieron *por* no querer trabajar.   They fired him for not wanting to work.

B. "for," "by" (length or duration of time; indefinite time).

Jaime trabajó allí *por* seis meses.   Jaime worked there for six months.

Iré a visitarte *por* agosto.   I will visit you around August.

C. "on behalf of," "for the sake of."

Ayer él trabajó *por* mí porque yo estaba enferma.   Yesterday he worked in my place because I was sick.

D. "per" (as in "per hour, day").

A Jaime le pagaban quince dólares *por* hora.   Jaime was paid fifteen dollars per hour.

E. "in exchange for," "in search of."

Le dieron mil dólares *por* su automóvil viejo.   They gave him one thousand dollars for his old car. (in exchange for)

Él mismo fue *por* el café.   He went in search of coffee himself.

F. "through," "along," "by," "in."

Corro *por* el parque todos los días.   I run through the park every day.

G. manner or means.

Mandé mi curriculum vitae *por* correo.   I sent my curriculum vitae (sent by mail).

H. to express an agent (in the passive voice).

El artículo fue escrito *por* Raúl.   The article was written by Raúl.

I. to show multiplication of numbers.

¿Es verdad que dos *por* dos no son cuatro?   Is it true that two X two is not four?

J. with verbs like *estar* and *quedar* to indicate that something remains to be done or is about to be done.

Todavía me queda este trabajo *por* hacer.   I still have this work to do.

Los obreros están *por* terminar el trabajo de hoy.	The workers are about to finish today's job.

K. in certain expressions.

por ciento	percent
por cierto	by the way
por desgracia	unfortunately
por ejemplo	for example
por eso	therefore
por favor	please
por fin	finally
por lo general	normally
por lo menos	at least
por lo tanto	therefore
por suerte	fortunately, luckily
por supuesto	of course
por todas partes	everywhere
¡Por Dios!	Good Lord!

II. *Para* is used to mean the following:

A. "in order to" (purpose or goal).

Asiste a la universidad *para* obtener su diploma.	He attends the university to obtain a degree.

B. direction, place, or destination.

Salgo mañana *para* París.	I am leaving tomorrow for Paris.

C. "in the employ of."

Trabaja *para* su padre.	She works for her father.

D. comparison within a category.

***Para* norteamericano hablas muy bien el español.**	For an American, you speak Spanish very well.

E. "in the opinion of."

Para **mí, estudiar es muy importante.**	For me (In my opinion), studying is very important.

F. deadline.

Necesito estas cartas *para* **mañana.**	I need these letters for tomorrow.

G. intended recipient.

¿Esta carta es *para* **mí?**	This letter is for me?

A practicar

A. ¿Por qué?

Después de leer las oraciones que siguen, trate de explicar el uso de las preposiciones **por** *y* **para** *en cada ejemplo, usando las reglas que se dieron.*

1. Lo hice **por** él. Lo hice **para** él.
2. Te doy veinte dólares **por** el libro. Te doy veinte dólares **para** que compres el libro.
3. Él practica mucho **para** ser un pianista profesional. Practica mucho **por** ser un pianista profesional.
4. Caminan **por** el parque. Caminan **para** el parque.
5. Descansé **por** la noche. Descansé **para** la noche.

B. Pensamientos

Complete las oraciones con **por** *o* **para.**

Ayer me acosté en el sofá _____ una hora _____ pensar en mi vida. Pensé en muchas cosas. _____ ejemplo, ¿_____ qué se considera el trabajo tan importante? ¿No ganamos el dinero _____ gastarlo? _____ supuesto, es necesario pagar nuestras cuentas, pero creo que nunca tenemos ni bastante tiempo ni dinero _____ divertirnos un poco. Como consecuencia, _____ trabajar tanto, no tomamos el tiempo _____ apreciar las "pequeñas cosas" de la vida hasta que es demasiado tarde. _____ mí, creo que es hora de cambiar. Voy a empezar _____ dar un paseo todos los días después del trabajo, y _____ tomar el tiempo _____ decirles a las personas que amo, cuánto las quiero.

C. ¡A conocernos mejor!

En parejas, háganse estas preguntas para conocerse mejor.

1. Generalmente, ¿cuántas veces al mes vas a la tienda por comida?
2. ¿Compras comida sólo para ti o vives con alguien más?
3. Más o menos ¿cuánto dinero pagas por la comida por mes?
4. ¿Recibes muchos anuncios de los supermercados por correo?
5. Para descansar de tus estudios, ¿caminas algunas veces por las calles? ¿por el parque?
6. ¿Tienes que pasar por calles con mucho tráfico para llegar a la universidad?
7. ¿Has caminado o paseado en coche por toda la ciudad para conocerla? ¿Te gusta caminar por todas partes?
8. ¿Por cuál de las áreas de la ciudad vives? ¿Haces por ahí todas tus compras?
9. ¿Vas alguna vez para los centros comerciales grandes para hacer tus compras?
10. ¿Por qué estudias español? ¿Lo necesitas para una profesión específica?

D. ¡A combinar!

Con las frases que siguen, trate de completar las oraciones.

> por supuesto, por fin, por ejemplo, por lo menos, por todas partes, por falta de tiempo, por cierto, por desgracia

1. —¿Conoces las películas de Steven Spielberg?
   —_____, sus películas se conocen _____.
2. —¿Has visto *(Have you seen)* todas sus películas?
   —No, pero creo que he visto _____ unas cinco. Es imposible para mí ver muchas películas _____.
3. —_____, ¿sabes que esta semana están pasando en los cines locales su película *Jurassic Park*? ¿No piensas ir a verla?
   —_____, no puedo ir esta semana. Iré la semana próxima cuando _____ termine con todos mis exámenes.

E. ¡A completar!

*Complete las oraciones que siguen, tratando de usar las dos preposiciones **por** y **para**.*

Modelo: Voy a dar un paseo...
Voy a dar un paseo por las montañas para descansar. Por suerte tengo libre la tarde, para hacerlo.

1. Este libro sobre computación fue escrito...
2. Tuve que comprarlo...
3. Hoy en día es necesario saber usar un ordenador *(computer)*...

4. Hasta los niños más pequeños saben cómo usar un ordenador...
5. Voy a comprar un ordenador nuevo...
6. Recibí mucha información acerca de un ordenador nuevo...
7. Yo personalmente uso el ordenador...

F. ¿Qué pasa?

Escriba seis oraciones completas basadas en los dibujos.

por el parque   **para** el parque

para ser pianista   **por** ser pianista

por el loro   **para** el loro

Para su comprensión

What do you plan to do after graduation? If you have been considering a career involving computers, the article that follows will clear up any fears you may have about the job market. Computer careers are thriving, and the opportunities for employment appear to be quite favorable.

Antes de leer

1. The vocabulary related to computers in Spanish is filled with cognates from English, primarily because these words originated in English. Make a list of all the cognates found in this article.

2. In some Spanish-speaking countries, a period *(punto)* is used with numbers greater than 999, whereas a comma is used in English. For example, in English, *two thousand* is written **2,000** but in Spanish, it is often written **2.000**. Note this orthographic variation while reading the article.

Carreras en computación

por Maureen Heuring (de *Saludos Hispanos,* vol. 7, #28, Nov/Dec 1992)

[1] **suprimir** *to surpass*
[2] **diseñador** *designer*
[3] **ascenso** *advancement*

Pregúntale a cualquier estudiante graduado qué tipo de trabajo quisiera tener. La respuesta más probable es: un trabajo estable. La economía actual tiende a suprimir[1] los sueños de obtener un trabajo glamoroso o flexible. Pero ¿qué acerca de una carrera que ofrezca ambos? La estabilidad de un nuevo
5 campo que se expande vertiginosamente penetrando casi todas las industrias.

¿Cuál es la similitud entre un diseñador[2] gráfico, un editor de películas y un ingeniero? Todos ellos necesitan computadoras. El campo de la computación ofrece un amplio campo. Un número cada vez mayor de industrias dependen de las computadoras y de los expertos que las manejan.
10 A pesar de que cualquier carrera en computación abre muchas puertas, existen ciertos campos que ofrecen un mayor potencial para el ascenso[3] y la estabilidad. Analista de Sistemas, Programadores e Ingenieros en Computadoras son carreras prometedoras.

Un Analista de Sistemas examina y hace mejoras en sistemas pre-
15 existentes y/o también diseña nuevos sistemas. También es responsable de instruir a programadores y usuarios, de interpretar la información para la administración y por llevar un récord del progreso del sistema con documentos y diagramas. Usualmente, los analistas se especializan en comercio o ciencia desde predicción

de ventas hasta la evaluación de data de una compañía de seguros[4] o la supervi-
20 sión de una planta nuclear. Para ser efectivo un Analista de Sistemas debe estar al
tanto de los últimos sistemas y deben ser sociables. Generalmente, experiencia en
programación es deseable. Actualmente, 400.000 personas están siendo empleadas como Analistas de Sistemas y se espera que aumenten en un 50% para el
año 2.000. Los principiantes[5] pueden esperar ganar desde $26.000 hasta
25 $33.000 al año.

Los Programadores de Computadoras son los que crean las instrucciones
para la computadora en forma de lenguaje de computadoras como COBAL, C y
Pascal. Los programadores hacen diagramas de flujo[6] que ilustran el procesamiento de la computadora. Ellos escriben, prueban y pulen el programa. Este
30 trabajo requiere del don[7] de la lógica, organización y una mente analítica. En un
campo que crece rápidamente, es importante que el Programador de
Computadoras se mantenga muy bien informado. Uno de los trabajos más
interesantes es el de diseñador de programas —creador de programas que hacen
de todo desde juegos hasta educación o negocios. Mientras que la mayoría son
35 utilizados por centros de procesamiento de data, agencias gubernamentales,
firmas manufacturadoras y compañías de seguros, un programador es necesario
en muchas otras industrias, desde pequeños negocios hasta grandes corporacio-
nes. Hoy día, más de 500.000 personas se hallan empleadas como programadores, para el año 2.000 el número de programadores habrá aumentado en un
40 50%. Principiantes pueden esperar ganar desde $22.000 hasta $27.000 al año.

Un Ingeniero de Computadoras debe tener conocimiento del artefacto
tanto como de los programas. Siempre a la vanguardia de la tecnología, los
ingenieros diseñan computadoras avanzadas y buscan resolver problemas de
manufacturación, diseño y aplicación de computadoras. Los Ingenieros trabajan a
45 la cabeza de o como miembros de un equipo. Parte de su trabajo requiere
preparar reportes técnicos muy detallados. Se basan en su experiencia en matemáticas, física, ingeniería y ciencia de computadoras. Existen oportunidades de
empleo en bancos, plantas industriales, servicios para la industria y gobierno.
Ingenieros altamente calificados se hallan en gran demanda hoy en día. Los
50 salarios comienzan por los $29.000 hasta los $31.000 al año con posibilidades de
ganar hasta $70.000 o más.

Los salarios en este campo se ven muy prometedores y las posibilidades
de trabajo aun mejor. Desde los cajeros automáticos[8] que vemos en los bancos
hasta la computadora personal, estamos en el medio de una explosión de
55 computadoras. Los comerciantes y el gobierno están empezando a usar
computadoras ahora más que nunca. Así que para aquellos estudiantes con
interés en la alta tecnología y talentos en las matemáticas y la lógica, una carrera
en computación está a pedir de boca.

[4] **compañía de seguros** *insurance company*
[5] **principiante** *beginner*
[6] **diagrama de flujo** *flowchart*
[7] **don** *talent*
[8] **cajero automático** *automatic teller machine*

Reaccionemos

¿Comprendió Ud. la historia?

1. ¿Cuáles son algunos de los campos en la computación (la informática)
que ofrecen un mayor potencial para el ascenso y la estabilidad?

2. ¿Cuáles son las responsabilidades de un Analista de Sistemas? ¿Gana buen sueldo?
3. ¿Y las responsabilidades de un(a) Programador(a) de Computadoras? ¿Gana más o menos que un Analista de Sistemas?
4. ¿Qué hace el Ingeniero de Computadoras? ¿Dónde existen oportunidades de empleo para esta persona?

Solicitamos su opinión

1. ¿Estudia Ud. la informática (la computación)? ¿Por qué sí o por qué no? ¿Cree Ud. que le puede ayudar en su futuro el saber usar una computadora? Explique.
2. ¿Tiene Ud. una computadora en casa? Hace unos diez años, no era tan común. Ahora son muchos los que tienen computadoras personales. ¿Por qué cree Ud. que eso ha cambiado tan rápidamente?
3. Hoy en día se utilizan las computadoras en una gran parte de los empleos. ¿Cuántos campos o empleos puede Ud. nombrar (no relacionados con la computación) en que es necesario usar una computadora? ¿En cuáles cree Ud. que no se necesita una computadora?
4. Además de usarse como procesador de palabras *(word processors)*, ¿cuáles son algunas otras funciones que tienen las computadoras en la vida de un(a) estudiante? ¿De una familia?

Temas escritos

1. Basado en los requisitos *(requirements)* para las carreras mencionadas en el artículo, imagínese que Ud. está solicitando un puesto en el campo de la computación. Escriba una carta al (a la) jefe(a) de una compañía en la cual explica y documenta su preparación académica y sus capacidades personales. ¡No tenga miedo de impresionarle demasiado!
2. ¿Sería diferente su vida si no existieran las computadoras? ¿Sería más feliz o no? ¿Tendría Ud. menos problemas o más? Escriba una composición en que explica cómo sería diferente su vida.
3. Hoy en día las computadoras se utilizan aun para las relaciones interpersonales. ¿Usa Ud. *e-mail*? ¿El *Internet*? En su opinión, ¿qué efecto pueden tener esos servicios en nuestra habilidad de comunicarnos con otras personas? Escriba un ensayo en que analiza los factores positivos y negativos de la comunicación electrónica.
4. Imagínese que Ud. es una de las computadoras en el Centro de Computación de su universidad. Seguramente ve a muchas personas todos los días, algunos frustrados, algunos apurados, etc. Escriba un ensayo en que habla de un día típico en la vida de una computadora, relatando anécdotas de ciertas personas y lo que hicieron en el Centro de Computación. Piénselo bien —cosas muy interesantes pueden pasar— y ¡sea creativo(a)!

E N F O Q U E M O S

EL IDIOMA

Pronombres preposicionales
Prepositional Pronouns

I. The pronouns in the box follow most prepositions and are the same as the subject pronouns, with the exception of *mí* and *ti*.

mí	nosotros(as)
ti	
él, ella	ellos, ellas
usted	ustedes

➡ *Ojo*: Remember, that when combined with the preposition *con,* the pronouns *mí* and *ti* change to *conmigo* and *contigo*.

II. The prepositions *entre* (between) and *según* (according to) do use the subject pronouns *yo* and *tú* and are therefore exceptions to the chart. All other prepositions will fit the chart.

Siempre hay problemas *entre* tú y yo.

There are always problems between you and me.

***Según* tú, ese color es azul; *según* yo, es verde.**

According to you, that color is blue; according to me, it is green.

III. The special form *sí* is used with third person pronouns in a reflexive or reciprocal sense; that is, with actions whose results revert back to the performer(s): (-self, -selves).

Murmuraba para *sí*.

She mumbled to herself habitually.

Los gemelos tenían una lengua especial para comunicarse entre *sí*.

The twins had a special language to communicate with each other (between themselves).

➡ *Ojo*: *Sí* also combines with *con* resulting in the word *consigo*.

Se llevó a su bebé *consigo*.

She took her baby with her.

A practicar

A. ¡A escribir canciones!

Hay muchas canciones muy románticas en español. Estas son sólo unas líneas, ejemplos de canciones de amor que usted ayudará a terminar llenando los espacios en blanco con los pronombres correctos. Las canciones fueron escritas por el compositor español Miguel Bosé.

Si te cuentan que caí

...yo moriré por _____ *(you)*
y viviré lo que queda de _____ *(me)*
y volaré hasta un punto que...

Como un lobo

Parece que el miedo ha conquistado
tus ojos negros
profundos y templados
¿qué va a ser de _____ *(me)*?
¿qué va a ser de _____ *(you)*?

Y como un lobo voy detrás de _____ *(you)*
paso a paso tu huella he de seguir
y como un lobo voy detrás de _____ *(you)*

Amante bandido

Yo seré un hombre por _____ *(you)*
renunciaré a ser lo que fui.

Hojas secas

Una tarde _____ *(you and I)*
cuerpo a cuerpo... abrazados
pienso en _____ *(you)*
es que tengo miedo
pierdo a pulso el corazón,
no te miento.

...llueve triste dentro de _____ *(me)*
Y él vuelve al norte y busca su estrella
y él sueña que la alcanza y con _____ *(her)* muere.

B. ¿Qué dicen?

Escriba oraciones en español que representen lo que cada persona dice en inglés en los siguientes dibujos. Después escriba otra oración expresando la reacción o respuesta de las demás personas en el dibujo.

1.

2.

3.

4.

5.

6.

C. ¡A conocernos mejor!

En parejas, háganse estas preguntas para conocerse mejor.

1. Generalmente cuando vas al cine, ¿quién va contigo?
2. Cuando viajas, ¿vas solo(a) o viajas con alguien?
3. Para ti, ¿cuál es la vacación ideal?
4. ¿De qué o de quién tienes miedo *(are you afraid of)*?
5. ¿Cuántas filas *(rows)* de sillas te gusta tener entre tú y tus profesores(as)?
6. Según tú, ¿cuál es la mejor película de todos los tiempos?
7. Para ti, ¿un buen amigo es alguien que hace algo por ti?
8. Para ti, cuando una persona tiene un bebé muy pequeño, ¿es mejor viajar con él o sin él?
9. Según los críticos, Madonna no sólo es bonita, sino que canta muy bien también. ¿Estás de acuerdo con ellos?

D. Humorismo en el trabajo

Después de leer los chistes que siguen, escriba una composición sobre el tema de la importancia de tener sentido del humor en el trabajo.

Chistes

I

El jefe de personal: ¿Cuántos años tiene usted?
El aspirante: Cuarenta.
El jefe: ¿Y cuánto tiempo trabajó usted en su último empleo?
El aspirante: Cincuenta años.
El jefe: ¿Cómo trabajó usted cincuenta años si sólo tiene cuarenta?
El aspirante: Por el tiempo extra.

II

Jefe = persona que llega temprano a la oficina si usted llega tarde, y tarde si usted llega temprano.

III

La señora Rodríguez: ¿Sabe usted cocinar y servir la mesa para varios invitados *(guests)*?
La aspirante a cocinera: Sí, señora. Puedo cocinar y servir la mesa de dos maneras.
La señora: ¿Qué dos maneras?
La aspirante: Para que vuelvan y para que no vuelvan.

IV

—Oí que el pobre señor García se quedó completamente sordo *(became deaf)*. Es una lástima porque va a perder su trabajo.
—No te preocupes. Lo van a poner en el Departamento de Quejas *(Complaints)*.

ENFOQUEMOS

El subjuntivo en cláusulas adverbiales
The Subjunctive in Adverbial Clauses

I. An adverbial clause functions as an adverb because it modifies verbs, adjectives, and other adverbs. In the following sentence, the adverbial clause in boldface italics modifies the verb phrase *tomo la cena* and tells when this action takes place.

Generalmente tomo la cena *cuando regreso del trabajo.*

Generally I eat supper when I return from work.

The subjunctive is often used in adverbial clauses, depending on the meaning of the sentence. When describing anticipated actions or events that have not yet occurred, the subjunctive is used. Compare the previous sentence, which did not require the subjunctive with the following one, which does.

Tomaré mi cena *cuando regrese del trabajo.*

I will eat my supper when I return from work. (not yet happened)

II. Following are some words and phrases that **might** require the subjunctive if they introduce a clause whose meaning implies that something has **not yet** happened.

cuando	when
en cuanto	as soon as
tan pronto como	as soon as
hasta que	until
después (de) que	after
mientras (que)	while
aunque	even though
a pesar de que	even though

➡ *Ojo:* There are certain clues in the main clause for the use of the indicative, such as the use of the preterite or the imperfect tenses, or words such as *generalmente* used with the present tense. These clues indicate that the event or action is an accomplished fact. It has either already taken place (past) or it generally happens all the time. Remember that the subjunctive is used for events that are **not yet accomplished.**

indicative	**Empecé a hacerle preguntas** *tan pronto como llegó el aspirante.*
	I began to ask him questions as soon as the applicant arrived.

subjunctive	**Empezaré a hacerle preguntas** *tan pronto como llegue.*
	I will begin to ask him questions as soon as he arrives.

➡ *Ojo:* An adverbial clause can either follow or precede the main clause.

Tan pronto como llegue, empezaré a hacerle preguntas.
Empezaré a hacerle preguntas *tan pronto como llegue.*

III.   The subjunctive is also used in adverbial clauses that refer to purposes or conditions not yet met.

El pastelero trabaja mucho *para que los pasteles se vean bonitos.*	The pastry cook works very hard so that the cakes look pretty.

The following are some phrases that **always** require the subjunctive because they set up conditions that have not yet occurred.

➡ *Ojo:* Note the presence of the word *que* in all of the phrases in the box, one clue to the use of the subjunctive.

para que	so that, in order that
con tal de que	provided that
en caso (de) que	in case (that)
antes de que	before
a condición (de) que	on the condition that
sin que	without
a menos que	unless

IV.   If the subject of the adverbial clause is the same as that of the main clause, an infinitive is used instead of the subjunctive. You will note the absence of the word *que* in those instances.

infinitive	**Nosotros vamos allí para tomar café.**
	We go there in order to have coffee.
	(**we** go so that **we** can have coffee)

subjunctive	**Nosotros vamos allí para que mi padre tome un café.**
	We go there so that my father can have coffee.
	(two different subjects)

A practicar

A. ¿Qué dicen estas personas?

Después de ver los dibujos, termine las oraciones de tres diferentes maneras. ¿Qué cree usted que dicen las personas en cada dibujo? ¿Puede dar más detalles (details) *acerca de cada situación?*

B. Para entrevistarse bien

Estos son buenos consejos para una persona que tiene una entrevista. Escriba la parte de la oración que falta, usando en la cláusula principal el indicativo. La cláusula dependiente con el subjuntivo ya está escrita.

1. _____ para que usted se vea muy profesional.
2. _____ antes de que usted salga para la entrevista.
3. Si el (la) entrevistador(a) le ofrece café, _____ con tal de que él o ella también tome café.
4. Si le pregunta cuánto dinero usted espera ganar, _____ a condición que no sea exagerado *(exaggerated).*
5. _____ sin que sea necesario que el (la) jefe(a) le pregunte sobre su experiencia.
6. _____ con tal de que esté seguro(a) de que es el trabajo para usted.

C. ¡A cocinar!

Después de leer la receta que sigue, subraye los verbos que estén en el subjuntivo explicando por qué se usó el subjuntivo. Luego escriba la receta de su platillo favorito, usando el subjuntivo de manera similar a la receta original.

Tortillas de harina
Flour Tortillas

Ingredientes
1/2 kilo de harina *(flour)*
6 cucharaditas de manteca vegetal o de cerdo *(lard)*
1 cucharadita de sal

Preparación
La harina se pasa por un cernidor *(sifter)* para que quede en polvo muy fino. Se extiende un poco sobre la mesa; se le pone la sal y las cucharaditas de manteca. Se amasa *(knead)* todo, lo necesario hasta que los ingredientes se mezclen *(mix)* bien, rociando *(sprinkling)* la masa *(dough)* con agua tibia o un poco caliente, nunca con fría. Se divide la masa en bolas más o menos del tamaño *(size)* de un huevo y se dejan reposar sobre una superficie previamente harinada para que no se peguen *(stick)*. Después de veinte minutos, de una en una, se ponen las bolas sobre la mesa, también harinada y se extienden con un rodillo *(pin)* de madera de modo que queden en forma de disco muy delgado. Se van poniendo sobre la parrilla *(grill)*, de uno y otro lado por lapso de dos minutos o más, hasta que estén cocidas. Recién hechas son ideales para hacer burritos, o comerlas solas. Se pueden guardar de un día para otro (a menos que se las coman todas el primer día por lo buenas que salieron).

D. Fiesta de cumpleaños

Josefina y Arturo planean una fiesta de cumpleaños para su amigo Raúl. Complete las frases de una manera original usando un verbo diferente en el subjuntivo en cada oración.

Josefina dice:
1. Todavía hay muchas cosas que hacer para que _____.
2. Vamos a planear el menú en cuanto _____.
3. Arturo, ¿puedes ir a la pastelería para que _____?
4. Y luego, Arturo, ¿puedes ir al supermercado para que _____?
5. Yo voy a decorar el apartamento después de que _____.
6. Quiero limpiar todo antes de que _____.
7. Empezaré a cocinar cuando _____.
8. Todo estará listo a tiempo a menos que _____.
9. Bueno. Todo está organizado. Sólo tenemos que esperar hasta que

   _____.

CHARLEMOS
UN POCO MÁS

A. Encuentros personales

1. With a classmate, play the roles of supervisor and employee. The employee wants a raise *(un aumento)* and should try to convince the boss that he or she deserves this, reminding the boss of accomplishments, personal characteristics, professional talent, etc. The boss disagrees with everything. Come to an agreement.
2. One manager wants to fire an employee. The other manager doesn't agree. Each manager must defend his or her position, stating why the employee should (not) be kept.

B. Debate

Formen Uds. dos grupos para criticar o defender las ideas siguientes. Definan con claridad sus ideas antes de la presentación en clase.

1. El conseguir un trabajo es más importante que la manera de obtenerlo.
2. Un sueldo alto es más importante que un puesto interesante.
3. No es necesario que a Ud. le guste un puesto para aceptarlo.

C. Actividad en tres partes

1. Ud. trabaja en una oficina de personal y tiene que desarrollar un formulario para los que solicitan empleo. Diseñe Ud. *(Design)* su propio formulario.
2. Déle su formulario a un(a) compañero(a) de clase. El (La) compañero(a) tiene que rellenar *(to fill out)* el formulario porque quiere conseguir el puesto.
3. Llame al (a la) compañero(a) de clase para una entrevista y hágale todas las preguntas necesarias. (Es una buena idea escribir las preguntas antes de la entrevista.) Decida Ud. si quiere emplear a esta persona o no.

D. Temas escritos

1. Escríbale un informe a su jefe(a) para hacerle saber su opinión con respecto al (a la) aspirante a empleo del ejercicio C. Incluya sus recomendaciones y las razones.
2. Escríbale una carta al (a la) aspirante a empleo del ejercicio C. Infórmele de su decisión, déle las gracias e incluya cualquier otra información necesaria. (Puede entregarle esta carta a su compañero(a) de clase para que sepa en realidad si tiene trabajo o no.)
3. Prepare su propio curriculum vitae en español.

LA ÚLTIMA
PALABRA

Para hablar de cosas relacionadas con el trabajo

el ambiente   atmosphere, environment
el anuncio   ad
la aptitud   ability
el (la) artesano(a)   craftsperson
el ascenso   promotion
el (la) aspirante   applicant
la capacidad   ability
la carta de presentación   letter of introduction
la clase laborante   working class
el (la) colega   coworker
la competencia   competition
la disculpa   apology
el (la) empleado(a)   clerk, employee
el empleo   job
la entrevista   interview
la fábrica   factory
la firma   signature
el formulario   questionnaire, form
el informe   report
el (la) jefe(a)   boss
la jornada completa   full-time job
la media jornada   part-time/half-time job
el (la) obrero(a)   blue-collar worker, factory worker
el oficio   trade
el (la) periodista   journalist
el personal   personnel
las prestaciones   benefits
el puesto   job, position
el requisito   requirement
el salario/sueldo   salary, wages
el (la) solicitante   applicant
la solicitud   application
el taller   workshop
el título universitario   degree, diploma

Acciones o estados relacionados con el trabajo

anunciar   to advertise
buscar   to look for

despedir (i)   to fire
disculparse   to apologize
emplear   to hire, employ
entrevistar   to interview
mostrar (ue)   to show
obtener   to get
preocuparse   to worry
solicitar   to apply for
trabajar   to work

Para describir cosas/personas relacionadas con el trabajo

calmado(a)   calm
capacitado(a)   able
clasificado(a)   classified
embarazoso(a)   embarrassing
preocupado(a)   worried

Expresiones útiles

A quien corresponda   To Whom It May Concern
¡Cálmate!   Calm down!
¡Fíjate!   Imagine!
llevarse bien/mal   to get along well/badly
meter la pata   to make a blunder
¡Qué + *noun* + tan + *adjective*!   What a + *adjective* + *noun*!
quedar bien/mal   to do, perform well/badly
salir bien/mal   to do well/badly
Se despide de usted atentamente   Yours truly

El mundo gastronómico

Charlemos sobre la foto

1. ¿Cuál es el oficio o la profesión del hombre en la foto, si trabaja en una carnicería o en la sección de carne de un mercado?

2. Parece que las mujeres toman en serio su selección. ¿Cómo sabemos esto?

3. ¿Cree usted que es importante que la comida sea no sólo sabrosa, sino bonita también? ¿Por qué?

4. Los norteamericanos tienen fama de comer muy rápidamente. ¿Cree usted que esto es verdad? Los Estados Unidos es un país famoso por su comida rápida *(fast food)*. ¿Por qué? ¿Por qué quieren los norteamericanos comer tan rápidamente?

5. Si usted ha viajado a otros países, ¿qué diferencias culturales encontró en la manera de comer de otras culturas?

Metas comunicativas

- Usar las formas de cortesía necesarias en un restaurante
- Formar expresiones negativas y afirmativas correctamente
- Expresar con el verbo *tener* usos de "to be"
- Describir usando participios pasados como adjetivos

Metas gramaticales

- Palabras negativas y afirmativas
- Adjetivos y pronombres demostrativos
- Formas de "to be" con *tener*
- Participios pasados como adjetivos

Metas culturales

- Reconocer las diferencias culturales relacionadas con las comidas
- Explorar la popularidad de las comidas extranjeras en los Estados Unidos
- Aprender qué comidas son indígenas al Nuevo Mundo

Ahora, leamos

- "Oda a la alcachofa", por Pablo Neruda

La cocina es uno de los elementos principales de cada cultura y en ella influyen los recursos naturales de la región, el clima, las costumbres y los hechos históricos que a veces introducen influencias extranjeras. La comida mexicana, por ejemplo, tan popular en los Estados Unidos, es una combinación de ingredientes prehispánicos y españoles con un sabor que hoy es típicamente mexicano. La comida prehispánica incluía el maíz, el chile, el frijol, la calabaza, la jícama, el camote, los hongos, el tomate verde, el jitomate y muchas yerbas que se usaban como condimentos. Entre las carnes, se comían venado, conejo, armadillo, nutria, oso, pavo, pato y tortuga. Además, los indígenas mesoamericanos fueron los primeros en utilizar el cacao, que se usa para hacer chocolate. La conquista española introdujo a la comida mexicana el arroz, el trigo, aceitunas, uvas, varias frutas y carnes de res, borrego y puerco. De la mezcla de las culturas indígena y europea surgió lo que es hoy la cocina mexicana.

VOCABULARIO
PERSONAL

Make a list of the words and expressions you used to answer the questions about the photo. Then make a list of foods, restaurant vocabulary, and other related words and expressions that you remember. Finally, list any other words or expressions you need to know to discuss this topic. You may want to consult the *Appendix* for some ideas.

En contexto

You will now read (and hear) a monologue in which Josefina describes a problem she has with dieting. Before you read the monologue, you might want to review the vocabulary in *Palabras prácticas* and read the questions under *¿Qué pasó?* to help you understand the passage better.

El problema de Josefina

Josefina: ¿Es usted una persona que nunca engorda? ¿Una persona que puede comer todo lo que quiere sin engordar? Yo, no. Cada bocado que como me engorda. El problema de engordar es que yo sé que es malo para mi salud. Cuando tenía diez años, era delgada y comía un desayuno enorme, un almuerzo como para un elefante y una cena grandísima. Y entre comidas comía bombones, bocadillos, galletas y mil cosas más. No aumentaba ni un kilo.

Pero las cosas cambian. Sé que es necesario vivir una vida sana y saludable y quiero sentirme bien. Por eso, ahora siempre estoy a dieta, pero muchas veces no tengo ninguna fuerza de voluntad. Ayer fue uno de esos días. Me levanté y desayuné muy poco: fruta, té y jugo de naranja. Al mediodía fui a mi restaurante favorito y comí una ensalada y pollo frío. Después del trabajo decidí volver a casa a pie para hacer ejercicio. Y ahí fue donde empezaron mis problemas.

Pasé por una dulcería y vi unos chocolates. No pude resistir la tentación. Decidí comprar sólo un chocolate pequeñito. Entré en la dulcería y...¡adiós, fuerza de voluntad y adiós, dieta! Probé un chocolate y ése fue el comienzo del final. Compré media libra de chocolates. Sí, y me los comí todos. ¡Qué deliciosos estaban! Pero no fue mucho lo que me duró el placer, porque pronto empecé a pensar en mi dieta, en los kilos, en el peso, en engordar, en los riesgos a mi salud, etc., etc., etc. ¡Qué horrible! Mañana voy a empezar mi dieta de nuevo.

¿Qué pasó?

1. ¿Qué problema tiene Josefina? ¿Puede comer todo lo que quiere?
2. ¿Por qué es importante que Josefina se cuide?
3. Cuando era niña, ¿tenía Josefina el mismo problema con la comida?
4. ¿Comió mucho ayer Josefina?
5. ¿Hizo algún tipo de ejercicio ayer?
6. ¿Qué pasó cuando Josefina caminaba?
7. ¿Tiene usted una gran fuerza de voluntad cuando está a dieta? ¿Puede usted resistir las tentaciones?

Palabras prácticas

Para hablar de cosas relacionadas con la comida

el almuerzo   lunch
el bocadillo/sandwich   sandwich
el bocado   bite (of food)
el bombón   candy
la cena   supper
la comida   food, meal
el desayuno   breakfast
la dulcería   candy store
las galletas   cookies
el kilo   kilogram (about 2.2 lbs.)
la libra   pound
el platillo / el plato   dish
el sabor   taste, flavor

Acciones relacionadas con la comida

adelgazar to lose weight
aumentar de peso to gain, increase in weight
comer to eat
comerse to eat up
desayunar to eat breakfast
durar to last
engordar to gain weight
estar a dieta to be on a diet
hacer ejercicio to exercise
probar (ue) to taste

Para describir personas/cosas relacionadas con la comida

delgado(a) thin
delicioso(a) delicious
exquisito(a) delicious, exquisite
gordo(a) fat
grueso(a) heavyset, thick
rico(a) delicious
sabroso(a) tasty

Expresiones útiles

estar listo(a) to be ready
ir a pie to walk (go by foot)
el mediodía noon
resistir la tentación to resist temptation
tener fuerza de voluntad to have willpower

En un restaurante usted necesita saber cómo decir:

Tengo reservaciones para las nueve.
Prefiero una mesa en la sección de (no) fumar.
¿Cuáles son los entremeses / las sopas / los platillos especiales?
¿Qué legumbres/huevos/pescados/mariscos/carnes tiene?
Estoy listo(a) para ordenar la comida.
Aquí tiene la propina.
La cuenta, por favor.

En un restaurante el mesero puede decirle a usted:

¿Está(n) listo(a)(s) para ordenar? ¿Qué desea(n) comer?
La especialidad de la casa es... La especialidad de hoy es...
El servicio y los impuestos ya están incluidos en la cuenta.
¿Desea(n) algo más? ¿Desea(n) algo de beber? ¿Algo de postre?
¡Buen provecho!

Para comentar acerca de la comida, usted puede decir:

¡Qué comida tan sabrosa/deliciosa/rica!
Este platillo tiene un sabor exquisito.
Este sabor no me gusta nada.

Word Formation

1. **Nouns.** Some Spanish nouns are created from verbs by using the *yo* form of the present indicative for masculine nouns, or by changing the final *o* of the same verb form to an *a* for feminine nouns. Can you name the nouns formed from the following verbs? Do you know their meaning?

Verb	Noun	Meaning
a. almorzar(ue)	el _____	_____
b. aumentar	el _____	_____
c. contar (ue)	la _____	_____
d. cocinar	la _____	_____
e. desayunar	el _____	_____
f. gustar	el _____	_____
g. pesar	el _____	_____

2. **Adjectives.** In the previous monologue the adjective *grandísima* expresses "extremely" or "very big." To form similar adjectives, the ending *-ísimo(a)* (plus an *s* for plural adjectives) is added either to the last consonant of the singular adjective or after dropping the final vowel, if the adjective ends in a vowel.

> **Adjective + -ísimo(a)(os)(as)**
> clase fácil + *ísima* = *facilísima*
> libro grande – *e* + *ísimo* = *grandísimo*

➡ *Ojo:* Because the ending *-ísimo(a)* means "very," you cannot use both *muy* and the ending *-ísimo(a)* with one adjective at the same time.

Form superlatives from the italicized adjectives in the following phrases.

a. los bombones son muy *sabrosos*
b. compré un chocolate *pequeño*
c. el menú es *largo*
d. este postre es muy *rico*
e. ella perdió mucho peso; está *delgada*

Verbs That Merit Special Attention

1. The verb *apetecer*, which means "to please," "to appeal to," "to feel like (eating, etc.)," is used in the same manner as *gustar*. Therefore, you actually say, "*X* appeals to me" instead of, "I like *X*." Note that as with *gustar*, *apetecer* uses indirect object pronouns: *Me apetece una taza de café.*

Can you express the following in Spanish?
a. This soup does not appeal to me.
b. Would you like some cookies with your coffee? (Would some cookies with your coffee appeal to you?)

2. The verb *volver* followed by *a* plus an infinitive means "to + *(verb)* again." For example, *él volvió a salir* means "he went out again."

> volver + a + *infinitive* = *to do* "x" *again*
> ella volvió + a + cantar = *she sang again*

Can you give the Spanish version of the following sentences?
a. We ordered the same dish again.
b. She read the menu again.
c. I went into (entered) the candy shop again.

3. Both *salir* and *dejar* mean "to leave"; *salir* means to physically leave or go out, but *dejar* means to leave something (or someone) behind. For example, *él salió sin decir adiós* means "he left without saying good-bye," but *él no dejó propina* means "he did not leave a tip."

Complete the following sentences.

Al _____ de mi casa, me fijé que _____ mi bolsa con mi almuerzo en la cocina. ¡Qué mala suerte! Y mi jefe no me _____ tiempo libre para _____ a comer. ¡No sé qué voy a hacer!

4. *Al* plus an infinitive is the English equivalent of "when, upon + -*ing*," as in *Al pagar, no olvides la propina.* (When paying, don't forget the tip.)

English: *upon* + *-ing* = Spanish: al + *infinitive*
upon entering = al entrar

How would you say the following in Spanish?
a. When having breakfast . . .
b. When making reservations . . .
c. When ordering . . .

A practicar

A. ¡Hay que ser pacientísimo!

Los dibujos muestran situaciones un poco difíciles (¿dificilísimas?). ¿Cuál es la reacción de la otra persona en cada dibujo? Llene el globo (balloon) que está en blanco en cada situación con un adjetivo apropiado terminado en -ísimo(a).

B. En el restaurante

Empareje las palabras de la segunda columna con las de la primera. Luego escriba oraciones con las combinaciones de palabras.

Modelo: menú—leer
En un restaurante nuevo, es esencial leer el menú con cuidado.

1. _____ reservación
2. _____ el servicio va incluido
3. _____ beber
4. _____ estar a dieta
5. _____ buen servicio
6. _____ preguntarle al mesero
7. _____ prefiero sentarme en
8. _____ los precios

a. la cuenta
b. no comer postre
c. para las ocho de la noche
d. sección de (no) fumar
e. agua mineral
f. una buena propina
g. no son caros
h. la especialidad de la casa

C. Los gustos personales

Conteste las preguntas. Luego, hágaselas a un(a) compañero(a) de clase, tuteándose, claro.

1. ¿Comió Ud. bien o mal ayer? ¿Cuántas veces comió? ¿Qué comió?
2. ¿En qué consiste su comida favorita?
3. ¿Cuándo fue la última vez que Ud. cenó en un buen restaurante?
4. Describa un restaurante bueno y uno malo.
5. ¿Qué come cuando no tiene fuerza de voluntad?
6. ¿Qué recomienda Ud. que una persona coma si quiere adelgazar? ¿Qué recomienda Ud. que una persona coma si quiere engordar?
7. ¿Le gusta a Ud. cocinar? ¿Qué platillos/cosas sabe cocinar bien?
8. ¿Le gusta a Ud. la comida picante *(spicy)*? ¿Por qué sí o por qué no?
9. ¿Puede usted resistir la tentación de comer algo que no está en su dieta?

D. Situaciones

1. You and three friends are going to prepare a meal for six other friends. Decide who plans the menu, what to prepare, who goes shopping where, who cooks what, who cleans up, etc. Be organized and have fun!
2. You go to a restaurant with a friend. He or she makes suggestions for each course of the meal. You disagree and suggest alternatives, giving your reasons.
3. Use the *Appendix* vocabulary and act out a variety of role plays. Suggestions: two students can play the roles of a few customers, or the whole class can put on a restaurant scene with the Maître d'hôtel, cashier, waiters, cooks, and customers. Try to make your role plays as authentic as possible.

E. ¿Qué decimos?

Según las frases que usted leyó (y aprendió) que están al fin de la sección Palabras prácticas, *usted sabe qué decir en español en estas situaciones, ¿verdad?*

1. When the maître d' or hostess asks if you made reservations, you say _____.
2. When you are asked which section you want to sit in, you answer _____.
3. If you want to know what the house specialty is, you ask _____.
4. If you want to praise the food, you say to the waiter _____.
5. If you want to know whether the tip and the tax are included in the bill, you ask _____.
6. When you want someone to have a good meal, you say _____.
7. If you want something to drink, you ask _____.
8. When you want the bill, you say _____.

E N F O Q U E M O S
EL IDIOMA

Palabras afirmativas y negativas
Affirmative and Negative Words

I. The following words are used in affirmative statements and questions.

algo	something
alguien	someone, somebody
algún, alguno(a), un(a)	some, any
algún día	someday
siempre	always
también	also
o ... o	either . . . or

affirmative: **Raúl siempre quiere algo bueno de comer.**
Raúl always wants something good to eat.

II. The following words are used in negative statements and questions and are the counterparts of the affirmative words.

nada	nothing, not anything
nadie	no one, nobody
ningún, ninguno(a)	none, not any
nunca, jamás	never
ni siquiera	not even
tampoco	neither
ni ... ni	neither . . . nor

negative: **Raúl nunca quiere nada bueno de comer.**
Raúl never wants anything good to eat.

III. In Spanish, the preposition *a* is needed before *alguien* and *nadie*, since these refer to people, and before *alguno(a)* and *ninguno(a)* when they refer to people, if these people are objects in the sentence.

A nadie le apetece comer aquí.	Nobody wants to eat here. (Eating here does not appeal to anybody.)
—¿Le escribes a alguna de tus amigas?	Do you write to any of your friends?
—No, no le escribo a ninguna (de ellas).	No, I don't write to any (of them).

IV. Note that in Spanish, multiple negatives are grammatically correct and often mandatory.

Nadie dijo nunca nada.	No one said anything ever. (No one never said nothing.)

However, if a negative word like *nunca* comes before the verb, the word *no* is not needed.

Raúl nunca pide nada picante.	Raúl never orders anything spicy.

When there is no negative word before the verb, *no* must be used.

Raúl no pide nada picante nunca.

V. As in English, when answering a question in the negative, in Spanish the word *no* is often used, followed by a comma before the negative statement begins.

—¿Quieres comer algo?   Do you want to eat something?
—No, no quiero comer nada.   No, I don't want to eat anything.

VI.   Because *alguno(a)* and *ninguno(a)* are adjectives, they must agree with the nouns they modify in gender and number. Both *alguno* and *ninguno* drop the final *o* before masculine singular nouns and add an accent mark.

Algún día voy a tener mi propio restaurante.   Some day I will have my own restaurant.

Ningún restaurante me interesa ahora.   No one restaurant interests me now.

The plural forms of *ninguno(a)* are seldom used. *Ningunos(as)* is used only when a noun is inherently plural (words not used in the singular, such as "scissors," "eyeglasses," "pants," etc.).

¿No hay ningunas tijeras *(scissors)* **en esta casa?**   Are there no scissors in this house?

¡No! ¡No quiero nada! ¡Ni eso, ni eso, tampoco eso!

¡Nunca me deja salir temprano! ¡Jamás quiere que use el teléfono, ni que llegue tarde, ni que salga a comer; tampoco permite que beba café, ni un refresco, ni siquiera un dulce! ¡nada! ¡ni de chiste!

A practicar

A. Carta de amor

Josefina recibió una carta de amor de un admirador secreto. La carta está escrita en inglés. ¿Puede ayudarle a Josefina y explicarle lo que la carta dice en español?

Josefina:

I never met anyone like you; there is no other woman like you in the world. There is no one as beautiful nor as smart as you and no one loves you as I do. Don't say no. Don't say never. If you are not sure of your feelings for me, don't make any decision now. If you cannot say yes, don't say no. Say that you will think about it. Don't break my heart. I have never had feelings like these toward anyone before. Not even for my first wife. Please answer my letter. Don't leave me without any hope.

Desperately yours,

X

B. Después de la carta

*Conteste estas preguntas acerca de la carta a Josefina en forma **negativa**.*

1. ¿Piensa usted que Josefina le dio alguna importancia a la carta?
2. ¿Conoce usted alguna situación como la de Josefina?
3. ¿Piensa que Josefina tiene alguna idea de quién es X?
4. ¿Conoce usted a algún hombre como el señor X?
5. ¿Piensa usted que el caso del señor X es algo típico?
6. ¿Piensa que hay alguna esperanza *(hope)* para X?
7. ¿Piensa usted que Josefina debe escribir alguna respuesta?
8. ¿Piensa que la carta es algún chiste?

C. En la residencia estudiantil

Un estudiante nuevo quiere saber todo respecto a la comida de la universidad. Conteste sus preguntas, primero en forma negativa, luego afirmativa.

Modelo: ¿Comes desayuno o almuerzo? (merienda/cena)
          No como ni desayuno ni almuerzo. Como una merienda o una cena.

1. ¿Siempre comes algo para el desayuno? (almuerzo)
2. ¿Quieres probar alguna sopa? (entremeses)
3. ¿También te apetece el pollo? (hamburguesas)
4. ¿Alguien de la residencia cocina hoy? (mañana)
5. ¿Crees que piensan servir mariscos algún día? (pescado)

D. Encuentros personales

Conteste las preguntas. Luego, hágaselas a un(a) compañero(a) de clase, tuteándose, claro.

1. ¿Cómo es la cafetería de su universidad? ¿Qué sirven siempre? ¿Qué no sirven nunca? ¿Cuáles son algunas de sus preferencias respecto a la comida?
2. Cuando Ud. come en un restaurante, ¿siempre pide la misma cosa? ¿Por qué?
3. ¿Puede Ud. recomendar un buen restaurante por aquí para celebrar alguna fecha importante? ¿Por qué lo recomienda?
4. ¿Nunca olvida dejar propina? ¿Es necesario dejar siempre propina? ¿Cuándo no deja Ud. propina?

ENFOQUEMOS

EL IDIOMA

Los adjetivos y pronombres demostrativos
Demonstrative Adjectives and Pronouns

I. Demonstrative adjectives are placed before the nouns they modify and agree in number and gender with those nouns.

this/these (closest to speaker)	*that/those* (farther away)	*that/those* (far away)
este, esta	**ese, esa**	**aquel, aquella**
estos, estas	**esos, esas**	**aquellos, aquellas**
esto	**eso**	**aquello**

The difference between *ese* and *aquel* is one of distance. *Ese* is generally used for something closer and *aquel* for something further removed from the speaker either in time or space.

No quiero esa mesa; prefiero aquella mesa cerca de la ventana.	I don't want that table; I prefer that table (over there) by the window.

II. Demonstrative pronouns have the same forms as the demonstrative adjectives, but they have a written accent. The pronouns replace nouns and must agree in number and gender with the nouns they replace.

éste, ésta	this (one)
éstos, éstas	these (ones)
ése, ésa, aquél, aquélla	that (one)
ésos, ésas, aquéllos, aquéllas	those (ones)

No quiero esa mesa; prefiero aquélla cerca de la ventana.	I don't want that table; I prefer that one by the window.

In this example, the word *mesa* has been removed to avoid repetition, and the pronoun *aquélla* has replaced it.

III. There are three neuter demonstrative adjectives that have no gender or number because they do not refer to specific words. They refer to something general or to abstract ideas with unidentifiable gender or number. The neuter demonstratives are *esto, eso, aquello.*

—¿Qué es eso?   What is that? (unidentified)
—Esto es algo para ti.   This is something for you.

Note that, in the second example, even though the speaker might know specifically what it is that is not appealing, he or she wishes to refer to it in general terms.

A practicar

A. Charlando con la abuela

La abuela de Josefina recuerda los tiempos cuando era joven. Llene los espacios en blanco con los demostrativos correspondientes para saber lo que dice la abuela.

¡_____ *(Those)* tiempos eran diferentes a _____ *(these)* tiempos! Las personas no se preocupaban por no engordar; _____ *(this)* preocupación es algo nuevo para mí. Me acuerdo de _____ *(those)* días cuando era niña y vivía en _____ *(that)* ranchito *(farm)* que tenían mis padres. Josefina, ¿ves _____ *(those)* fotos que están en _____ *(that)* estante *(bookshelf)*? En _____ (that) foto a la derecha puedes ver la casa y el jardín que está detrás de _____ *(those)* árboles. Allí sembrábamos *(planted)* chile, maíz, tomate, calabaza, frijol y todas _____ *(those)* cosas que después secábamos *(dried)* para comer en el invierno. _____ *(That)* comida era muy sana *(healthy)* porque no tenía _____ *(those)* substancias químicas que tiene la comida ahora. Y _____ *(this)* preocupación de hoy por no engordar no existía en _____ *(those)* días. Nosotros no teníamos _____ *(that)* problema. Trabajábamos tanto que era imposible engordar.

B. Hablemos de este restaurante

Sustituya los sustantivos entre paréntesis por las palabras en bastardilla, haciendo los cambios necesarios.

1. A los clientes les gusta mucho este *restaurante.* (comida, postres, precios)
2. Los cocineros en este restaurante preparan con cuidado estos *platillos.* (sopa, pasteles, entremeses, ensaladas)
3. El jefe les enseña a los nuevos meseros estos *requisitos.* (reglas, reservaciones, menús, mesas)

4. Aquella *mesa* tiene una vista magnífica. (ventana, edificio, restaurante, sala de reuniones)

5. Esas *reuniones* para el personal son algo aburridas. (anuncios, reglas, entrevistas, programas)

C. Durante la entrevista

Usted está en una entrevista de empleo. Siga el modelo y escriba las contestaciones que la jefa dio a sus preguntas.

Modelo: **Usted:** ¿Quiere ver estas *cartas de presentación*?
          La jefa: *No, no quiero ver éstas; prefiero ver ésas o aquéllas.*

1. ¿Quiere usted hablar con la persona de *esta recomendación*?
2. ¿Desea usted examinar *estos documentos*?
3. ¿Prefiere usted recibir *esta información* por correo?
4. ¿Quiere usted leer *este curriculum vitae*?
5. ¿Quiere usted explicarme *estos requisitos*?

AHORA

LEAMOS

Para su comprensión

The poem you are about to read is called an ode. An ode is a poem that exalts an object, person, or quality. It can be lyrical, rhymed, and often very elaborate. This poem is an ode to an artichoke. In it, the poet compares the artichoke to a mighty warrior. What would you associate with an artichoke?

Antes de leer

1. El leer poesía es diferente que leer prosa. Los sonidos y las palabras que se repiten, además de las imágenes y comparaciones que se hacen, son todos más significantes en un poema porque el poeta tiene que transmitir su mensaje en pocas palabras. Practique leyendo "Oda a la alcachofa" en voz alta y tome nota de los sonidos y las palabras que se repiten. También, haga una lista de las imágenes y comparaciones que se hacen.

2. La personificación es una técnica que usa Neruda en el poema. Haga una lista de todas las características o acciones humanas que tienen los vegetales del poema.

Pablo Neruda (1904–1973) fue un poeta chileno de gran fama mundial. Escribió muchas colecciones de poesía, traducidas a muchas lenguas. Veinte poemas de amor y una canción desesperada, Residencia en la tierra, Canto general *y* Odas elementales *son algunas de las colecciones más famosas. Neruda habla de muchos temas en sus poemas: la política, el amor, la naturaleza, la sencillez de la vida. Por esta poesía, Neruda ganó el Premio Nóbel de Literatura en 1971.*

Oda a la alcachofa

por Pablo Neruda

La alcachofa
de tierno corazón
se vistió de guerrero,
erecta, construyó
una pequeña cúpula,
se mantuvo
impermeable
bajo
sus escamas,°
a su lado
los vegetales locos
se encresparon,°
se hicieron
zarcillos,° espadañas,°
bulbos conmovedores,°
en el subsuelo
durmió la zanahoria
de bigotes° rojos,
la viña°
resecó los sarmientos,°
por donde sube el vino,
la col
se dedicó
a probarse faldas,
el orégano
a perfumar el mundo,
y la dulce
alcachofa
allí en el huerto°
vestida de guerrero,
bruñida°
como una granada,°

escamas *scales, flakes of skin*

encresparse *to bristle, stand on end*

zarcillos *tendrils*
espadaña *bulrush*
bulbo conmovedor *poignant, moving bulb*
bigote *mustache*
viña *vineyard*
resecar los sarmientos *to scorch the vine shoots*

huerto *jardín*

bruñida *polished*
granada *pomegranate; grenade*

orgullosa,
y un día
35 una con otra
en grandes cestos
de mimbre,° caminó
por el mercado
a realizar su sueño:
40 la milicia.
En hileras°
nunca fue tan marcial
como en la feria,
los hombres
45 entre las legumbres
con sus camisas blancas
eran
mariscales°
de las alcachofas,
50 las filas apretadas,°
las voces de comando,
y la detonación
de una caja que cae,
pero
55 entonces
viene
María
con su cesto,
escoge
60 una alcachofa,
no le teme,
la examina, la observa
contra la luz como si fuera un huevo,
la compra,
65 la confunde
en su bolsa
con un par de zapatos,
con un repollo° y una
botella
70 de vinagre
hasta
que entrando a la cocina
la sumerge en la olla.°
Así termina
75 en paz
esta carrera
del vegetal armado
que se llama alcachofa,

cesto de mimbre
wicker basket

hilera   *row*

mariscal   *marshal*

fila apretada   *tight row*

repollo   *head of cabbage*

olla   *pot*

luego
80   escama por escama
      desvestimos
      la delicia
      y comemos
      la pacífica pasta
85   de su corazón verde.

Reaccionemos

¿Comprendió Ud. la historia?

1. ¿Cómo es la alcachofa a principios del poema?
2. ¿Qué otros vegetales se mencionan en el poema?
3. ¿Quién compra la alcachofa? ¿Cómo trata al vegetal?
4. ¿Qué le pasa a la alcachofa al final?
5. ¿Por qué dice el poeta que es "pacífica" la pasta de la alcachofa?

Solicitamos su opinión

1. Una metáfora es una comparación implícita entre dos cosas diferentes. ¿Qué metáforas usa Neruda en el poema? Explíquese usando referencias específicas al poema para defender su respuesta.
2. ¿Cuáles son los colores que usa Neruda? ¿Qué describen estos colores? ¿Qué representan los colores? Explique.
3. ¿Quién es María? ¿Por qué cree Ud. que Neruda escogió este nombre? ¿Qué representan las acciones de María? Explique.
4. ¿Cuál es el tema del poema? Defienda su respuesta con referencias específicas al poema.

Temas escritos

1. Neruda describe "la dulce" alcachofa "de tierno corazón", pero la describe en términos militares. ¿No es esto una contradicción? ¿Es posible ser las dos cosas? ¿Cómo logra *(accomplishes)* Neruda esta descripción? En un ensayo, explique sus respuestas a estas preguntas.
2. Como Neruda le da al vegetal características humanas, imagine que **es** un guerrero la alcachofa. ¿En qué estaría pensando mientras ocurre la acción del poema? Escriba un ensayo en el que Ud. tome la parte de la alcachofa. En sus propias palabras, explique cómo se siente estando en el mercado, siendo comprada, siendo cocida, etc. ¡Use la imaginación!
3. ¿Es Ud. poeta? Escoja otro vegetal (u objeto) para escribir una oda original como la que escribe Neruda. Use muchos adjetivos.

La gastronomía difiere de país a país en el mundo hispano y es importante saber que no todos comen la misma comida. La comida mexicana es conocida por ser picante *(spicy);* en otros países, sin embargo, la comida no tiene nada de picante. Mientras algunos platos de la comida mexicana son muy conocidos en los Estados Unidos, como la enchilada y el taco, éstos no son los platos típicos de otros países hispanos.

El arroz es una parte integral de muchas comidas típicas por toda Latinoamérica. Al arroz se le agregan salsas y otros condimentos, o se come simplemente cocido sin nada. Con el arroz, se comen muchos platos de papas en los Andes (Ecuador, Perú y Bolivia), un **bife a la parrilla** en la Argentina, el Uruguay y el Paraguay o pescado en los lugares de la costa.

Además, hay algunos platos típicos muy especiales en cada país. España es conocida por su paella, un plato de arroz y una variedad de mariscos. En los lugares costeños se come seviche, un plato de pescado blanco crudo, mojado con limón y pimienta. Y en los Andes, especialmente en el Ecuador y el Perú, el plato más típico es el **cuy,** un conejillo de indias *(guinea pig)* horneado. ¡Experimente cuando viaje a esos países! La comida es una parte integral de cada cultura.

E N F O Q U E M O S

EL IDIOMA

Usos especiales de *tener*
Special Uses of *tener*

I.   There are several expressions with *tener* + a noun that are the equivalent of "to be" + an adjective in English.

> **Tener** + *noun* = *to be* + *adjective*
> **Tengo miedo.** = *I am afraid.*

➡ *Ojo:* Note that the noun follows *tener,* so no adjective agreement occurs.

Some of these expressions are the following:

tener... años	to be . . . years old
tener calor	to be hot (people, not weather)
tener celos	to be jealous
tener cuidado	to be careful
tener éxito	to be successful
tener frío	to be cold (people, not weather)
tener ganas de *(+ inf.)*	to be in the mood for . . .
tener hambre	to be hungry
tener... metros (de alto/largo)*	to be . . . meters (tall)
tener miedo	to be afraid
tener paciencia	to be patient
tener prisa	to be in a hurry
(no) tener razón	to be right (wrong)
tener sed	to be thirsty
tener sentido	to make sense
tener sueño	to be sleepy
tener suerte	to be lucky
tener vergüenza	to be ashamed

II. *Tener* + *que* + an infinitive is a common expression of obligation used in Spanish, equivalent to "to have to" + verb.

¿Cuántos kilos tengo que perder?   How many kilos do I have to lose?

A practicar

A. ¿Qué tienen estas personas?

1.   2.   3.   4.

---

*This is used only with objects; *medir (i)... metros* is used with people.

5.   6.   7.   8.   9.

*Usando expresiones con **tener** describa lo que tienen las personas en los dibujos.*

B. Un mal día para Arturo

*Termine las oraciones con las expresiones con **tener** que describan cómo fue el día de Arturo. Es necesario poner el verbo **tener** en una forma del pasado.* (Clue: In most instances *tener* would be used either as part of a description or as background for an action in the preterite, so you should focus on using the imperfect.)

tener prisa	tener sed
tener cuidado	tener paciencia
tener hambre	tener celos
tener calor	no tener ganas de hacer nada
tener sueño	

1. Arturo fue al supermercado y buscó muy despacio todas las cosas que tenía en su lista para no olvidar nada. Él _____.
2. Como pasó mucho tiempo en el supermercado, ahora él quería llegar rápidamente a la casa de Josefina porque ella lo esperaba. Él _____.
3. Caminaba muy rápido y como hacía mucho calor y llevaba un suéter muy grueso, él _____.
4. Pensaba en beber mucha agua al llegar a la casa de Josefina. Él _____.
5. También pensaba en la comida que ellos iban a preparar juntos. Él _____.
6. Al llegar a la casa, Arturo vio que Josefina leía una carta. Al ver a Arturo, ella guardó la carta rápidamente sin mencionar nada. Arturo _____.
7. Arturo observó que Josefina estaba nerviosa, pero ella dijo que no había dormido bien la noche anterior y que ella _____.
8. Arturo decidió no preguntar nada y que sería mejor si él _____.
9. ¡Pobre Arturo! Después de esto, él _____.

ENFOQUEMOS

EL IDIOMA

El participio pasado como adjetivo
The Past Participle as Adjective

I. The past participle in Spanish corresponds to the *-ed* form of an English verb. To form the past participle of a Spanish verb, replace the infinitive ending *(-ar, -er, -ir)* with *-ado* for *-ar* verbs and with *-ido* for *-er* and *-ir* verbs.

clasificar	→	clasific**ado**
vender	→	vend**ido**
despedir	→	desped**ido**

II. Just as there are irregular past participles in English ("seen," "done," "bought," etc.), Spanish has several irregular past participles. The following verbs (and most others derived from them) have irregular past participles.

abrir	→	abierto	poner	→	puesto
cubrir	→	cubierto	resolver	→	resuelto
decir	→	dicho	romper	→	roto
escribir	→	escrito	ver	→	visto
hacer	→	hecho	volver	→	vuelto
morir	→	muerto			

Several verbs that derive from those just listed show the same irregularity in the past participle.

descubrir *(to discover)*	→	descubierto
describir *(to describe)*	→	descrito
deshacer *(to undo)*	→	deshecho
componer *(to repair)*	→	compuesto
descomponer *(to break)*	→	descompuesto
posponer *(to postpone)*	→	pospuesto
devolver *(to return something)*	→	devuelto
envolver *(to wrap)*	→	envuelto

III.   The past participle can be used as an adjective in both English and Spanish. In Spanish, however, the verb must agree in number and gender with the noun it modifies.

la carne cocida   cooked meat

unos empleados dedicados   some dedicated employees

IV.   When used with *estar*, the past participle usually stresses the result of an action.

Mi receta favorita ya está escrita.   My favorite recipe is already
                                             written. (the result of my writing it)

La puerta estaba cerrada.   The door was closed. (someone
                                             closed it)

V.   At times the past participle is used where English uses the present participle *(-ing)* to express a state or condition.

él está dormido   he is sleeping

él está parado   he is standing

él está sentado   he is sitting

➡ *Ojo:* Do not confuse the adjective *embarazoso(a)* ("embarrassing") with *embarazada* ("pregnant")!

A practicar

A. ¡Detalles, detalles!

En la cocina de un restaurante siempre hay muchas cosas que hacer, pero en el mundo del trabajo ideal, los trabajadores tienen todo preparado a tiempo, ¿no? Primero, termine las frases poniendo los verbos en el presente de subjuntivo. Luego conteste según el modelo.

Modelo: Es necesario que usted _____ (terminar) de decorar
                los *pasteles.*
                —*Es necesario que usted **termine** de decorar los pasteles.*
                —*¡Pero, ya están terminados!*

1. Espero que usted _____ (hacer) los *cambios* en el menú.
2. Es importante que usted _____ (preparar) la *carne* como los clientes la pidieron.
3. Es necesario que usted y yo _____ (cortar) las *verduras* para la ensalada.

4. Sugiero que nosotros _____ (cubrir) la *comida.*
5. Necesito que usted _____ (abrir) las *latas* de tomates.
6. Quiero que usted _____ (poner) las *papas* en el horno.
7. Es esencial que alguien _____ (componer) esta *licuadora* (blender).

B. Encuesta personal

En parejas, háganse las preguntas que siguen.

1. ¿Eres una persona dedicada? ¿A qué o a quién?
2. ¿Eres una persona facilmente divertida? Explica.
3. ¿Qué cosas consideras que son muy aburridas?
4. ¿Eres una persona organizada o desorganizada? Da ejemplos.
5. ¿Con qué quehaceres *(chores)* estás ocupado(a) los fines de semana?

C. ¿Cómo están?

*Usando participios pasados como adjetivos, describa lo que pasa en los dibujos. ¿En qué condición están estas personas o cosas? No olvide usar el verbo **estar** y recuerde que los participios pasados deben llevar el mismo género y número que el sustantivo que describen.*

D. Reaccionemos

¿Cómo reacciona usted ante estas situaciones?

Modelo: (reaction to a boring movie)
¡Qué película tan aburrida!

1. an embarrassing situation
2. a big calamity (disaster)
3. a beautiful restaurant
4. a horrible meal
5. a dedicated employee
6. a poorly cooked hamburger

A. Actividades

Después de haber hablado tanto sobre la comida, ¿tiene Ud. hambre?

1. Prepare Ud. una fiesta gastronómica de comidas hispanas o vayan juntos con otros estudiantes a la cafetería de la universidad para almorzar o cenar en grupo. Es necesario hablar solamente el español durante la comida. (Otra posibilidad: Organicen una "hora de café" cada semana para los estudiantes de español, en la que solamente se hable español.)
2. Traduzca su receta favorita al español, usando el diccionario.
3. Haga una demostración en clase de cómo preparar varias comidas. Ud. tiene que hablar español y usar utensilios durante la demostración. (Posibilidades: un sándwich, unas galletas, huevos, arroz, una torta.)

B. Debate

Formen Uds. dos grupos para criticar o defender estas ideas.

1. Somos lo que comemos.
2. Todos debemos ser vegetarianos.
3. Los norteamericanos siempre comen hamburguesas, perros calientes y papas fritas.

C. Temas escritos

1. ¿Cuál es su restaurante favorito? Escriba un artículo en que recomienda ese restaurante, explicando por qué es su favorito. Hable de los platos, del servicio, de los precios, del ambiente en el restaurante, etc.
2. ¿Cuál es una comida típica de los Estados Unidos? ¿Existe una comida típica? Escriba un ensayo en que dé una descripción de lo que es la comida típica de los Estados Unidos. ¿Es cierto que todos los

norteamericanos siempre comen hamburguesas, como se comentó en el número tres del ejercicio anterior?

3. Humorismo en la cocina: Después de leer los chistes, escoja el que más le guste y escriba una descripción de lo que pasó. Use sus propias palabras y no copie del texto.

Chistes

I

El niño : Mamá, ¿por qué sólo tenemos pan para cenar?

La mamá: Porque cuando quemé *(burned)* la carne, usé la sopa para apagar *(put out)* el fuego.

II

En el restaurante

Señora: Mesero, ¿puede envolverme la comida que quedó *(leftovers)* para mi perro?

Niño: ¿Vamos a comprar un perro, mamá?

III

La joven recién casada *(newlywed)* : Los dos platillos que mejor cocino son arroz con pollo y flan.

El esposo (examinando el plato): ¿Y cuál de los dos es éste?

LA ÚLTIMA
PALABRA

Para hablar de cosas relacionadas con la comida

el almuerzo   lunch
el bocado   bite (of food)
el bombón/dulce   candy
la cena   supper
la comida   meal
la cuenta   bill
la dulcería   candy store
la especialidad de la casa   house specialty
la fuerza de voluntad   willpower
el gusto   taste
el kilo   kilogram (about 2.2 lbs.)
la libra   pound
el menú   menu
la merienda   snack

el (la) mesero(a)   waiter (waitress)
el (la) mozo(a)   waiter (waitress)
el olor   smell, fragrance
el pastel   cake, pastry
la pastelería   pastry shop
el (la) pastelero(a)   pastry chef
el peso   weight
el platillo   dish, meal
el plato   dish
la propina   tip
la reservación   reservation
la sección de no fumar   nonsmoking section
la tentación   temptation

Acciones relacionadas con comer

adelgazar   to lose weight
almorzar (ue)   to eat lunch
apetecer   to appeal to
aumentar de peso   to gain weight
cenar   to eat supper
comer   to eat
desayunar   to eat breakfast
engordar   to gain weight
estar a dieta   to be on a diet
pedir (i)/ordenar   to order (food)
saborear   to savor, relish

Para describir cosas relacionadas con la comida

caro(a)   expensive
delicioso(a)   delicious
dulce   sweet
exquisito(a)   delicious
picante   spicy
rico(a)   delicious
sabroso(a)   tasty
salado(a)   salty

Expresiones útiles

¡Buen provecho!   Enjoy your meal!
dejar de...   to quit (doing something)
durar   to last
estar delgado(a)   to be thin (condition)
estar gordo(a)   to be fat (condition)

El mundo de la cultura popular

Charlemos sobre la foto

1. La música es una lengua internacional. A diferencia de las lenguas, la música no se necesita estudiar para poder apreciarla y comprenderla. Las personas en la foto tocan una música que es muy popular en todo el mundo. ¿Qué música es? ¿Se divierten estos músicos tocando, o tocar es sólo una profesión para ellos?

2. ¿Cuántos tipos de música latina o española puede usted nombrar?

3. ¿Cuántos instrumentos musicales pueden usted nombrar en español? ¿Conoce los nombres de los instrumentos en la foto?

4. ¿Son importantes los factores de sexo y edad en el mundo de la música? ¿Podemos todos participar en el mundo musical sin prejuicios de edad o sexo?

Metas comunicativas

- Hablar de acciones reflexivas y recíprocas
- Describir algunas rutinas y diversiones
- Expresar eventos que ocurrirán en el futuro
- Expresar probabilidad usando el tiempo futuro

Metas gramaticales

- Distinguir entre verbos reflexivos y no reflexivos
- Reconocer otros usos de *se* además de como pronombre reflexivo
- Formar y usar el futuro y el futuro perfecto
- Distinguir entre los diferentes usos de los tiempos futuro y futuro perfecto

Metas culturales

- Apreciar la popularidad internacional de las telenovelas hispanas
- Aprender cuáles son algunas de las diversas formas de música latina/española y los instrumentos que se usan

Ahora, leamos

- "Borges y yo", por Jorge Luis Borges

VOCABULARIO

PERSONAL

Make a list of words and expressions you need to talk about elements of popular culture such as music, TV programming, movies, and cartoons. Begin by thinking about the importance of these elements in your everyday life in your own culture. Could you do without them for very long?

En contexto

¡Vamos a bailar!

You will now hear and read a dialogue between Rufina and María Luisa. Rufina calls María Luisa on the phone to invite her to go dancing with her, Luis, and some friends. Do you remember Rufina? You met her in a previous chapter. She is married to Luis. María Luisa is single.

Rufina: María Luisa, yo creo que tú te aburres un poco los fines de semana, pero no quieres admitirlo. Estoy segura de que a veces te sientas frente al televisor a mirar telenovelas o te duermes mirando algún programa sin saber de qué se trató.

María Luisa: Sí, me aburro a veces, cuando no tengo nada especial que hacer. Llego del trabajo, me desvisto, me pongo ropa cómoda y miro la televisión. Me gusta mucho mirar telenovelas, y las miro todas las noches. Pero después de mi telenovela favorita, si no hay nada interesante que ver o estoy muy cansada, simplemente me acuesto a dormir.

Rufina: ¡Por Dios, para mí, eso es morirse de aburrimiento! Mira, este viernes te prometo que no te aburrirás. Luis y yo iremos al Club Caribe a bailar y queremos que vengas con nosotros. ¡Imagínate! Estará un conjunto musical fantástico que toca música latina tropical. Varios amigos de la oficina de Luis vendrán también y seremos un grupo bastante grande. Estoy segura de que te divertirás mucho.

María Luisa: Pues... no sé... lo pensaré y te diré mañana.

Rufina: ¡Qué frustración! ¡No seas indecisa, María Luisa! ¡Nada de mañana! Ahora mismo me dices que sí y me prometes que el viernes después del trabajo te irás a casa, te arreglarás, te peinarás muy bien, te pondrás el vestido más bonito que tienes y nos iremos todos a bailar. ¡Verás las cumbias, los mambos y la salsa que bailaremos!

María Luisa: Bueno, mujer, si tanto insistes, pero sólo si vamos después de que yo vea el episodio de mi telenovela. Estaré lista a las nueve.

Rufina: Está bien, está bien. Ya sabemos que las telenovelas son tu pasión, pero hay otras cosas en la vida que son más divertidas, como bailar. Pasaremos por ti después de las nueve y ya verás que nos divertiremos muchísimo. ¡Hasta entonces!

¿Qué pasó?

1. ¿Por qué invita Rufina a María Luisa a salir?
2. ¿Adónde piensan ir?
3. ¿Acepta María Luisa inmediatamente?
4. ¿Qué condición pone María Luisa para poder aceptar la invitación de Rufina?
5. ¿Quiénes irán además de Rufina y Luis?
6. ¿Qué tipo de música tocarán en el Club Caribe el viernes?
7. ¿Cree usted que María Luisa se divertirá? ¿Por qué sí o por qué no?
8. ¿Piensa usted a veces que es más fácil quedarse en casa y sentarse a mirar la televisión que arreglarse y salir a divertirse?
9. Cuando usted no tiene planes especiales el viernes por la noche, ¿cree que todo el mundo se está divirtiendo menos usted? ¿Es verdad que todo el mundo hace algo divertido los viernes por la noche?
10. ¿Le gustan a usted las telenovelas norteamericanas? ¿Vio usted algunos episodios de "Knott's Landing", "Beverly Hills 90210" o "Melrose Place"? Nombre otras.

Palabras prácticas

Para hablar de cosas relacionadas con las rutinas

el baile   dance
la canción   song
el conjunto musical   small band
la cumbia   *type of Latin dance*
el episodio   episode
la letra   lyrics
el mambo   *type of Latin dance*
la música latina/tropical   Latin music
la salsa   *type of Latin dance*
la telenovela   soap opera
el televisor   television set

Acciones relacionadas con las rutinas

aburrirse   to get bored
acostarse   to go to bed
arreglarse   to fix oneself up
bailar   to dance
desvestirse (i)   to undress (oneself)
divertirse (ie)   to have a good time
mirar la televisión   to watch television
peinarse   to comb one's hair
ponerse   to put on
sentarse (ie)   to sit down
tocar   to play an instrument

Para describir

cansado(a)   tired
cómodo(a)   comfortable
divertido(a)   amusing, fun

Expresiones útiles

ahora mismo   right now
¿De acuerdo?   Is it OK? Agreed?
¡Hasta entonces!   Until then!
¡Imagínate!   Imagine!
morirse de   to die of
¡Nada de... !   None of that . . . !
pasar por   to come by for, pick up
¡Por Dios!   Good Lord!

INVESTIGUEMOS
UN POCO

Word Formation

The following nouns might be new to you, but you can guess their meanings if you recognize the verbs they come from. Guess the meaning of these words, give the infinitive form of the verbs they come from, and use them in sentences.

a. el aburrimiento   c. la muerte
b. la diversión   d. el (la) cantante

e. el arreglo musical   i. la canción
f. la admisión   j. la imaginación
g. el conjunto musical   k. el gusto
h. el cansancio   l. la frustración

Uses of *tratar*

I. The verb *tratar* has several meanings.

tratar con = to associate/work/deal with

En su oficina Luis trata con amigos de gustos similares a los de él.	In his office Luis associates with friends with tastes similar to his.

tratar de = to try to

Rufina trata de divertir a María Luisa.	Rufina tries to amuse María Luisa.

tratarse = to treat each other

Rufina y María Luisa se tratan como hermanas.	Rufina and María Luisa treat each other like sisters.

tratarse de = to be about

¿De qué se trata este programa de televisión?	What is this TV program about?

Special Uses of *morir*

II. *Morirse de* + *(noun)* = to be dying of + *(noun)*

Rufina se muere de aburrimiento si tiene que quedarse en casa a mirar la televisión.	Rufina will die of boredom if she has to stay home and watch TV.

Ways of Saying "to Become"

III. *Ponerse* and *volverse* mean "to become" but have different uses.

Ponerse is used with adjectives to describe emotional or physical states that are not constant.

María Luisa se pone nerviosa cuando baila con alguien por primera vez.	María Luisa becomes nervous when she dances with someone for the first time.

Volverse implies that a radical change has taken place in a person. It is most commonly used in the expression *volverse loco* or *volverse loco de* + a noun.

La concursante se volvió loca de alegría cuando ganó $10.000 en el programa de televisión "*Sábado Gigante*".

The contestant was overcome (became crazy) with joy when she won $10,000 on the TV program "Sábado Gigante."

1. se muere...

2. se muere...

3. se muere...

4. se muere...

5. se muere...

6. se pone...

7. se pone...

8. se pone...

A practicar

A. ¿Qué les pasa?

Después de mirar los dibujos, complete cada oración con una de las frases siguientes:

a. nervioso(a)   e. de calor
b. de cansancio   f. triste
c. contento(a)   g. de frustración
d. de aburrimiento   h. de hambre

¿Puede usted ampliar y decir por qué se encuentran estas personas en esas situaciones? Use su imaginación.

B. ¿Sabe usted mucho de la música latina tropical?

Estas oraciones se relacionan con la música latina. Escriba las palabras apropiadas en el espacio en blanco según el sentido de cada frase. Puede haber varias posibilidades. (Si es necesario, consulte el Apéndice.)

1. El ritmo y la percusión son elementos _____ de la música latina.
2. Un ejemplo de un baile latino es _____.
3. Muchas canciones tropicales también tienen _____ para poderlas cantar.
4. Un instrumento característico del ritmo tropical es _____.
5. La música latina es popular porque es muy _____.

C. La popularidad de las telenovelas

Lea el siguiente fragmento y conteste las preguntas.

Según un artículo que apareció en la revista *Más*, la popularidad de las telenovelas latinoamericanas es internacional. Se venden actualmente en más de 60 países, muchos de los cuales no son de habla hispana. Las telenovelas venezolanas, por ejemplo, se doblan *(are dubbed)* al hebreo, ruso, árabe, inglés, portugués, turco, italiano y griego. Las telenovelas mexicanas son especialmente populares en Turquía y en Corea del Sur.

El éxito internacional de estas telenovelas se aumentó en España en 1990 con "Cristal", una telenovela venezolana que tuvo una audiencia diaria de 11 millones de personas en sus dos últimas semanas de transmisión. El éxito de "Cristal" se repitió con "La dama de rosa", el programa más visto en España en 1991, también de Venezuela y con los mismos actores.

Venezuela es el país que produce más telenovelas, seguido por Brasil, y en tercer lugar México. A diferencia de las telenovelas norteamericanas, las latinoamericanas son de más corta duración pues casi nunca duran más de un año. También se pueden ver por la noche como se vieron "Dallas" y "Dynasty" en los Estados Unidos, pero los episodios de las telenovelas en Latinoamérica aparecen todos los días y no sólo una vez por semana.

1. ¿Cuál es el país que produce más telenovelas en Latinoamérica?
2. ¿Las telenovelas latinoamericanas son populares sólo en este hemisferio?
3. ¿Qué es necesario hacer para que puedan entenderlas en países donde no se habla español (o portugués)?
4. ¿En qué forma son diferentes las telenovelas latinoamericanas a las de los Estados Unidos?
5. ¿Por qué cree usted que son tan populares estas telenovelas?

D. Encuesta personal

En parejas, háganse estas preguntas.

1. ¿Miras mucho la televisión? ¿Qué tipo de programa prefieres?
2. ¿Te gusta mirar telenovelas? ¿Por qué sí o por qué no?
3. ¿Conoces a alguien que tiene pasión por las telenovelas y se muere de frustración si no puede ver un episodio?
4. ¿Escuchas mucho la radio? ¿Qué te interesa más: las noticias, la música o la personalidad del (de la) locutor(a)?
5. ¿Te gusta bailar? ¿Bailas todos los fines de semana? ¿Qué tipo de música prefieres bailar?
6. ¿Con qué propósito miras la televisión?
7. ¿Qué aprendemos de la publicidad (los comerciales) en la televisión?
8. ¿En qué forma crees que la programación en la televisión refleja la cultura de un país?

E. ¿Cómo reacciona usted?

Exprese su reacción a las oraciones que siguen y dé su opinión.

Modelo: Alguien que usted conoce nunca lee un periódico ni mira las noticias en la televisión.
Usted le dice: *¡Qué desastre! Creo que es importante saber lo que pasa en el mundo.*

1. Un amigo le dice que el único programa que mira en la televisión es una telenovela.
2. Otro amigo le dice que no quiere saber nada de otras culturas.
3. Un extranjero cree que todos los norteamericanos son como los actores de "Dallas", con mucho dinero y no muy honestos.
4. Su compañero(a) de cuarto está muy triste porque el personaje favorito de su telenovela murió.
5. Alguien que usted conoce cree que todos los estudiantes deben mirar telenovelas como un escape para no morirse de frustración con sus estudios.

➡ *Ojo:* Recuerde que se pueden formar exclamaciones usando *qué* + un sustantivo, como *¡Qué horror!*, para expresar su reacción ante una situación o *qué* + un adjetivo *(¡Qué horrible!).*

ENFOQUEMOS
EL IDIOMA

Los verbos reflexivos
Reflexive Verbs

I. A reflexive verb is one whose action reflects back upon the person performing it. These actions are understood as being done to oneself (yourself, himself, herself, themselves). You can identify reflexive verbs by the pronoun *se* attached to the end of the infinitive.

II. The following pronouns are needed when using reflexive verbs.

Reflexive Pronouns	
(yo)	**me** levanto
(tú)	**te** levantas
(él)	**se** levanta
(ella)	**se** levanta
(usted)	**se** levanta
(nosotros[as])	**nos** levantamos
(ellos[as])	**se** levantan
(ustedes)	**se** levantan

Spanish views *levantarse* (to get up), like other reflexive verbs, as an action that the subjects perform upon themselves (I get myself up, you get yourself up, etc.).

María Luisa se prepara para salir a bailar.

1. se desviste   2. se arregla   3. se peina   4. se viste

III.   The position of the reflexive pronoun follows the same rules as those for direct and indirect object pronouns.

A.   Reflexive pronouns go **before** a conjugated verb.

   Ellos **se** preparan para ir al baile.

B.   Reflexive pronouns go **before** a negative command.

   ¡No **te** pongas ese vestido, María Luisa!

C.   With infinitives and gerunds, the reflexive pronouns **may** come **before** or be **attached** to the verb.

   María Luisa **se** va a arreglar / María Luisa va a arreglar**se**.
   Ella **se** está peinando / Ella está peinándo**se**.

D.   With affirmative commands, reflexive pronouns **must** be **attached**.

   ¡Diviérte**te** un poco, María Luisa!

E.   When the sentence or phrase involves two pronouns, the reflexive pronoun comes first.

Tu vestido nuevo: ¡Pón*te*lo!   Your new dress: Put it on!

➡ *Ojo*: Many verbs that are used reflexively can also be used nonreflexively if the subject performs the action upon someone or something else.

reflexive: **María Luisa se divierte bailando.**
                   María Luisa entertains herself dancing.

nonreflexive: **Los músicos divierten al público.**
                   The musicians entertain the audience.

IV. The reflexive pronouns *nos* and *se* can be used with their corresponding plural verb forms to express the idea "to each other" or "one another." This is called the reciprocal use of the reflexive verbs.

Los amigos latinos se abrazan cuando se saludan.

Latin friends hug each other when they greet each other.

Se conocen desde hace mucho tiempo.

They have known each other a long time.

Nos vemos casi todos los días.

We see each other almost every day.

V. Some verbs undergo a slight change in meaning when used reflexively.

beber	to drink	**beberse**	to drink up
comer	to eat	**comerse**	to eat up
ir	to go	**irse**	to go away, leave
hacer	to do, make	**hacerse**	to become, pretend

Mis invitados *se comieron* toda la comida.

My guests ate everything up.

La fiesta está muy divertida; Pablito no quiere *irse*.

The party is lots of fun; Pablito doesn't want to leave.

Este perro está muy bien entrenado; *se hace* el muerto cuando el instructor le hace una señal.

This dog is very well trained; he plays dead when the instructor gives him a signal.

➡ **Ojo**: Here is a review of some reflexive verbs that describe daily routines.

acostarse (ue)	to go to bed
afeitarse	to shave
bañarse	to bathe
cepillarse	to brush (one's hair, teeth)
desayunarse	to eat breakfast
despertarse (ie)	to wake up
ducharse	to shower
lavarse	to wash up
levantarse	to get up
maquillarse	to put on makeup
peinarse	to comb one's hair
ponerse	to put on clothes
secarse	to dry oneself
vestirse (i)	to get dressed

➡ **Ojo**: In Spanish, reflexive verbs use a definite article rather than a possessive when referring to parts of the body or articles of clothing whose owner is clear from context.

Ella se pone *el* uniforme todos los días cuando va a trabajar.

She puts on her uniform every day when she goes to work.

Él se lavó *las* manos antes de comer.

He washed his hands before eating.

A practicar

A. Ritmo político

Escriba en el espacio en blanco la forma del tiempo presente de los verbos reflexivos que están entre paréntesis.

Rubén Blades —el cantante, actor de cine, director de orquesta y abogado panameño— _____ (meterse) ahora también en la política. Si Blades _____ (reunirse) con el Tribunal Electoral de Panamá, y _____ (presentarse) ante sus miembros, será para proponerles la creación de un partido político que _____ (llamarse) "Papá Egoró", nombre indígena que quiere decir "Madre Tierra" y que representa la unión nacional y la defensa ecológica de Panamá. Blades piensa que si los panameños _____ (unirse), se logrará una renovación del espíritu nacional. Blades _____ (preocuparse) por los problemas que tiene Panamá y cree que si él _____ (dedicarse) a tratar de resolverlos, podrá hacer algo por su país. Algunas personas creen que la participación de Blades en la política es sólo una maniobra publicitaria, pero quienes lo conocen bien saben que él _____ (sentirse) obligado a ayudar a su país.

Rubén Blades no es el único actor de cine que _____ (interesarse) por la vida política. ¿Cómo _____ (llamarse) otros actores que hicieron lo mismo?

✦ Nota cultural

Rubén Blades se dio a conocer como actor en las películas "Fatal Beauty", "The Two Jakes" y "The Milagro Beanfield War", entre otras. Su música abarca desde canciones con temas de protesta social hasta salsa para bailar. Nació en Panamá en 1948 donde estudió y obtuvo su diploma de abogado. Al venir a los Estados Unidos, vivió primero en Nueva York y luego en Los Ángeles. Su interés en la situación política de Panamá es bien conocido.

B. ¡Qué desorden!

Combine frases de las tres columnas para hacer oraciones que tengan sentido y así contarnos cómo son sus fines de semana.

I. El sábado por la mañana	1. me acuesto temprano	a. porque por la noche preparo comida para toda la semana
II. El lunes por la mañana	2. no me gusta salir	b. porque me gusta ir a bailar
III. El viernes por la noche	3. me levanto tarde	c. porque al día siguiente tengo que trabajar
IV. El domingo por la mañana	4. me arreglo para salir	d. y después voy a desayunar a un restaurante con mi familia
V. El domingo por la noche	5. me levanto a las seis, me ducho, me afeito y me visto	e. y me siento a mirar las caricaturas en la televisión
VI. El sábado por la noche	6. me levanto, me visto y voy a la iglesia	f. porque los lunes entro a trabajar a las ocho de la mañana

ENFOQUEMOS
EL IDIOMA

Usos especiales de *se*
Special Uses of *se*

Impersonal *se*

I. When someone performs an action, but the speaker does not specify who, English uses *they, one, you,* or *people,* as in sentences like, "They sell a lot of records in this store," or "One finds a lot of records in this store," or "You find a lot of records . . . ." In Spanish, the same meaning is expressed with the use of *se*.

> *Se* venden muchos discos en esta tienda.

In this impersonal construction, the third person of the verb is used and agrees in number with the object in question.

Se exhibe *una película* **con Meryl Streep en este cine.**	They are showing a Meryl Streep movie in this theater.

Se pasarán *dos telenovelas* nuevas en la televisión hoy.	They will show two new soap operas on TV today.

Some impersonal sentences have no object; in that case, the verb will always appear in the third person singular.

Se trabaja mucho en esta oficina.	We work very hard in this office.

Se as the Equivalent to the Passive Voice in English

II.   In general, the passive voice is not used in Spanish unless the agent or performer of the action is stated.

Don Quijote fue escrito por Cervantes.	Don Quijote was written by Cervantes.

Instead, the pronoun *se* is used.

Se prohibe fumar.	Smoking is prohibited.
Se habla inglés por todas partes.	English is spoken everywhere.
Se cierran las puertas cuando empieza el concierto.	The doors are closed when the concert begins.

Se for Unplanned Occurrences

III.   When an action is viewed as accidental, unplanned, or beyond a person's control, *se* is used. The verb then agrees in number with the subject, and the person to whom this incident occurs is shown by means of an indirect object pronoun.

Se *me* cerró la puerta.	The door closed on me.
Se *les* olvidó mi regalo.	They forgot my present.

➡ *Ojo*: The use of *a* + a noun or pronoun is needed to name the person involved. It can also be present in a sentence for emphasis.

A Luis se le perdieron las llaves de su carro.	Luis lost his car keys.
(*A mí*) se me rompió el tacón del zapato de tanto bailar.	The heel of my shoe broke (on me) from so much dancing.

Se le perdieron las llaves.

Se le rompió el tacón.

Common verbs used in this manner:	
acabársele*	to run out of
cáersele	to drop
descomponérsele	to fall apart
escapársele	to get away, miss
írsele	to get away, miss
ocurrírsele	to come to mind
olvidársele	to forget
perdérsele	to lose
rompérsele	to have something break, tear
terminársele	to run out of

A practicar

A. Letreros y avisos

*¿Cómo se expresan en español estas frases que vemos con frecuencia en las tiendas o lugares públicos? Use el **se** impersonal.*

1. Smoking is prohibited.
2. Liquor is not sold to minors.
3. Spanish is spoken here.
4. Latin music records are sold here.
5. Visitors are limited to two per patient.

Can you think of five more phrases that appear in signs to tell people what they are not (or are) permitted to do in public places such as libraries and theaters?

---

*The use of *le* here stands for "to someone" and would change according to the person involved: *Se me acabó el dinero,* etc.

B. Encuesta personal

Conteste las preguntas. Luego puede hacérselas a un(a) compañero(a).

1. ¿Qué clase de música se toca cuando hay fiestas en su casa?
2. Cuando usted está nervioso(a) porque va a salir con alguien por primera vez, ¿qué se le olvida?
3. Cuando usted viaja, ¿qué hace cuando se le escapa (o se le va) el avión porque usted llega tarde al aeropuerto?
4. ¿Qué hace usted cuando sale con una persona por primera vez y a los dos se les acaba la conversación?

⚙ Nota cultural

Además de practicar las artes de escribir y bailar, los hispanos han empleado todos los medios del arte visual como el dibujo, el grabado, el retrato o el paisaje en óleo. Hay unos artistas hispanos muy famosos por sus estilos originales en los varios medios. Por ejemplo, unos españoles muy conocidos son El Greco, que pintó de una manera torcida (¿por su vista miope?), y Pablo Picasso, que inventó el cubismo como resultado de su experiencia con la escultura africana. Unos mexicanos son José Guadalupe Posada, que protestó dibujando caricaturas de figuras políticas, y Frida Kahlo, que mezcló la tragedia de su propia vida y la fantasía en sus obras. Además del arte tradicional, existe el arte popular como las tiras humorísticas en los periódicos o los dibujos animados en las películas y la televisión.

A H O R A

LEAMOS

Para su comprensión

The short essay you are about to read is an example of the artistic talent of one of Latin America's greatest writers. In "Borges y yo," the author attempts to separate his two **personas,** that of the individual and that of the writer. As you read the essay, try to determine how well he is able to separate the two. Are there really two **personas** or only one?

1. El autor, al describir a Borges el escritor, emplea muchos adjetivos que elogian y critican. Mientras Ud. lee el ensayo, haga una lista de los adjetivos que emplea para describir la obra (*work*) de Borges. ¿Cuál es su opinión de la obra de Borges?

2. El ensayo se trata del intento del autor de separarse de su obra. ¿Qué semejanzas y diferencias menciona para lograr (*accomplish*) esto? ¿Hay más semejanzas o más diferencias entre las dos personas de quienes habla?

Jorge Luis Borges (1899–1986), escritor famoso de la Argentina, empezó su carrera literaria escribiendo poesía y ensayos. A través de su desarrollo artístico, inventó su propio subgénero, "ficciones", una combinación de cuento (o ensayo) y de hechos verdaderos. Muy intelectual y lector de amplios intereses, sufrió discriminación profesional por su oposición política a Juan Perón, el caudillo del país. Borges quedó ciego en sus últimos años y se dedicó a la poesía otra vez diciendo que la rima y el ritmo lo ayudaban a recordar sin la vista.

Borges y yo

por Jorge Luis Borges

[1] **zaguán** *vestibule; entrada a una casa*
[2] **puerta cancel** *outer door, similar to a storm door*
[3] **terna** *lista*
[4] **etimología** *etymology*
[5] **tramar** *to plot, to scheme*
[6] **sobrevivir** *survive*
[7] **cediéndole** *yielding to him*
[8] **constar** *to be clear*
[9] **Baruch Spinoza (1632–77)** *filósofo holandés*
[10] **rasgueo** *strumming*
[11] **arrabal** *outskirts*
[12] **idear** *llegar a otras ideas*
[13] **fuga** *escape*

Al otro, a Borges, es a quien le ocurren las cosas. Yo camino por Buenos Aires y me demoro, acaso ya mecánicamente, para mirar el arco de un zaguán[1] y la puerta cancel[2]; de Borges tengo noticias por el correo y veo su nombre en una terna[3] de profesores o en un diccionario biográfico. Me gustan

5 los relojes de arena, los mapas, la tipografía del siglo XVIII, las etimologías,[4] el sabor del café y la prosa de Stevenson; el otro comparte esas preferencias, pero de un modo vanidoso que las convierte en atributos de un actor. Sería exagerado afirmar que nuestra relación es hostil; yo vivo, yo me dejo vivir, para que Borges pueda tramar[5] su literatura y esa literatura me justifica. Nada me cuesta confesar

10 que ha logrado ciertas páginas válidas, pero esas páginas no me pueden salvar, quizá porque lo bueno ya no es de nadie, ni siquiera del otro, sino del lenguaje o la tradición. Por lo demás yo estoy destinado a perderme, definitivamente, y sólo algún instante de mí podrá sobrevivir[6] en el otro. Poco a poco voy cediéndole[7] todo, aunque me consta[8] su perversa costumbre de falsear y magnificar. Spinoza[9]

15 entendió que todas las cosas quieren perseverar en su ser; la piedra eternamente quiere ser piedra y el tigre un tigre. Yo he de quedar en Borges, no en mí (si es que alguien soy), pero me reconozco menos en sus libros que en muchos otros o que en el laborioso rasgueo[10] de una guitarra. Hace años yo traté de librarme de él y pasé de las mitologías del arrabal[11] a los juegos con el tiempo y con lo

20 infinito, pero esos juegos son de Borges ahora y tendré que idear[12] otras cosas. Así mi vida es una fuga[13] y todo lo pierdo y todo es del olvido, o del otro.

No sé cuál de los dos escribe esta página.

Reaccionemos

¿Comprendió Ud. la historia?

1. En la primera frase del ensayo, el autor habla del "otro". ¿Quién es? ¿Cómo es?
2. ¿Cómo es la relación entre el narrador y el escritor Borges?
3. Según el ensayo, ¿qué relación tiene la literatura de Borges en la vida de Borges?
4. Borges escribe: "Por lo demás yo estoy destinado a perderme, definitivamente, y sólo algún instante de mí podrá sobrevivir en el otro." ¿Qué quiere decir?
5. ¿Cuál de los dos, el hombre Borges o el escritor Borges, escribe este ensayo?

Solicitamos su opinión

1. El ensayo fue escrito por Borges, pero se llama "Borges y yo". ¿Qué quiere decir el título?
2. Muchos artistas como Borges afirman que tienen varias personalidades: su propia personalidad y su personalidad profesional. ¿Cree Ud. que es posible que la misma persona sea dos (o más)? ¿Cree que influye en su obra?
3. Aunque Borges intenta separarse del "otro", ¿logra hacerlo? ¿Por qué sí o por qué no?
4. Borges dice que la relación entre las dos personas no es hostil, pero critica al escritor en varias ocasiones. ¿Cree Ud. que al final del ensayo resuelve el problema de la separación de los dos? Explique.

Temas escritos

1. Imagínese que existen las personas (de verdad) de quienes habla Borges en el ensayo. ¿Qué le diría el uno al otro? Escriba un diálogo en que Ud. toma el papel de uno de los dos y le expresa al otro su opinión sobre él. ¿Podrá Ud. hacer la distinción entre los dos?
2. Hay muchos personajes ficticios que son dos personas diferentes, como Superman / Clark Kent y Batman / Bruce Wayne. Imagínese que uno de estos personajes hubiera escrito algo parecido al ensayo de Borges. ¿Qué diría? Escriba un ensayo, como el de Borges, en que uno de esos personajes se dirige a su "otro".
3. ¿Se ha sentido Ud. una vez como si fuera dos personas diferentes? ¿Ha tenido la experiencia de *déjà vu*? Escriba un ensayo en que explique esa experiencia. ¿Cómo se sintió Ud.?

El futuro
The Future Tense

I. The future tense is formed by adding the endings *-é, -ás, -á, -emos, -án* to the infinitive of most verbs.

hablar	**comer**	**vivir**
hablar**é**	comer**é**	vivir**é**
hablar**ás**	comer**ás**	vivir**ás**
hablar**á**	comer**á**	vivir**á**
hablar**emos**	comer**emos**	vivir**emos**
hablar**án**	comer**án**	vivir**án**

➡ *Ojo*: The written accent (and the stress when spoken) in all persons except the *nosotros* form is very important because the imperfect subjunctive has similar forms. The only way to differentiate them is by use of the accent.

II. The following are the only irregular verbs in the future.

caber	cabré, cabrás, cabrá, cabremos, cabrán
decir	diré, dirás, dirá, diremos, dirán
haber	habré, habrás, habrá, habremos, habrán
hacer	haré, harás, hará, haremos, harán
poder	podré, podrás, podrá, podremos, podrán
poner	pondré, pondrás, pondrá, pondremos, pondrán
querer	querré, querrás, querrá, querremos, querrán
saber	sabré, sabrás, sabrá, sabremos, sabrán
salir	saldré, saldrás, saldrá, saldremos, saldrán
tener	tendré, tendrás, tendrá, tendremos, tendrán
valer	valdré, valdrás, valdrá, valdremos, valdrán
venir	vendré, vendrás, vendrá, vendremos, vendrán

III. The future tense is used as follows:

A. The future tense can be used to show that an action will take place sometime in the future.

El próximo viernes iremos a bailar.   Next Friday we will go dancing.

B. The future tense can also be used to indicate probability or conjecture about the present, equivalent to the English "I wonder . . . " or "probably."

¿A qué hora empezará el programa?   I wonder (at) what time the program begins.

C. As we discussed earlier, another way of expressing future time is by using the verb *ir* + *a* and an infinitive. This is the most common form for many Spanish speakers.

$$ir + a + \textit{infinitive} = \text{future}$$

Vamos a ir al cine esta noche.   We are going (will go) to the movies tonight.

A practicar

A. "Lo que el destino nos trae"

Las telenovelas generalmente tratan con los problemas que tienen los personajes (characters). *Sus vidas siempre están llenas de accidentes y de eventos que están fuera de su control. Agustín es un personaje de la telenovela "Lo que el destino nos trae" y es víctima de un accidente. ¿Qué le pasará a Agustín en el futuro?*

En parejas, después de leer la introducción, escriban diez oraciones en el tiempo futuro imaginándose qué le pasará a Agustín en la telenovela la semana próxima.

Una noche lluviosa Agustín manejaba su Ferrari por las calles de Caracas cuando su coche se salió del camino y chocó contra un árbol. Como resultado del accidente, a Agustín se le rompieron las dos piernas y se le quemaron *(burned)* las manos terriblemente. Como Agustín es pianista profesional...

B. ¿Una buena película?

Carlos Rogers es un joven director de cine quien acaba de hacer su primera película. Carlos está nervioso porque no sabe cuál será la reacción del público y de los críticos hacia su película. Hoy es el día del estreno (premiere) *y Carlos se hace a sí mismo estas preguntas. Ponga los verbos entre paréntesis en el tiempo futuro para completar las preguntas que expresan las dudas que tiene Carlos.*

1. ¿ _____ (Ir) yo también al estreno o _____ (esperar) en casa?
2. ¿ _____ (Leer) yo la reseña de los críticos en el periódico mañana? ¿Qué _____ (decir) ellos de mi película?
3. ¿Cómo _____ (reaccionar) el público, bien o mal?
4. ¿ _____ (Poder) yo sacar el dinero que invertí, o _____ (perder) todo?
5. ¿Me _____ (hacer) yo famoso, o esta película _____ (ser) mi primera y última?

C. ¿Qué comentario hace usted?

Usando el tiempo futuro para expresar conjetura o probabilidad, haga un comentario original acerca de las siguientes oraciones.

Modelo: Ese joven mira seis telenovelas todos los días.
Comentario: *No tendrá nada qué hacer.*

1. Rufina nunca lee las tiras cómicas en el periódico.
2. La telenovela "Los pobres también sufren" *(The Poor Suffer Also)* es una de las telenovelas más populares en muchos años.
3. Hace más de seis meses que Rufina y Luis no van a bailar.
4. Mi abuela solamente va al cine cuando hay una película en español.
5. Arturo siempre se levanta temprano los sábados.

D. ¿Que harán?

Usando el tiempo futuro, escriba dos oraciones para cada situación en estos dibujos dando así dos posibles soluciones.

¡Se me quemó la cena!

¿Qué harán ellos ahora?

¡Me saqué muy malas notas esta vez!

¿Qué harán sus padres?

¡Se me olvidó el cumpleaños de mamá!

¿Qué hará?

¡Se me acabó el tiempo para entregar mi trabajo!

¿Qué hará?

✦ *Nota cultural*

Proverbs, sayings, and idioms are a very important form of popular culture for many groups. They serve a social purpose as words of wisdom given freely, practically on a daily basis in some cultures, as the situation arises. Proverbs give warning, reaffirm known truths about life, console people when needed, or simply give an idealistic or humorous description of how people, things, and situations are or ought to be. In Spanish, *dichos* or *refranes* are an integral part of everyday life. One hears them with great frequency and often finds them as titles of songs, movies, or books. An example is "Como agua para chocolate," an acclaimed 1993 movie adapted from a book that takes its title from a popular idiom *como agua para chocolate* used to describe something that has reached its boiling point.

When proverbs or sayings are meant to give a warning, they often appear in the future tense: *Cría cuervos y te sacarán los ojos.* This is a *dicho* often said as a warning to mothers who are too lenient with their children—that if one creates a monster, eventually the monster will turn on its creator and cause harm. (The English equivalent is "To warm a viper in one's bosom.")

E. Consejos útiles

Lea los dichos que siguen, identificando el tiempo futuro, y luego discuta su significado, buscando un equivalente o paralelo en inglés.

1. "Dime con quién andas y te diré quién eres."
2. "De fuera vendrá quien de tu casa te echará."

3. "Más vale un 'toma' que dos 'te daré'."
4. "Nadie diga, de esta agua no beberé."
5. "Con la vara *(yardstick)* que midas, te medirán."
6. "Dame donde me siente, que yo haré donde me acueste."
7. "Quien puede y no quiere, cuando quiera no podrá."
8. "Al bueno darás y del malo te apartarás."
9. "Donde bien te quieren, irás pocas veces; donde mal, ninguna."
10. "Mira adelante y no caerás atrás."

E N F O Q U E M O S
EL IDIOMA

El futuro perfecto
Future Perfect

I. .The future perfect tense is used to express future actions that will or may have taken place by some future time.

Para el domingo, el director de cine habrá leído los comentarios de los críticos sobre su película.	By Sunday, the movie director will have read the critics' comments about his film.

The future perfect tense can be used to express probability in the past if something must have taken place or probably took place.

Les habrá pasado algo y por eso no están aquí hoy.	Something must have (probably) happened to them, and that is why they are not here today.

II. The future perfect is formed in the following manner:

haber (in the future tense) + *past participle*

> habr**é**
> habr**ás**
> habr**á**   + *past participle*
> habr**emos**
> habr**án**

➡ *Ojo:* The past participle functions here as part of the verb, so no agreement is necessary.

A practicar

A. Encuesta personal

En parejas, háganse la siguiente pregunta: "¿En cuántos años más habrás hecho estas cosas?"

Modelo: terminar los estudios
                En dos años más, yo habré terminado mis estudios.

1. visitar otros países
2. comprar una casa
3. casarse
4. tener dos hijos
5. cambiar de trabajo dos veces
6. aprender un idioma más
7. regresar a la universidad para obtener otro diploma

B. El humorismo y el futuro

El sentido del humor es una forma de cultura popular que refleja el carácter de un grupo. Tener un poco de sentido del humor nos permite aceptar mejor los problemas y otras cosas en la vida que están fuera de nuestro control. En parejas, comenten el chiste abajo. Hagan después esta actividad:

Imagínate que una persona puede viajar en el tiempo y el espacio al año 2200 y ahora regresó para contarnos las cosas que vio. ¿Qué le preguntarás? Escriban juntos cinco preguntas que le harán a este "viajero".

Modelo: *Quiero saber si para el año 2200 habrá cambiado la celebración de Navidad.*

Tin-Giao (Costa Rica)

C. El futuro

¿Qué cambios podemos anticipar en el futuro? Usando los elementos incluidos y el futuro perfecto, escriba oraciones que expresen sus ideas acerca del futuro. Puede buscar inspiración en el chiste.

Modelo: En el futuro / las personas / dejar de bailar
En el futuro las personas habrán dejado de bailar.

1. En el futuro / mis amigos / tratar de interesarse más en otras culturas
2. Ellos / viajar / por muchos países diferentes
3. La televisión / cambiar muchísimo
4. Nosotros / volverse locos con la violencia en la televisión
5. Los instrumentos musicales de hoy / convertirse en aparatos electrónicos tocados por máquinas

A. Encuentros personales

1. With a classmate, discuss your likes and dislikes regarding forms of popular culture in your country. Ask for preferences regarding movies, favorite comic strip, favorite soap opera, or situation comedy program on TV, favorite comedian, etc. Find out your classmate's reasons for these choices and agree or disagree.
2. You and your partner are movie critics. Select a very popular recent movie you have both seen, and discuss whether it is a true representation of your culture. What will people in other countries think of Americans when they view this film? Take opposite sides.

B. Debate

Formen Uds. dos grupos para criticar o defender las siguientes ideas. Preparen de antemano sus ideas y posibles refutaciones a las ideas del otro grupo.

1. Los medios de difusión, además de darle a una sociedad entretenimiento, pueden causar problemas por lo que anuncian. Se permite demasiada violencia y sexo en todos los medios de difusión. Esto promueve una moralidad negativa en la sociedad.
2. Los Estados Unidos es un país muy comercializado que no tiene una cultura popular.

C. Temas escritos

1. Basado en sus opiniones de la pregunta anterior (número 2, *Debate*), escriba un ensayo en que Ud. le explique a un extranjero cómo es la cultura popular de los Estados Unidos. ¿Qué cosas son muy típicamente estadounidenses?
2. ¿Sabe Ud. algo de la cultura popular de España o Latinoamérica? Vaya a la biblioteca para investigar un aspecto que le interese y escriba un ensayo en que explique cómo es ese aspecto.
3. ¿Es Ud. artista? Cree una tira cómica. Haga los dibujos y no se olvide de incluir (en español, claro) lo que dicen los personajes.

LA ÚLTIMA PALABRA

Para hablar de cosas relacionadas con la cultura popular

el baile   dance
la canción   song
el (la) cantante   singer
la caricatura   cartoon
el chiste   joke
el cine   movies, movie industry
el conjunto musical   small band
el dibujo   drawing
los dibujos animados   cartoons
el dicho   saying, proverb
el episodio   episode
el estreno   premiere, debut
las historietas cómicas   comic strips
la letra   lyrics of a song
el (la) músico   musician
la película   film, movie
el refrán   saying, proverb
la reseña   review, critique
el ritmo   rhythm
el son   beat, rhythm
la telenovela   soap opera
la televisión   television

Algunos instrumentos típicos de la música latina/afrocubana

el afuche   *percussion instrument*
el bongó   bongo drum(s)
la clave   *percussion instrument*
la conga   conga drum(s)
el güiro   *percussion instrument made from a gourd*
las maracas   *percussion instruments made from gourds*
los timbales   kettle drums

Música popular latina y afrocubana

el batachá
canciones norteñas
canciones rancheras
la charanga
la cumbia
el mambo
el merengue
música de mariachis
la salsa

Acciones relacionadas con elementos de cultura popular

cantar   to sing
divertirse (ie)   to enjoy, have a good time
doblar   to dub, translate
estrenar   to show for the first time, premiere

Para describir cosas relacionadas con la cultura popular

aburrido(a)   boring
afrocubano(a)   Latin music with Afro-Cuban rhythm
alegre   happy
característico(a)   characteristic, typical
chistoso(a)   funny
divertido(a)   amusing, funny
doblado(a)   dubbed
típico(a)   typical

Expresiones útiles

ahora mismo   right now
de acuerdo   agreed
hasta entonces   until then
¡Imagínate!   Imagine!
morirse de...   to die of . . .
¡Nada de... !   None of that . . . !
pasar por   to come by for, pick up
¡Por Dios!   Good grief!

La familia: Tradiciones y creencias

Charlemos sobre la foto

1. ¿Qué relación existe entre la mujer y la niña? ¿Cuántos años tienen?

2. En algunas culturas uno de los niños de la familia vive con los abuelos para que no estén solos. ¿Conoce usted a alguien que vivió con sus abuelos cuando era niño(a)? ¿Cómo son (eran) ellos?

3. En la cultura norteamericana vemos con frecuencia bodas (*weddings*) entre personas mayores de edad (60 y más). Eso no se ve muy frecuentemente en otras culturas. ¿Cree que es muy tarde para casarse? ¿Por qué sí o por qué no?

4. En otras culturas la ropa indica la edad o las etapas (*stages*) en la vida de una persona. En la foto, ¿está la abuela vestida según su edad? ¿Y la niña? ¿Cree usted que en los Estados Unidos las personas se resisten a envejecer?

Metas comunicativas

- Hablar de eventos que dependen de alguna condición
- Expresar probabilidad en el pasado
- Expresar sentimientos de enhorabuena, pésame, etc., según la ocasión
- Expresar deseos con el uso de *ojalá*

Metas gramaticales

- Formar y usar los tiempos condicional y condicional perfecto
- Formar y usar los tiempos imperfecto y pluscuamperfecto de subjuntivo

Metas culturales

- Aprender la importancia de las tradiciones para las familias hispanas
- Reconocer las diferentes actitudes culturales hispanas hacia las relaciones interpersonales

Ahora, leamos

- "Pecado de omisión", por Ana María Matute

VOCABULARIO
PERSONAL

Make a list of the words and expressions you used to answer the questions about the photo. Then make another list of words and expressions that deal with family members, friends, enemies, and the emotions that relate to these people. Finally, list any words you would like to know to discuss this chapter's theme. You may want to consult the *Appendix* for some ideas.

En contexto

You will now read an excerpt from a popular radio talk show in which two people call in asking Doctora Corazón questions about relationships. You may want to review the words in *Palabras prácticas* before you read to help you better understand the conversation.

¡Doctora Corazón!

Locutor: Y ahora el programa de las relaciones humanas y sus correspondientes problemas. Con ustedes la persona que resuelve todos sus problemas —la doctora Corazón, una mujer que lleva muchos años estudiando todos los aspectos de las relaciones humanas, desde la cuna hasta la tumba. Experta en resolver conflictos matrimoniales, problemas en la oficina, dificultades entre amigos... Los invitamos a llamar y consultar sus problemas con la doctora Corazón. A ver... Buenas tardes. ¿Tiene usted una pregunta para la doctora Corazón?

Hombre: Sí. Doctora Corazón, cada día envejezco más y siento mucho que no me casara antes cuando era joven. Ahora tengo 70 años y hace un año conocí a una mujer madura y simpática que va a cumplir 65 años. Mi pregunta es ¿estoy demasiado viejo para pedirle que se case conmigo?

Dra. Corazón: ¡Claro que no! Si usted ama a esa mujer y ella ama a usted, cásese con ella inmediatamente y tengan una magnífica boda. ¡Ojalá sean muy felices! No espere más.

Hombre: Muchas gracias, doctora. Me dijo precisamente lo que yo necesitaba oír. Adiós.

Locutor: Aquí tenemos otra llamada. Buenas tardes. ¿Cuál es su pregunta para la doctora, por favor?

Mujer: Pues, mi novio y yo tenemos muchos problemas. Yo no soy celosa, pero sé que mi novio sale con otras mujeres, y me miente. También, cuando salimos él y yo y nos encontramos con otras personas, él siempre coquetea con las mujeres del grupo y las abraza y las besa. Es muy mujeriego. Después, se disculpa por lo que hizo, pero no lo creo. ¿Qué debo hacer?

Dra. Corazón: Señorita, ¡despiértese! ¡No sea ingenua! Lo siento mucho, pero usted está en una relación con un hombre que no la respeta y además se cree un "superhombre". No lo piense más, ¡deshágase de él!

Locutor: Antes de continuar, escuchemos estos anuncios comerciales...

¿Qué pasó?

1. La doctora Corazón es experta en _____
2. La doctora le recomienda al hombre que él _____
3. Ella le sugiere a la mujer que _____
4. Y Ud., ¿cuáles serían sus consejos para estas dos personas? ¿Tiene razón la doctora? _____

Palabras prácticas

Para hablar de cosas relacionadas con la familia

el aspecto   type
la boda   wedding
la cuna   cradle
la dificultad   problem, difficulty
el (la) novio(a)   boyfriend (girlfriend)
la relación   relationship
la tumba   grave

Acciones relacionadas con la familia

abrazar   to hug
besar   to kiss
casarse (con)   to marry
consultar   to consult, seek advice
coquetear (con)   to flirt (with)
deshacerse (de)   to get rid of
despertarse (ie)   to awaken
envejecer   to get old
mentir (ie)/decir mentiras   to lie
meterse (con)   to become involved (with)
resolver (ue)   to solve (a problem)
respetar   to respect

Para describir cosas/personas relacionadas con la familia

anciano(a)   elderly
celoso(a)   jealous
coqueta   flirtatious
feliz   happy

ingenuo(a)   naive
joven   young
maduro(a)   mature
magnífico(a)   wonderful
matrimonial   related to marriage
mujeriego   womanizing
viejo(a)   old

Expresiones útiles

a ver...   let's see . . .
¡Cuánto lo siento!   (You don't know) How sorry I am!
cumplir ... años   to turn . . . years old
deshacerse de alguien/algo   to get rid of someone/something
disculparse/pedir perdón   to apologize
¡Enhorabuena!   Congratulations!
estar enamorado(a) de   to be in love with
¡Felicidades!   (I wish you) much happiness!
¡Lo siento mucho!   I am very sorry!
¿Me perdonas?   Can you forgive me?
¡Qué lástima!   What a pity!
¡Qué lata!   What a drag!
¡Qué lío!   What a mess!

I N V E S T I G U E M O S
UN POCO

Word Formation

1.   Many Spanish adjectives are formed by adding *-oso(a)* to the last consonant of the corresponding noun. For example, the adjective *mentiroso(a)*
(deceitful, lying) comes from the noun *la mentira*. Following this same
pattern, form adjectives from these nouns and then give the English meanings of the nouns and adjectives.

Noun	Adjective	English Meanings
el celo	_____	_____
el orgullo	_____	_____
el cariño	_____	_____
el chiste	_____	_____
el miedo	_____	_____

el amor   _____   _____
la fama   _____   _____
el odio   _____   _____

2. Many Spanish nouns are formed from *-ar* verbs by removing the *-ar* of the infinitive and adding *-amiento* and from *-er* and *-ir* verbs by removing the *-er* or *-ir* and adding *-imiento*. Form nouns from these verbs and give the English meanings of the verb and noun.

Verb	Noun	English Meanings
casar	el _____	_____
resentir	el _____	_____
fallecer	el _____	_____
nacer	el _____	_____
arrepentir	el _____	_____
comportar	el _____	_____
atreverse	el _____	_____
cumplir	el _____	_____
envejecer	el _____	_____

3. Remember that many nouns have the same form as the *yo* form of the present indicative but the final *o* changes to an *a* if the noun is feminine.
    Form nouns from the following verbs using this pattern:

Modelo: disculpar(se) → yo (me) disculpo → *la disculpa*

Verb	Noun	English Meanings
divorciar(se)	el _____	_____
besar	el _____	_____
abrazar	el _____	_____
respetar	el _____	_____

disculparse	la _____	_____
consultar	la _____	_____
enojar(se)	el _____	_____
odiar	el _____	_____
insultar	el _____	_____

Be Careful with These Words!

1. *La boda* and *el casamiento* both refer to the marriage ceremony. *El matrimonio* has two meanings: "married couple" and "marriage" (the state of being married).

2. Although *el fallecimiento* and *la muerte* are considered synonymous, *el fallecimiento* corresponds to the gentler term "passing away."

3. Although the word *orgullo* means "pride," the adjective derived from it, *orgulloso*, can also mean "conceited." You will be able to tell from the context whether *orgulloso* means "proud" or "conceited."

4. The adjective *atrevido* means "daring," but it can also mean "impertinent, impudent"; the context in which these words are used should help you to know which meaning is intended.

5. The verb *cumplir* (to fulfill) is also used to denote age. "He is going to be 65 years old" would be expressed in Spanish as *Va a cumplir 65 años.*

A practicar

A. Definiciones

Complete cada definición con la palabra del vocabulario que corresponde. Después, escriba una oración original con cada palabra que se definió.

Modelo: Cuando Luis le dice "Lo siento mucho" a Rufina, quiere decir que Luis se... *disculpa*
Yo me disculpo cuando ofendo o hiero a alguien.

1. Cuando dos personas se dicen "te amo", es porque ellos están...
2. Dos personas que viven juntas y/o están casadas forman una...
3. Una demostración de cariño que una persona hace con los labios es...
4. Alguien que se cree perfecto y no quiere hablar con cualquiera es...
5. Cuando una persona está muy triste, tiene los ojos llenos *(filled)* de...
6. Un hombre que sale siempre con muchas mujeres diferentes es muy...
7. Un hombre que no quiere que su novia hable o mire a otros es muy...
8. Una persona que comprende los sentimientos de otras personas es...
9. Una mujer que cree todo lo que un hombre mentiroso le dice es muy...
10. Lo contrario de amar es...

B. ¿Qué diría y qué haría usted?

Con el vocabulario de este capítulo, indique qué diría y qué haría usted en estas situaciones.

Modelo: Sus amigos se casaron.
Digo: *¡Enhorabuena!*
Acciones: *Beso y abrazo a mis amigos. Les doy un regalo.*

1. Ud. se enoja con un amigo que le miente.
2. Acaba de nacer su primera sobrina.
3. Ud. ve a una amiga íntima después de no verse durante cinco años.
4. El padre de su mejor amigo falleció.
5. Una pareja de amigos suyos se divorció.
6. Dos amigos suyos no se hablan porque se enfadaron uno con el otro. Ud. es amigo(a) de los dos.
7. Su compañero(a) de cuarto está comprometido(a).
8. Su novio(a) le mintió a Ud.
9. Ud. se enamora por primera vez y el sentimiento es mutuo.
10. Su hermana acaba de separarse de su novio de tres años.

C. Encuesta personal

En parejas, háganse estas preguntas.

1. A todos nos importan las relaciones humanas. ¿Por qué te importan?
2. ¿Cuál es la diferencia entre un amor platónico y un amor romántico para ti? ¿Cuál es más importante? Explica.
3. ¿Qué harías si tu novio(a) fuera mujeriego (coqueta)?
4. ¿Crees en la astrología? ¿En una bola de cristal? ¿Consultas la astrología antes de empezar una relación? Explica.
5. Usando los adjetivos de esta lección, descríbete a ti mismo(a). ¿Por qué crees que eres como eres? ¿Qué características te gustan? ¿Qué características te gustaría cambiar?
6. ¿Conoces a una pareja ideal que se divorció o separó? En tu opinión, ¿por qué hay tantos divorcios hoy en día?
7. ¿Cuándo te entristeces? ¿Cuándo te enfadas? ¿Cuándo estás alegre?
8. ¿Qué acciones no puedes soportar?
9. ¿Crees que los hombres que lloran son débiles? Explica.
10. ¿Qué cualidades tiene el (la) amigo(a) ideal?

D. Debate

En grupos de cuatro personas, defiendan o ataquen las siguientes ideas. Dos personas en cada grupo adoptan un punto de vista y las otras dos adoptan el punto de vista contrario.

1. Hay tantos divorcios hoy en día porque la gente no sabe comunicarse.
2. No existe el amor ideal.

3. Las mujeres saben expresar sus emociones mejor que los hombres.
4. Podemos aprender mucho de los ancianos, pero frecuentemente no les prestamos mucha atención.
5. Aprendemos mucho de relaciones fracasadas (*failed*).
6. No debemos entrar en discusiones fuertes con amigos ni con familiares.
7. No respetamos bastante el concepto de la familia.

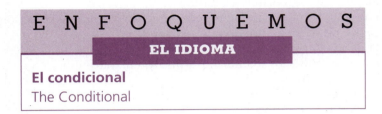

ENFOQUEMOS

EL IDIOMA

El condicional
The Conditional

I. The conditional tense is formed by adding the endings of the imperfect (*-ía, -ías, -ía, -íamos, -ían*) to the infinitive of most verbs.

hablar	comer	vivir
hablaría	comería	viviría
hablarías	comerías	vivirías
hablaría	comería	viviría
hablaríamos	comeríamos	viviríamos
hablarían	comerían	vivirían

The only irregular verbs in the conditional tense are the same as the irregular verbs in the future tense listed in *Chapter 7* and shown here:

caber	cabría	querer	querría
decir	diría	**saber**	sabría
haber	habría	**salir**	saldría
hacer	haría	**tener**	tendría
poder	podría	**valer**	valdría
poner	pondría	**venir**	vendría

II. The conditional usually corresponds to "would" plus an infinitive in English and is used in the following cases:

A. To indicate that a future action depends upon something that happened in the past

Ella pensó que él *aceptaría* su invitación; por eso, lo invitó al baile.	She thought that he would accept her invitation; that is why she invited him to the dance.

B. To speculate about things that could happen

¿Tú *saldrías* con él?	Would you go out with him?

C. To indicate probability in the past

¿Qué les *pasaría* a los Domínguez que tuvieron que divorciarse?	I wonder what happened to the Dominguezes that they had to get a divorce.

D. To show politeness when requesting something

¿*Podría* decirme cómo resuelvo este problema?	Could you tell me how to solve this problem?

A practicar

A. ¿Qué motivo tendría?

En las relaciones interpersonales nunca podemos saber completamente las intenciones o los motivos de la otra persona, ¿verdad?

En grupos, hagan el siguiente ejercicio relacionado con los dibujos. Primero, cambien los verbos entre paréntesis al condicional. Luego, discutan y hagan conjeturas acerca de los motivos de él y de ella y luego escojan una respuesta. Finalmente, hagan un cuento (create a story) *acerca de estas dos personas —cómo son, cómo se llaman, dónde viven, etc.— para compartirlo después con el resto de la clase.*

1. ¿Por qué invitaría ella al joven al baile?
    a. porque ella no _____ (tener) nadie más a quien invitar.
    b. porque a ella le gusta un poco y así ella _____ (poder) conocerlo mejor.
    c. porque ella _____ (querer) darle celos a otro hombre.
    d. porque ella estaba segura de que él le _____ (decir) que sí.
2. ¿Por qué aceptaría él la invitación?
    a. porque en el baile él _____ (conocer) a otras chicas.
    b. porque así él _____ (ganar) la apuesta *(bet)* que hizo con sus amigos que ella lo _____ (invitar).

c. porque él la _____ (ofender) si le dijera que no y no quiere ofenderla.

d. porque él está enamorado de ella, pero él es tímido y nunca _____ (atreverse = *to dare*) a invitarla.

B. ¡Soñar no cuesta nada!

Usted puede celebrar su cumpleaños con la fiesta más extraordinaria de su vida, sin preocuparse por cuánto dinero le costaría. Conteste estas preguntas, usando el condicional.

1. ¿Qué tipo de fiesta tendría usted?
2. ¿En dónde haría usted esta fiesta?
3. ¿Qué comida serviría?
4. ¿Tendría música en vivo? ¿Qué clase de música preferiría?
5. ¿A quiénes invitaría?
6. ¿Cómo decoraría el lugar donde tendría la fiesta?
7. ¿Qué atracción especial tendría usted para sus invitados?
8. ¿Quién sería su invitado(a) especial?

C. Una carta agradable

Acabo de recibir una carta de mi mejor amiga Catalina. Cambie las frases al pretérito y al condicional, poniendo atención al significado.

Modelo: Dice que tratará de visitarme pronto.
Dijo que trataría de visitarme pronto.

1. Dice que vendrá a visitarme la semana que viene.
2. Piensa que podrá tomar sus vacaciones sin ningún problema.
3. Escribe que querrá ver a nuestras amigas favoritas.
4. Me promete que no pasará todo el tiempo en las tiendas, de compras.
5. Dice que hablaremos mucho de nuestras vidas.
6. Menciona que le gustará conocer nuevos restaurantes.
7. Yo pienso que haré una fiesta para ella.

D. Temas escritos

Escoja uno de estos temas para escribir una composición usando el condicional.
No olvide usar su imaginación y su sentido de humor.

1. Escriba cómo sería una versión moderna de un cuento de hadas (*fairy tale*) antiguo, incluyendo las situaciones que vemos en nuestra sociedad hoy —divorcio, madres o padres solos, etc.
2. Escriba a favor o en contra (*against*) de esta idea: Hay demasiado énfasis en la falta de comunicación entre las personas. Sería mejor no decir todo lo que pensamos y así evitaríamos problemas.
3. Podríamos aprender mucho de los ancianos por su experiencia, pero generalmente no les prestamos mucha atención.
4. Los hombres podrían expresar mejor sus emociones, pero sus padres no les enseñan cómo hacerlo cuando son niños.

Chistes

I

La mujer: Si usted fuera mi esposo, le daría veneno.
El hombre: Señora, si yo fuera su esposo, me lo tomaría.

II

La chica: ¿Cómo puedo saber si me quieres?
El chico: Porque me paso las noches sin dormir pensando en ti.
La chica: Eso no quiere decir nada. Mi padre también pasa las noches sin dormir pensando en ti.

ENFOQUEMOS
EL IDIOMA

El condicional perfecto
Conditional Perfect

I. The conditional perfect is composed of the verb *haber* (used in the conditional tense) and a past participle.

habría	
habrías	
habría	+ *past participle*
habríamos	
habrían	

II. The use of the conditional perfect tense in Spanish is similar to its use in English, that is, to express that something **would have happened** by a specific time.

Él habría terminado su relación con ella antes, pero no quería herirla y esperó.	He would have ended his relationship with her sooner, but he didn't want to hurt her so he waited.

III. The conditional perfect can also be used to express probability in the past.

Probablemente él se habría olvidado de la fecha del cumpleaños de ella y por eso no la llamó.	He must have forgotten the date of her birthday, and that is why he did not call her.

A practicar

A. ¿Qué habría hecho usted?

María Luisa es un poco tímida, pero usted probablemente reaccionaría en forma diferente en estas mismas situaciones.

Modelo: María Luisa no se quejó cuando perdieron sus maletas en el avión.
Yo me habría quejado con la aerolínea y les habría pedido dinero.

1. Como no tenía compañero para ir al baile, María Luisa decidió quedarse en casa. Yo probablemente...
2. El jefe de María Luisa se enojó con ella por un error que hizo otra persona y María Luisa no se defendió. Yo, en su lugar...
3. María Luisa compró un vestido y al llegar a casa, decidió que no le gustaba. Como ella es muy tímida, no se atrevió *(dared)* a devolverlo. Yo...
4. Una amiga de María Luisa la llama todas las noches por teléfono para quejarse de su empleo. Anoche habló por tres horas de lo mismo y María Luisa la escuchó con paciencia. Yo...
5. La última vez que María Luisa comió en un restaurante, le cobraron demasiado. María Luisa vio el error en la cuenta, pero no dijo nada. Yo...

B. ¿Mala suerte?

¿María Luisa tiene mala suerte o necesita tener más cuidado? Durante el fin de semana ella salió de viaje y algún ladrón (thief) *entró en su casa y le robó todas sus cosas. Parece que ella olvidó tomar algunas precauciones antes de salir. ¿Puede usted ayudarla diciendo lo que usted habría hecho antes de salir de casa?*

Modelo: el correo
             Yo le habría pedido a mi hermano que recogiera mi correo.

1. las puertas y las ventanas   4. las luces
2. los vecinos   5. la alarma
3. el periódico   6. la policía

A H O R A
LEAMOS

Para su comprensión

The following story is about a young boy who is orphaned and forced to live with his relatives. As you read the story, pay special attention to the boy's attitude about his life. How do you think you might have reacted under the circumstances?

Antes de leer

1. "Pecado de omisión" está lleno de muchas descripciones de personas y lugares. Emeterio Ruiz, por ejemplo, está descrito de varias maneras. Mientras Ud. lea el cuento, haga una lista de las descripciones de él, de su vida, de su tierra, etc. ¿Qué imagen tiene Ud. de él al final?

2. El personaje principal, Lope, es **estoico** *(stoic)*, acepta su destino sin cuestionarlo. ¿Cuántas veces se manifiesta esta característica a través del cuento? Note cada vez que ocurre mientras Ud. lea el cuento.

....

Ana María Matute (1926–   ), escritora española, es más conocida por sus cuentos con personajes jóvenes. Se nota la influencia de su propia experiencia de ser niña durante la Guerra Civil en su obra. La Guerra, que duró solamente tres años, ha afectado mucho al país y a la gente. Por ejemplo, más del 50 por ciento de la población adulta masculina fue muerta en la Guerra. Por eso, se puede entender por qué sigue teniendo tanto efecto en los autores de la Generación de Medio Siglo, a la cual pertenece Matute.

....

Pecado de omisión

por Ana María Matute

[1]**huérfano** sin padres
[2]**acudir** asistir
[3]**buscarse el jornal** buscar cómo ganarse la vida
[4]**pacer** comer yerba
[5]**laderas** *slopes*
[6]**chopo** *black poplar*
[7]**por cumplir** hacer lo correcto
[8]**a derechas** con simpatía
[9]**descalzo** sin zapatos
[10]**con los ojos pegados de legañas** *with sleep in his eyes*
[11]**rapado** *close-cropped*
[12]**engullir** devorar
[13]**hogaza** pan de más de dos libras
[14]**zurrón** *knapsack*
[15]**sebo** grasa
[16]**cecina** carne seca
[17]**¡Arreando!** ¡Date prisa!
[18]**cayado** bastón que usan los pastores
[19]**trepar** subir
[20]**anís** *licorice-flavored liqueur*
[21]**currusco** vida

A los trece años se le murió la madre, que era lo último que le quedaba. Al quedar huérfano[1] ya hacía lo menos tres años que no acudía[2] a la escuela, pues tenía que buscarse el jornal[3] de un lado para otro. Su único pariente era un primo de su padre, llamado Emeterio Ruiz Heredia. Emeterio era el

5 alcalde y tenía una casa de dos pisos asomada a la plaza del pueblo, redonda y rojiza bajo el sol de agosto. Emeterio tenía doscientas cabezas de ganado paciendo[4] por las laderas[5] de Sagrado, y una hija moza, bordeando los veinte, morena, robusta, riente y algo necia. Su mujer, flaca y dura como un chopo,[6] no era de buena lengua y sabía mandar. Emeterio Ruiz no se llevaba bien con aquel

10 primo lejano, y a su viuda, por cumplir,[7] la ayudó buscándole jornales extraordinarios. Luego, al chico, aunque lo recogió una vez huérfano, sin herencia ni oficio, no le miró a derechas.[8] Y como él los de su casa.

La primera noche que Lope durmió en casa de Emeterio, lo hizo debajo del granero. Se le dio cena y un vaso de vino. Al otro día, mientras Emeterio se

15 metía la camisa dentro del pantalón, apenas apuntando el sol en el canto de los gallos, le llamó por el hueco de la escalera, espantando a las gallinas que dormían entre los huecos:

—¡Lope!

Lope bajó descalzo,[9] con los ojos pegados de legañas.[10] Estaba poco
20 crecido para sus trece años y tenía la cabeza grande, rapada.[11]

—Te vas de pastor a Sagrado.

Lope buscó las botas y se las calzó. En la cocina, Francisca, la hija, había calentado patatas con pimentón. Lope las engulló[12] de prisa, con la cuchara de aluminio goteando a cada bocado.

25 —Tú ya conoces el oficio. Creo que anduviste una primavera por las lomas de Santa Aurea, con las cabras del Aurelio Bernal.

—Sí, señor.

—No, irás solo. Por allí anda Roque el Mediano. Iréis juntos.

—Sí, señor.

30 Francisca le metió una hogaza[13] en el zurrón,[14] un cuartillo de aluminio, sebo[15] de cabra y cecina.[16]

—Andando —dijo Emeterio Ruiz Heredia.

Lope le miró. Lope tenía los ojos negros y redondos, brillantes.

—¿Qué miras? ¡Arreando![17]

35 Lope salió, zurrón al hombro. Antes, recogió el cayado,[18] grueso y brillante por el uso, que aguardaba, como un perro, apoyado en la pared.

Cuando iba ya trepando[19] por la loma de Sagrado, lo vio don Lorenzo, el maestro. A la tarde, en la taberna, don Lorenzo lió un cigarrillo junto a Emeterio, que fue a echarse una copa de anís.[20]

40 —He visto al Lope —dijo—. Subía para Sagrado. Lástima de chico.

—Sí —dijo Emeterio, limpiándose los labios con el dorse de la mano—. Va de pastor. Ya sabe: hay que ganarse el currusco.[21] La vida está mala. El "esgraciao²²" del Pericote no le dejó ni una tapia²³ en que apoyarse y reventar.²⁴

—Lo malo —dijo don Lorenzo, rascándose la oreja con su uña larga y
45 amarillenta— es que el chico vale. Si tuviera medios podría sacarse partido de él.
Es listo. Muy listo. En la escuela...

Emeterio le cortó, con la mano frente a los ojos:

—¡Bueno, bueno! Yo no digo que no. Pero hay que ganarse el currusco.
La vida está peor cada día que pasa.

50 Pidió otra de anís. El maestro dijo que sí, con la cabeza.

Lope llegó a Sagrado, y voceando encontró a Roque el Mediano. Roque
era algo retrasado y hacía unos quince años que pastoreaba para Emeterio.
Tendría cerca de cincuenta años y no hablaba casi nunca. Durmieron en el mismo
chozo de barro, bajo los robles,²⁵ aprovechando el abrazo de las raíces. En el
55 chozo sólo cabían echados²⁶ y tenían que entrar a gatas,²⁷ medio arrastrándose.²⁸
Pero se estaba fresco en el verano y bastante abrigado en el invierno.

El verano pasó. Luego el otoño y el invierno. Los pastores no bajaban al
pueblo, excepto el día de la fiesta. Cada quince días un zagal²⁹ les subía la
"collera³⁰": Pan, cecina, sebo, ajos. A veces, una bota de vino. Las cumbres de
60 Sagrado eran hermosas, de un azul profundo, terrible, ciego. El sol, alto y
redondo, como una pupila impertérrita,³¹ reinaba allí. En la neblina del amanecer,
cuando aún no se oía el zumbar de las moscas ni crujido alguno, Lope solía
despertar, con la techumbre de barro encima de los ojos. Se quedaba quieto un
rato, sintiendo en el costado el cuerpo de Roque el Mediano, como un bulto
65 alentante.³² Luego, arrastrándose, salía para el cerradero. En el cielo, cruzados
como estrellas fugitivas, los gritos se perdían, inútiles y grandes. Sabía Dios hacia
qué parte caerían. Como las piedras. Como los años. Un año, dos, cinco.

Cinco años más tarde, una vez, Emeterio le mandó llamar, por el zagal.
Hizo reconocer a Lope por el médico, y vio que estaba sano y fuerte, crecido
70 como un árbol.

¡Vaya roble! —dijo el médico, que era nuevo. Lope enrojeció y no supo
qué contestar.

Francisca se había casado y tenía tres hijos pequeños, que jugaban en el
portal de la plaza. Un perro se le acercó, con la lengua colgando. Tal vez le
75 recordaba. Entonces vio a Manuel Enríquez, el compañero de la escuela que
siempre le iba a la zaga.³³ Manuel vestía un traje gris y llevaba corbata. Pasó a su
lado y les saludó con la mano.

Francisca comentó:

—Buena carrera, ése. Su padre lo mandó estudiar y ya va para abogado.
80 Al llegar a la fuente volvió a encontrarlo. De pronto, quiso llamarle. Pero
se le quedó el grito detenido, como una bola, en la garganta.

—¡Eh! —dijo solamente. O algo parecido.

Manuel se volvió a mirarle, y lo conoció. Parecía mentira: le conoció.
Sonreía.
85 —¡Lope! ¡Hombre, Lope... !

¿Quién podía entender lo que decía? ¡Qué acento tan extraño tienen los
hombres, qué raras palabras salen por los oscuros agujeros de sus bocas! Una
sangre espesa iba llenándole las venas, mientras oía a Manuel Enríquez.

Manuel abrió una cajita plana, de color de plata, con los cigarrillos más

²²**esgraciao** forma vulgar de **desgraciado**
²³**tapia** pared
²⁴**reventar** *(fig.)* drop dead
²⁵**roble** oak
²⁶**echar** recostar
²⁷**a gatas** on all fours
²⁸**arrastrar** to crawl
²⁹**zagal** joven
³⁰**collera** forma coloquial de **ración**
³¹**impertérrita** inmóvil
³²**alentante** que respira; con vida
³³**le iba a la zaga** le seguía detrás

34gusano worm
35amazacotado pesado y duro
36derruida torn down
37salpicar splattering
38esposado handcuffed
39en señal de duelo in mourning

90 blancos, más perfectos que vio en su vida. Manuel se la tendió, sonriendo.

Lope avanzó su mano. Entonces se dio cuenta de que era áspera, gruesa. Como un trozo de cecina. Los dedos no tenían flexibilidad, no hacían el juego. Qué rara mano la de aquel otro: una mano fina, con dedos como gusanos[34] grandes, ágiles, blancos, flexibles. Qué mano aquélla, de color de cera, con las 95 uñas brillantes, pulidas. Qué mano extraña: ni las mujeres la tenían igual. La mano de Lope rebuscó, torpe. Al fin, cogió el cigarrillo, blanco y frágil, extraño, en sus dedos amazacotados[35]: inútil, absurdo, en sus dedos. La sangre de Lope se le detuvo entre las cejas. Tenía una bola de sangre agolpada, quieta, fermentando entre las cejas. Aplastó el cigarrillo con los dedos y se dio media vuelta. No 100 podía detenerse, ni ante la sorpresa de Manuelito, que seguía llamándole:

—¡Lope! ¡Lope!

Emeterio estaba sentado en el porche, en mangas de camisa, mirando a sus nietos. Sonreía viendo a su nieto mayor, y descansando de la labor, con la bota de vino al alcance de la mano. Lope fue directo a Emeterio y vio sus ojos 105 interrogantes y grises.

—Anda, muchacho, vuelve a Sagrado, que ya es hora...

En la plaza había una piedra cuadrada, rojiza. Una de esas piedras grandes como melones que los muchachos transportan desde alguna pared derruida.[36] Lentamente, Lope la cogió entre sus manos. Emeterio le miraba, 110 reposado, con una leve curiosidad. Tenía la mano derecha metida entre la faja y el estómago. Ni siquiera le dio tiempo de sacarla: el golpe sordo, el salpicar[37] de su propia sangre en el pecho, la muerte y la sorpresa, como dos hermanas, subieron hasta él, así, sin más.

Cuando se lo llevaron esposado,[38] Lope lloraba. Y cuando las mujeres, 115 aullando como lobas, le querían pegar e iban tras él, con los mantos alzados sobre las cabezas, en señal de duelo,[39] de indignación, "Dios mío, él, que le había recogido, Dios mío, él, que le hizo hombre. Dios mío, se habría muerto de hambre si él no le recoge..." Lope sólo lloraba y decía:

—Sí, sí, si...

Reaccionemos

¿Comprendió Ud. la historia?

1. ¿Por qué viene Lope a vivir con Emeterio?
2. ¿Adónde envía Emeterio a Lope? ¿Protesta Lope?
3. ¿Cómo es la vida de Lope en las montañas? ¿Cómo se siente?
4. ¿Quién es su compañero en las montañas? ¿Cómo es él?
5. ¿Qué hace Lope al final del cuento?

Solicitamos su opinión

1. Si la madre de Lope no hubiera muerto, ¿cree Ud. que la vida de él habría sido diferente? ¿Cómo habría sido diferente?
2. ¿Qué tipo de vida cree Ud. que Lope y Roque el Mediano tuvieron en Sagrado? ¿Le parece a Ud. que era una vida justa para los dos? ¿Por qué sí o por qué no?

3. ¿Qué importancia tiene Manuel Enríquez en este cuento? Basado en las comparaciones que hace Lope cuando se encuentran, ¿qué representa Manuel para Lope?
4. El cuento se llama "Pecado de omisión". ¿Cuál es el pecado? ¿De quién es? ¿Es de Emeterio, de Lope o de los dos? ¿Por qué?
5. ¿Cree Ud. que Lope tenía el derecho de matar a Emeterio? ¿Por qué, en su opinión, lo hizo?

Temas escritos

1. Imagine que Emeterio y Lope hubieran discutido el futuro de Lope en lugar de no consultarse el uno al otro. Escriba un diálogo en que los dos llegan a un acuerdo sobre qué será de la vida de Lope. ¿Podrían ponerse de acuerdo?
2. Después de la muerte de Emeterio, es posible que Lope haya sido llevado ante un jurado *(jury)* que tendría que decidir su culpa o inocencia. Imagínese que Ud. tome parte en esa decisión. En un ensayo, discuta y defienda su opinión sobre el acto de Lope.
3. Escriba un ensayo en que critique o defienda la siguiente proposición: Los que pagan los gastos tienen el derecho de determinar la vida de los jóvenes.
4. Escriba un ensayo sobre una ocasión cuando alguien trató de determinar un aspecto de la vida de Ud. sin consultarlo(a).

ENFOQUEMOS

EL IDIOMA

El imperfecto de subjuntivo
The Imperfect Subjunctive

I. The imperfect subjunctive is formed by removing the *-ron* ending from the *ustedes* form of the preterite tense and adding the following endings:

hablar (hablaron)	**comer** (comieron)	**vivir** (vivieron)
habla**ra**	comie**ra**	vivie**ra**
habla**ras**	comie**ras**	vivie**ras**
habla**ra**	comie**ra**	vivie**ra**
hablá**ramos**	comié**ramos**	vivié**ramos**
habla**ran**	comie**ran**	vivie**ran**

➡ **Ojo:** All verb groups *(-ar, -er, -ir)* have the same endings. Note also that the *nosotros* form has a written accent mark.

II. You can form the imperfect subjunctive of any verb, regular or irregular, in the manner just shown, provided that you remember the irregularities that occur in the *ustedes* form of the preterite. The following chart serves as a reminder:

Infinitive	Preterite	Imperfect Subjunctive
andar	anduvieron	anduviera, etc.
caber	cupieron	cupiera
conducir	condujeron	condujera
construir	construyeron	construyera
creer	creyeron	creyera
dar	dieron	diera
decir	dijeron	dijera
dormir	durmieron	durmiera
estar	estuvieron	estuviera
haber	hubieron	hubiera
hacer	hicieron	hiciera
ir/ser	fueron	fuera
leer	leyeron	leyera
morir	murieron	muriera
oír	oyeron	oyera
poder	pudieron	pudiera
poner	pusieron	pusiera
preferir	prefirieron	prefiriera
querer	quisieron	quisiera
saber	supieron	supiera
tener	tuvieron	tuviera
traducir	tradujeron	tradujera
traer	trajeron	trajera
venir	vinieron	viniera
ver	vieron	viera

III. The same criteria used for the present subjunctive apply to the use of the imperfect subjunctive (noun, adverbial, and adjective clauses). Note, however, that the main verb, which determines the use of the subjunctive in the dependent clause, is usually in some form of the past tense (imperfect or preterite indicative) in a sentence using the imperfect subjunctive.

noun clause:	**Era importante que él expresara sus emociones.**
	It was important for him to express his emotions.

adverbial clause:	**No hubo nadie en la fiesta que bailara bien.**
	There was no one at the party who could dance well.

adjective clause:	**Busqué un libro que incluyera fotos de iglesias antiguas en Nuevo México.**
	I looked for a book that would include photos of old churches in New Mexico.

IV. When used with *ojalá* (I wish), the imperfect implies more doubt in the mind of the speaker whether an event will take place than when the present subjunctive is used.

present subjunctive:	**¡Ojalá su enfermedad no sea seria!**
	I hope his illness is not serious!

imperfect subjunctive:	**¡Ojalá su enfermedad no fuera seria!**
	I wish his illness were not serious (but it is).

V. The imperfect subjunctive can also be used with the present indicative in the main clause when the speaker refers to an action that happened before that of the main verb.

Es posible que ellos dijeran la verdad.	It is possible that they told the truth.

A practicar

A. Una boda especial

Estos son los planes de una pareja para su boda. Sustituya las frases entre paréntesis por las que están en bastardilla en la oración original, poniendo los verbos en el imperfecto de subjuntivo.

1. Era importante que *pensáramos en los detalles.* (considerar a todos, hacer planes para la boda, felicitar a la pareja, ser comprensivos con ellos)
2. Yo quería que ustedes *fueran a la boda conmigo.* (estar en la boda, saber donde estaba la ceremonia, sonreír mucho durante la ceremonia, no llorar)

3. Íbamos a reunirnos después de que *los novios salieran.* (los bailes: terminar; todos los invitados: comer; la novia: besar al novio; los novios: abrir sus regalos)
4. No había nada que la familia *olvidara.* (no poder hacer, tener que recordar, no compartir, no decirse)
5. Luis, ¿qué consejos te dieron tus amigos antes de que *pensaras en el matrimonio?* (pedir la mano de Rufina, enamorarte de Rufina, conocer a Rufina, comprarle flores a Rufina)

B. Los deseos y las dudas

Escoja un elemento de cada columna para formar oraciones lógicas. Ponga los verbos de la segunda columna en el imperfecto de indicativo y los de la cuarta columna en el imperfecto de subjuntivo.

Nosotros	querer que	yo	deshacerse de él (ella)
Tú	esperar que	él	disculparse
Mi amigo(a)	no creer que	mi padre	ser compasivo(a)
Yo	sugerir que	nosotros	llorar por la muerte de su padre
Alicia y yo	no estar seguro(a) que	tú	soportar este comportamiento
Mis amigos	aconsejar que	ellos	decirle que lo (la) amar
Ustedes	preferir que	Uds.	abrazar a su hermano(a)

C. Una reunión familiar

Usted asiste a una reunión familiar. Termine las frases de una manera original, usando el indicativo o el subjuntivo según convenga, usando un verbo diferente en cada frase para describir el evento. Ponga después las oraciones en orden lógico para escribir un párrafo, conectando las frases con las palabras necesarias.

1. Era una celebración de... para ...
2. Era evidente que...
3. No había allí nadie que no...
4. Los adultos insistieron en que los niños...
5. Todos esperábamos que los invitados...
6. Los niños se alegraron mucho cuando...
7. Era imposible que...
8. La madre insistía en que...
9. La madre estaba orgullosa de que...
10. Al fin de la fiesta todos estaban contentos de que...

El pluscuamperfecto de subjuntivo
The Pluperfect Subjunctive

The pluperfect subjunctive is composed of the imperfect subjunctive form of *haber* and a past participle.

hubiera	
hubieras	
hubiera	+ *past participle*
hubiéramos	
hubieran	

The pluperfect subjunctive indicates that one past action occurred before another.

Yo nunca creí que él hubiera sido culpable.

I never thought that he was guilty.

The conditions needed for the use of other tenses of the subjunctive also apply here. In particular, the pluperfect will appear in the dependent clause of a sentence where the main verb is in the indicative, be it the preterite (as in the previous example) or the imperfect.

Esa compañía buscaba empleados que se hubieran graduado de Harvard.

That company was looking for employees who had graduated from Harvard.

A practicar

A. La pareja ideal

Conteste las preguntas con las expresiones que están entre paréntesis usando el pluscuamperfecto de subjuntivo.

Modelo: ¿De qué no estaba seguro(a)? (casarse/ellos)
No estaba seguro(a) de que se hubieran casado.

1. ¿Qué no era verdad? (divorciarse / Juana y Carlos)
2. ¿Qué te sorprendió? (alguien decírmelo)

3. ¿De qué te alegrabas? (estar muy contentos / ellos)
4. ¿Qué dudaban Juana y Carlos? (creer el rumor falso / yo)
5. ¿De qué estaban contentos? (nacerles una hija)

B. Temas escritos

Escoja uno de estos tópicos para escribir una composición.

1. El amor ideal (no) (sí) existe. El hombre / La mujer ideal (no) (sí) existe.
2. Describa una relación perfecta entre dos personas. ¿Cómo es?
3. ¿Qué hace usted cuando tiene celos? ¿Qué hacen otras personas? ¿Son los celos una emoción legítima y válida?

CHARLEMOS
UN POCO MÁS

A. Solicitamos su opinión

Conteste estas preguntas y después hágaselas a un(a) compañero(a).

1. ¿Cuándo tiene Ud. celos de un(a) amigo(a)? ¿Qué hace para resolverlos?
2. ¿Qué problemas existen hoy a causa del gran número de divorcios?
3. ¿Es la madre o el padre el (la) que tiene más influencia sobre los hijos? Explique.
4. ¿Qué responsabilidades tienen los hijos respecto a sus padres? ¿Y a la inversa?
5. ¿Qué características tiene su novio(a)/esposo(a) ideal? ¿Su boda ideal? ¿Su matrimonio ideal?
6. ¿Qué haría Ud. en esta situación? Ud. sabe que el (la) novio(a)/ esposo(a) de su mejor amigo(a) sale con otra persona. Su mejor amigo(a) no sabe nada de esto. Explique su respuesta.

B. Debates

Formen dos grupos para criticar o defender estas ideas.

1. Cada individuo debe prepararse bien para la vejez *(old age)*. No es la responsabilidad de los hijos cuidar de sus padres cuando son viejos.
2. Es más fácil ser niño(a) que ser adulto(a).
3. Es más fácil ser joven que viejo(a).
4. A veces no es malo mentirle a otra persona. La verdad no es siempre buena.

5. Los esposos no deben decírselo todo el uno al otro.
6. El amor puede resolver todos los problemas.

C. Temas escritos

1. Cada persona tiene que redactar un problema, verdadero o imaginario, y dárselo al (a la) profesor(a). El (La) profesor(a) va a distribuirle un problema a cada estudiante. Ud. tiene que responder a la pregunta en forma escrita, ofreciendo recomendaciones y sugerencias.
2. Escríbale a alguien una carta que exprese sus sentimientos al oír de...
   a. el nacimiento de su primer(a) niño(a).
   b. su compromiso.
   c. la muerte de un(a) pariente.
   d. la separación de su novio(a)/esposo(a).
3. Escriba una composición bien organizada y pensada sobre una de las ideas del ejercicio B.

L A   Ú L T I M A
PALABRA

Para hablar de cosas relacionadas con la familia

la boda   wedding
el casamiento   marriage
el compromiso   engagement
el cumpleaños   birthday
el divorcio   divorce
el fallecimiento   death
la invitación   invitation
la juventud   youth

el matrimonio marriage; married couple
la muerte death
el nacimiento birth
el noviazgo courtship
las relaciones relations
la separación separation
la vejez old age

Otras palabras asociadas con las relaciones humanas

los celos jealousy
el compañerismo companionship
el comportamiento behavior
la conducta behavior
la cuna cradle
la envidia envy
el (la) invitado(a) guest
las lágrimas tears
la mentira lie
la pareja couple
el recelo mistrust
la tumba grave

Acciones relacionadas con la familia

abrazar to hug
adorar to adore
amar to love
arrepentirse (ie) (de) to regret
atreverse to dare
besar to kiss
casarse (con) to marry
compartir to share
comprometerse to become engaged
cumplir to fulfill, reach
disculparse to apologize
divorciarse to divorce
enfadarse/enojarse (con) to become angry (with)
entristecerse to become sad
envejecer to get old
herir (ie) to wound, hurt
invitar to invite
llorar to cry
mentir (ie) to lie
odiar to hate

perdonar   to forgive, pardon
soportar   to tolerate

Para describir cosas/personas relacionadas con la familia

atrevido(a)   daring, bold, impertinent
cariñoso(a)   affectionate
celoso(a)   jealous
compasivo(a)   compassionate
comprensivo(a)   understanding
coqueta   flirtatious
divorciado(a)   divorced
envidioso(a)   jealous, envious
ingenuo(a)   naive
magnífico(a)   great, wonderful
mentiroso(a)   lying
mujeriego   womanizing
orgulloso(a)   proud, haughty
pretencioso(a)   pretentious, conceited
receloso(a)   mistrustful, suspicious

Expresiones útiles

¡Cuánto lo siento! / ¡Lo siento mucho!   I am so sorry!
estar enamorado(a) de...   to be in love with . . .
estar harto(a) de...   to be fed up with . . .
¡Felicidades! ¡Enhorabuena!   Congratulations!
pedir la mano de...   to ask for (someone's) hand in marriage
¡Qué lástima!   What a pity!
¡Qué lata!   What a drag!
¡Qué lío!   What a mess!

El mundo de la política

Charlemos sobre la foto

1. ¿Participaron estas mujeres en el gobierno mexicano?

2. ¿Cree usted que ellas participaron voluntariamente?

3. Las mujeres que participaron en la Revolución Mexicana de 1910 se llamaban soldaderas (*the feminine form of* soldado = *soldier*). ¿Cree usted que hoy podríamos tener soldaderas? ¿Por qué sí o por qué no?

4. ¿Es necesario que participen las mujeres cuando un país está en crisis política? ¿Es una buena o mala idea que participen?

5. ¿Cree usted que las mujeres deben formar parte del ejército *(army)* de su país? ¿Cree usted que las mujeres, si ellas quieren, pueden entrar en las academias militares que antes eran sólo para hombres?

Metas comunicativas

- Hablar sobre sus opiniones políticas
- Describir el resultado de una acción
- Poder referirse a antecedentes usando pronombres relativos

Metas gramaticales

- Usar los participios pasados para formar la voz pasiva con *ser* y expresar el resultado de una acción con *estar*
- Reconocer y usar los pronombres relativos
- Hacer comparaciones equivalentes a *than*

Metas culturales

- Reconocer la importancia de la participación activa en la vida política en Latinoamérica
- Apreciar el idealismo político de los hispanos

Ahora, leamos

- "Un día de éstos", por Gabriel García Márquez

VOCABULARIO
PERSONAL

Make a list of the words and expressions in Spanish that you used to answer the questions about the photo on the first page of this chapter. Add words you would need to talk about political issues of interest to you.

En contexto

You will now hear and read a conversation between Luis, Rufina, Arthur, and Josefina. You might want to consult *Palabras prácticas* beforehand, to help you understand better.

Arthur: ¿Cómo deciden ustedes por quién votar?

Rufina: Yo no voto.

Luis: Yo tampoco.

Arthur: ¡Por Dios! ¡Qué irresponsables son ustedes!

Rufina: No exageres, no somos criminales. Te podemos explicar fácilmente nuestro punto de vista.

Luis: Sí. Mira. Una persona decide que va a lanzarse como candidato o candidata a la presidencia del país y esa persona sabe mucho y tiene gran carisma. Pero lo mismo podemos decir de su adversario o adversaria. Los miramos en un debate en la televisión y vemos que ambas personas son expertas en andar con rodeos y en hablar y hablar sin decir nada.

Rufina: Y luego, cuando miramos los comerciales políticos en la televisión, vemos que lo que hacen es atacarse mutuamente y hablar de los problemas personales, los cuales no son importantes para el bienestar del país.

Arthur: Sí, comprendo lo que me dicen. El público está confundido y no sabe qué pensar. Empieza a creer que la vida personal de los candidatos es más importante que su filosofía y su carrera política.

Josefina: Sí, ustedes tienen razón, pero creo que todos debemos participar en el gobierno de nuestro país, ¿no? Es nuestro derecho.

Rufina: Por supuesto, pero también es nuestro derecho no participar si no queremos, ¿verdad?

Arthur: ¡Qué pesimistas son ustedes!

Luis: Bueno. Tal vez cuando se lance una mujer como candidata a la presidencia, entonces decida yo votar.

Josefina: ¡Bravo, Luis! Veo que eres un feminista convencido y confirmado.

Arthur: ¡Oh, no! ¡Otro tema explosivo!

¿Qué pasó?

1. Rufina y Luis no votan porque _____.

2. La actitud de Arturo hacia Luis y Rufina es _____.
3. ¿Qué piensa Rufina de los comerciales políticos en la televisión? ¿Está usted de acuerdo con ella?
4. ¿Cuándo cambiaría de opinión Luis?
5. ¿Usted piensa que votar es un derecho o una obligación? ¿Debemos votar si los candidatos no nos gustan?

Palabras prácticas

Para hablar de cosas relacionadas con la política

el (la) adversario(a)   opponent
el bienestar   welfare
el (la) ciudadano(a)   citizen
el derecho   right, privilege
el ejército   armed forces
el gobierno   government
la guerra   war
la igualdad   equality
la ley   law
la política   politics
la presidencia   presidency
el servicio   service
el soldado   soldier

Acciones relacionadas con la política

atacarse   to attack each other
lanzarse   to declare one's candidacy

Para describir personas o situaciones políticas

ambos(as)   both
confirmado(a)   confirmed
confundido(a)   confused
conservador(a)   conservative
convencido(a)   convinced
militar   military
político(a)   political

Expresiones útiles

andar con rodeos   to go around in circles
¡Exacto!   Exactly!
punto de vista   point of view

Word Formation

In Spanish, many adjectives (and nouns) that refer to people's professions end in *-ista* (English *-ist*), a form applied to both masculine and feminine forms: *el (la) pianista*. There are also nouns ending in *-ismo* used to name political beliefs, ideologies, religions, fields of study, artistic movements, etc., such as *comunismo, romanticismo,* and *budismo*. To form an adjective or another noun from a word ending in *-ismo,* the ending is dropped and replaced with *-ista: comunismo → comunista.*

Can you form adjectives or nouns following this pattern?

Noun	Adjective or Noun
socialismo	_____
derechismo	_____
izquierdismo	_____
imperialismo	_____
absolutismo	_____

fascismo	_____
capitalismo	_____
feminismo	_____
machismo	_____
idealismo	_____
nacionalismo	_____
modernismo	_____
tradicionalismo	_____

Can you guess the meaning of the words you don't know? They are **cognates,** that is, words that are very similar in two languages in the way they are written and that have the same meaning, as in: fundamentalist = *fundamentalista.*

Be Careful with These Words!

1. *Apoyar* means "to support" in a moral sense. *Sostener* also means "to support," but in a physical sense. If you wish to use "to support" in a financial sense, you need to use the verb *mantener.*

> Se necesita mucho dinero para mantener (sostener) a una familia de más de cuatro personas hoy en día.

> El candidato necesita que todos sus partidarios lo apoyen.

2. *Soportar* is a kind of false cognate; it means "to bear" (emotionally) as well as "to endure or tolerate."

> ¡Ya no soporto los chistes tontos de este hombre!

3. *La política* refers to politics. To express "politician," Spanish uses the word *el (la) político.*

4. The word *derecho* has several meanings. As an adjective, *derecho(a)* means "straight," as in "a straight line." As a noun, *el derecho* means "the right" or "the privilege." The prepositional phrase *a la derecha* means "to the right"; *tener derecho a...* means "to have the right to." Can you guess then what *derechismo* and *derechista* mean?

A practicar

A. Encuesta personal

En parejas, háganse las siguientes preguntas.

1. ¿Participas en la política? ¿Cómo?
2. ¿Cómo muestras tu apoyo a un(a) candidato(a) político(a)?

3. ¿Eres cínico(a) o eres optimista respecto a la política de tu país?
4. ¿Crees que la política es un juego sucio y que todos los políticos son corruptos?
5. ¿Cómo te describes a ti mismo(a) políticamente? ¿Eres derechista? ¿Eres izquierdista? ¿O eres moderado(a)?
6. ¿Te importa la política exterior de otros países? ¿Por qué sí o por qué no?
7. ¿Crees que la política es un tema interesante para discutir con amigos?
8. ¿Qué temas prefieres no discutir?

B. Para escribir

Escriba una composición de 15 líneas (mínimo) expresando su opinión acerca de uno de estos temas, a escoger.

1. Es importante participar en el proceso político de su país.
2. Las cualidades que debe tener un(a) candidato(a) político(a) son...
3. La vida personal de un(a) político es/no es asunto público y la prensa debe/no debe comentarla en los periódicos.

Chiste

Definiciones:

    pesimista = un hombre que usa cinturón y además lleva tirantes *(suspenders)*
    optimista = una persona que no tiene dinero para pagar su comida, pero entra en un restaurante preparado a pagar con la perla que va a encontrar en la ostra *(oyster)* que va a pedir

E N F O Q U E M O S

EL IDIOMA

La voz pasiva con *ser* y la condición resultante con *estar*

The Passive Voice with *ser* and the Resulting Condition with *estar*

I. The passive and active voices are two different ways of expressing similar ideas. In the **active** voice, someone performs an action. In the **passive** voice, an action is done by someone (an agent). The **passive** voice stresses the action itself, as opposed to stressing who performs the action.

Active: **Los ciudadanos eligieron al presidente.**
         The citizens elected the president.

Passive: **El presidente fue elegido (por los ciudadanos).**
The president was elected (by the citizens).

II. The passive voice can be expressed with *ser* and a past participle, and the agent will not necessarily be stated. The past participle agrees in gender and number with the noun. When the agent is expressed, the subject of the active sentence *(ciudadanos)* becomes the object (agent) in the passive sentence and is preceded by the preposition *por (por los ciudadanos).*

III. The passive voice with *ser* can be used in any verb tense of the indicative or the subjunctive.

Los candidatos son nombrados cada cuatro años.	The candidates are nominated every four years.
Los candidatos serán nombrados...	The candidates will be nominated...
Los candidatos fueron nombrados...	The candidates were nominated...

IV. A past participle can also be used as an adjective with *estar* to stress the condition that results from an action or process.

Active: **La profesora abrió la puerta.**
The professor opened the door.

Passive: **La puerta fue abierta por la profesora.**
The door was opened by the professor.

Resulting Condition: **La puerta *está* abierta.**
The door is open.

A practicar

A. ¿Qué pasa en el mundo de la política?

Cambie las oraciones a la voz pasiva.

Modelo: Los senadores discuten leyes nuevas todos los días.
Leyes nuevas son discutidas por los senadores todos los días.

1. El gobierno tomó decisiones importantes ayer.
2. Los adversarios del presidente presentarán más problemas.
3. El candidato consideró los derechos humanos.
4. Él eliminará la pobreza.
5. Él bajará también los impuestos.
6. Sus ayudantes escribirán los discursos políticos.
7. El candidato cumplirá todas sus promesas.

B. Un debate bien planeado

*Va a haber un debate político esta noche entre los candidatos para alcalde munici-
pal. Arturo lo está organizando. Cuando él repasa su lista, ve que todo ya está
hecho. Siga el modelo y use un agente diferente.*

Modelo: Hay que organizar una discusión.
                Ya está organizada; fue organizada por mis colegas.

1. Hay que establecer las reglas del debate.
2. Hay que escribir los discursos.
3. Hay que hacer la publicidad.
4. Hay que distribuir los carteles.
5. Hay que preparar los problemas para la discusión.
6. Hay que escoger un moderador.
7. Hay que poner un aviso en el periódico.
8. Hay que invitar a la prensa.

A H O R A

LEAMOS

Para su comprensión

The story that follows takes place in a dentist's office and deals with the
relationship between two very important and powerful men. As you read
the story, take notice of how each man displays his power to the other.
Finally, try to decipher the political message embedded in the story to
determine what the author wants to tell the reader about certain political
situations.

Antes de leer

1. Las descripciones de los personajes siempre indican mucho sobre su
personalidad. Mientras lea el cuento, haga una lista de adjetivos que describen a los dos personajes principales. ¿Qué nos dicen esas descripciones de
los dos hombres?

2. ¿Ha estudiado Ud. la historia latinoamericana? ¿Sabe algo de los conflictos políticos que han tenido muchos de los países en su historia? Nombre
algunas situaciones sobre las cuales ha leído y/o ha estudiado. ¿Cómo fue la
situación de esos países bajo una dictadura?

Gabriel García Márquez (1928–   ) nació en Aracataca, Colombia, un pequeño pueblo que le dio mucho material para sus obras. El mundo ficticio de los cuentos y novelas de García Márquez se llama "Macondo" y él lo usa como un microcosmo de la sociedad colombiana que está política y moralmente en la ruina. En 1983, García Márquez ganó el Premio Nóbel de Literatura. Su novela más famosa se llama Cien años de soledad *(1967).*

Un día de éstos

por Gabriel García Márquez

El lunes amaneció tibio[1] y sin lluvia. Don Aurelio Escovar, dentista sin título y buen madrugador,[2] abrió su gabinete a las seis. Sacó de la vidriera[3] una dentadura postiza[4] montada aún en el molde de yeso y puso sobre la mesa un puñado[5] de instrumentos que ordenó de mayor a menor, como en una exposi-
5 ción. Llevaba una camisa a rayas, sin cuello, cerrada arriba con un botón dorado, y los pantalones sostenidos con cargadores elásticos. Era rígido, enjuto,[6] con una mirada que raras veces correspondía a la situación, como la mirada de los sordos.[7]

Cuando tuvo las cosas dispuestas sobre la mesa rodó[8] la fresa[9] hacia el
10 sillón de resortes y se sentó a pulir[10] la dentadura postiza. Parecía no pensar en lo que hacía, pero trabajaba con obstinación, pedaleando en la fresa incluso cuando no se servía de ella.

Después de las ocho hizo una pausa para mirar el cielo por la ventana y vio dos gallinazos[11] pensativos que se secaban al sol en el caballete[12] de la casa
15 vecina. Siguió trabajando con la idea de que antes del almuerzo volvería a llover. La voz destemplada de su hijo de once años lo sacó de su abstracción.

—Papá.

—Qué.

—Dice el Alcalde que si le sacas una muela.[13]
20 —Dile que no estoy aquí.

Estaba puliendo un diente de oro. Lo retiró a la distancia del brazo y lo examinó con los ojos a medio cerrar. En la salita de espera volvió a gritar su hijo.

—Dice que sí estás porque te está oyendo.

El dentista siguió examinando el diente. Sólo cuando lo puso en la mesa
25 con los trabajos terminados, dijo:

—Mejor.

Volvió a operar la fresa. De una cajita de cartón donde guardaba las cosas por hacer, sacó un puente[14] de varias piezas y empezó a pulir el oro.

—Papá.
30 —Qué.

Aún no había cambiado de expresión.

—Dice que si no le sacas la muela te pega un tiro.[15]

[1]**tibio**   caliente
[2]**madrugador(a)** una persona que se levanta temprano
[3]**vidriera**   *cabinet*
[4] **dentadura postiza** dientes falsos
[5]**puñado**   *a handful*
[6]**enjuto**   delgado, flaco
[7]**sordo**   persona que no puede oír
[8]**la fresa**   *dentist's drill*
[9]**rodar**   mover
[10]**pulir**   hacer más brillante
[11]**gallinazo** *turkey buzzard*
[12]**caballete**   *ridge of roof*
[13]**muela**   *molar*
[14]**puente**   *bridge*
[15]**pegar un tiro**   *to shoot*

16gaveta inferior
lower drawer
17umbral *doorway*
18hinchado *swollen*
19marchito
withered
20hervir (ie, i) *to boil*
21pomo de loza
ceramic jar
22cancel de tela
cloth screen
23talón *heel*
24cacerola *instrument pan*
25pinzas *tongs*
26escupidera
spittoon
27aguamanil
washstand
28cordal inferior
lower molar
29apretar *to squeeze*
30gatillo *dental forceps*
31aferrar *to grasp*
32soltar *permitir*
33crujido de huesos
crushing of bones
34sudoroso *sweaty*
35jadeante *gasping for breath*
36desabotonar *to unbutton oneself*
37guerrera
uniform
38pañuelo *handkerchief*
39trapo *rag*
40raso desfondado
broken, peeling
41telaraña polvorienta *dusty spider web*

35 Sin apresurarse, con un movimiento extremadamente tranquilo, dejó de pedalear en la fresa, la retiró del sillón y abrió por completo la gaveta inferior[16] de la mesa. Allí estaba el revólver.

—Bueno —dijo—. Dile que venga a pegármelo.

Hizo girar el sillón hasta quedar de frente a la puerta, la mano apoyada en el borde de la gaveta. El Alcalde apareció en el umbral.[17] Se había afeitado la mejilla izquierda, pero la otra, hinchada[18] y dolorida, tenía una barba de cinco

40 días. El dentista vio en sus ojos marchitos[19] muchas noches de desesperación. Cerró la gaveta con la punta de los dedos y dijo suavemente:

—Siéntese.

—Buenos días —dijo el Alcalde.

—Buenos —dijo el dentista.

45 Mientras hervían[20] los instrumentos, el Alcalde apoyó el cráneo en el cabezal de la silla y se sintió mejor. Respiraba un olor glacial. Era un gabinete pobre: una vieja silla de madera, la fresa de pedal y una vidriera con pomos de loza.[21] Frente a la silla, una ventana con un cancel de tela[22] hasta la altura de un hombre. Cuando sintió que el dentista se acercaba, el Alcalde afirmó los talones[23]

50 y abrió la boca.

Don Aurelio Escovar le movió la cara hacia la luz. Después de observar la muela dañada, ajustó la mandíbula con una cautelosa presión de los dedos.

—Tiene que ser sin anestesia —dijo.

—¿Por qué?

55 —Porque tiene un absceso.

El Alcalde lo miró a los ojos.

—Está bien —dijo, y trató de sonreír. El dentista no le correspondió. Llevó a la mesa de trabajo la cacerola[24] con los instrumentos hervidos y los sacó del agua con unas pinzas[25] frías, todavía sin apresurarse. Después rodó la escupi-

60 dera[26] con la punta del zapato y fue a lavarse las manos en el aguamanil.[27] Hizo todo sin mirar al Alcalde. Pero el Alcalde no lo perdió de vista.

Era un cordal inferior.[28] El dentista abrió las piernas y apretó[29] la muela con el gatillo[30] caliente. El Alcalde se aferró[31] a las barras de la silla, descargó toda su fuerza en los pies y sintió un vacío helado en los riñones, pero no soltó[32] un

65 suspiro. El dentista sólo movió la muñeca. Sin rencor, más bien con una amarga ternura dijo:

—Aquí nos paga veinte muertos, teniente.

El Alcalde sintió un crujido de huesos[33] en la mandíbula y sus ojos se llenaron de lágrimas. Pero no suspiró hasta que no sintió salir la muela. Entonces

70 la vio a través de las lágrimas. Le pareció tan extraña a su dolor, que no pudo entender la tortura de sus cinco noches anteriores.

Inclinado sobre la escupidera, sudoroso,[34] jadeante,[35] se desabotonó[36] la guerrera[37] y buscó a tientas el pañuelo[38] en el bolsillo del pantalón. El dentista le dio un trapo[39] limpio.

75 —Séquese las lágrimas —dijo.

El Alcalde lo hizo. Estaba temblando. Mientras el dentista se lavaba las manos, vio el cielo raso desfondado[40] y una telaraña polvorienta[41] con huevos de araña e insectos muertos. El dentista regresó secándose las manos.

—Acuéstese —dijo— y haga buches[42] de agua de sal. El Alcalde se puso
de pie, se despidió con un displicente[43] saludo militar, y se dirigió a la puerta
estirando[44] las piernas, sin abotonarse la guerrera.

       —Me pasa la cuenta —dijo.

       —¿A usted o al municipio?

       El Alcalde no lo miró. Cerró la puerta, y dijo, a través de la red[45] metálica:

       —Es la misma vaina.[46]

[42]**hacer buches** *to gargle*
[43]**displicente** descontento, de mal humor
[44]**estirar** *to stretch*
[45]**red** *screen*
[46]**vaina** cosa

Reaccionemos

¿Comprendió Ud. la historia?

1. ¿Cómo es don Aurelio Escovar? ¿Y el Alcalde?
2. ¿Cómo está el Alcalde? Descríbalo.
3. ¿Qué dice el dentista después de examinar la muela? ¿Cómo reacciona el Alcalde? ¿Por qué no pierde de vista el Alcalde al dentista?
4. ¿Qué le dice el dentista al Alcalde cuando le está sacando la muela? ¿Qué quiere decir?
5. ¿Qué significa la última línea del cuento?

Solicitamos su opinión

1. ¿Cree Ud. lo que dice el dentista respecto a la anestesia? ¿Por qué sí o por qué no?
2. ¿Cuál fue el motivo del dentista en causarle tanto dolor al Alcalde? ¿Por qué lo quería hacer? Explique.
3. ¿Qué representa el Alcalde en este cuento? ¿Tiene mucho poder? Cite ejemplos del cuento.
4. ¿Cómo reacciona el Alcalde cuando se saca la muela? ¿Llora? ¿Grita? Basado en su reacción, ¿qué tipo de hombre es el Alcalde? Explique.
5. ¿Cree Ud. que es injusto lo que pasa en la oficina del dentista? ¿Por qué sí o por qué no?

Temas escritos

1. Imagínese que Ud. es miembro del jurado (*jury*) médico que tiene que decidir la ética del dentista en no darle anestesia al Alcalde. En una composición, discuta y defienda su punto de vista en cuanto a la inocencia o culpabilidad del dentista.
2. En un ensayo, critique o defienda la siguiente proposición: La gente tiene la obligación de cambiar un gobierno injusto, con fuerza si es necesario.
3. Alquile Ud. una película en video como *The Boys from Brazil* (situada en el Brasil), *The Official Story* (la Argentina) o *Missing* (Chile) y escriba un ensayo discutiendo la violencia política que presenta.

EL IDIOMA

Los pronombres relativos
Relative Pronouns

I. Relative pronouns connect two clauses that have something in common. The pronouns refer to a previous noun or pronoun (antecedent).

Clause 1	the politician talked to the voters
Clause 2	the politician was friendly

The politician **who** talked to the voters was friendly.

The relative pronoun **who** refers to *politician*, the antecedent.

II. The relative pronouns in English are *that, which, who, whose,* and *whom*. In Spanish, the most common relative pronoun is *que*, which can be used for people and objects. Other Spanish relative pronouns are *quien, quienes, lo que, el (la) que, el (la) cual, los (las) que, los (las) cuales, cuyo(a), cuyos(as)*.

que	that, which, who, whom
quien, quienes	who, whom
el (la) que	which, who, whom
los (las) que	which, who, whom
el (la) cual	which, who, whom
los (las) cuales	which, who, whom
lo que, lo cual	that which, what, whatever
cuyo(a)	whose
cuyos(as)	whose

A. The pronouns *quien* and *quienes* refer only to people (English *who* and *whom*) and have no change of gender.

Quien(es) must be used after a preposition.

Un presidente de quien se ha escrito mucho es Lincoln.	One president about whom much has been written is Lincoln.

In other cases, *que* can be used instead of *quien* when referring to people, although *quien* is considered more literary.

La mujer que (quien) dio el discurso habla muy bien.	The woman who gave the speech speaks very well.

B. *Que* (with the articles *el/la, los/las*) is often used for emphasis or clarity.

No conozco el libro del que hablas.	I am not familiar with the book that you are talking about.
Me impresionó mucho el candidato, el que habló ayer.	I was very impressed by the candidate, the one who spoke yesterday.

C. *Lo que* is neuter and refers to an idea, concept, event, or situation.

Los candidatos nunca cumplen *lo que* **prometen.**	The candidates never fulfill what (that which) they promise.
No importa lo que él diga; lo dice con elocuencia.	It does not matter what he says; he says it eloquently.

D. The *cual* forms, rather than the *quien(es)* or *que* forms, are used after the preposition *sin* and prepositions of more than one syllable.

Él necesita el voto hispano, sin el cual no ganará en ese distrito.	He needs the Hispanic vote, without which he will not win in that district.

Otherwise, the *que* and *cual* forms are interchangeable, although *cual* forms are preferred for literary style, emphasis, or clarity.

➡ *Ojo:* Although the use of relative pronouns is not always essential in English, their use in Spanish is never optional.

¿Es éste el cartel que necesitas?	Is this the poster (that) you need?

E. *De quién* means "whose" in direct or indirect questions.

¿De quién es ese dinero?	Whose money is that?
Me preguntaron de quién era ese dinero.	They asked me whose money that was.

In all other cases where "whose" is needed, the possessive relative pronoun *cuyo(a)(os)(as)* is used.

Ese hombre, cuyas convicciones políticas son muy fuertes, será candidato algún día.	That man, whose political convictions are very strong, will be a candidate someday.

A practicar

A. La campaña electoral

*Complete las frases con **de quién(es)** o con la forma apropiada de* **cuyo(a)(os)(as)**.*

1. Esos candidatos, _____ carteles se perdieron, se pusieron enojados.
2. Los ayudantes de los candidatos políticos, _____ responsabilidades son muchas, generalmente no ganan dinero porque son voluntarios.
3. Este senador, _____ trabajadores voluntarios son inteligentes y dedicados, tiene una reputación excelente.
4. ¿Sabe usted _____ es este manuscrito? Parece un discurso político.
5. Los comerciales políticos de televisión, _____ mensajes son ataques personales a los candidatos, deben prohibirse.
6. Los grupos minoritarios, _____ voto es muy importante, deberían votar en todas las elecciones.
7. Nadie sabe _____ fue la idea original de tener debates en la televisión entre los candidatos políticos, pero tienen mucho impacto en la decisión de los votantes.

B. El arte de dar un buen discurso

Llene los espacios en blanco con pronombres relativos.

➡ **Ojo:** *Puede haber más de una posibilidad.*

Mi amiga Conchita es una mujer _____ sabe hablar en público muy bien, _____ yo considero un arte. Hace unos meses un candidato político, _____ ideas están de acuerdo con las de Conchita, le ofreció un trabajo _____ no pudo resistir. Conchita va a ser ahora una de las personas _____ ayudarán al candidato a preparar sus discursos. Aunque ella nunca trabajó antes en algo así, Conchita siempre dice que _____ no experimenta, no aprende, con _____ yo estoy de acuerdo. Para ella es difícil trabajar con alguien _____ éxito o fracaso depende de _____ ella escribió. Pero ella cree que su trabajo en esta campaña electoral será muy interesante. Conchita piensa _____ en un buen discurso, _____ es importante es comprender _____ quiere el público y hablar de una manera en _____ todos entiendan.

C. Lo que necesitan algunos candidatos

Estos son los problemas que sufren algunos candidatos que no tienen éxito en ser elegidos. Posiblemente esto es lo que necesitan. Escriba oraciones según el modelo usando **lo que**.

---

*Cuyo agrees in number and gender with the noun that is possessed.

Modelo: Los candidatos no obtienen bastantes votos.
Lo que necesitan los candidatos es obtener bastantes votos.

1. Nunca dicen la verdad.
2. No reciben el apoyo de todos.
3. No pueden comprar tiempo en la televisión para anuncios.
4. Nunca tienen bastante dinero.
5. No convencen al público.
6. No tienen carisma.
7. No tienen buenos agentes de publicidad.
8. No son sinceros.
9. No conocen bien a los votantes.
10. No saben cuáles son los problemas de la gente común.

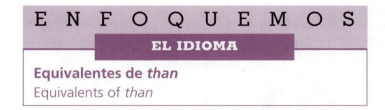

ENFOQUEMOS

EL IDIOMA

Equivalentes de *than*
Equivalents of *than*

I.   In a comparison, "than" is generally expressed by *que.*

Arturo es más <u>político</u> que Luis.	Arthur is more political than Luis.
Este candidato habla más <u>fácilmente</u> que el otro.	This candidate speaks more easily than the other one.

II.   The forms *del que, de la que, de los que, de las que* are used when **nouns** are being compared and agree with them in number and gender.

En sus discursos él dice más <u>cosas</u> de las que necesita.	In his speeches, he says more things than he needs to.
Yo tengo menos <u>dinero</u> del que pensaba.	I have less money than I thought.

III.   When a **verb** or an **adjective** is part of the comparison, *de lo (que)* is used as a neuter form.

Él habló más de lo necesario.	He spoke more than necessary.
El candidato es menos inteligente de lo que yo creía.	The candidate is less intelligent than I thought.

A practicar

A. Una mala experiencia

Complete las frases con las palabras necesarias para hacer comparaciones, siguiendo el modelo.

Modelo: Mi experiencia fue más horrible _____ creía posible.
Mi experiencia fue más horrible *de lo que* creía posible.

1. Conchita se preparó para su viaje más mal _____ ella quería.
2. Esperaba que el viaje fuera más corto _____ fue.
3. Tuvo que pagar por el hotel más dinero _____ pensaba.
4. Llevó menos ropa _____ necesitaba.
5. Hacía mucho más calor _____ ella anticipaba.
6. Fue necesario hacer más cambios al discurso del candidato _____ ella quería.
7. Ella quería descansar más _____ pudo.
8. Había más ruido en el hotel _____ pudo soportar.
9. La comida en el hotel era más costosa _____ ella esperaba.

Es más inteligente el candidato de lo que yo imaginaba.

Recibí más votos de los que yo esperaba.

B. ¡Qué sorpresa!

En parejas, discutan el impacto que estos eventos políticos/históricos tuvieron en el mundo, (principalmente porque fueron una enorme sorpresa para todos) y completen las oraciones según el modelo.

Modelo: Cuando Jacqueline Kennedy y el presidente Kennedy visitaron Francia, los franceses estaban sorprendidos porque...
ella era más bella y refinada de lo que esperaban.

1. El mundo se sorprendió del asesinato del presidente Jack Kennedy porque _____

2. Cuando se descubrieron los eventos de Watergate, el mundo se sorprendió porque _____

3. Cuando eligieron al presidente Kennedy como presidente de los Estados Unidos, fue una sorpresa porque _____

4. Cuando asesinaron a Martin Luther King, el mundo se sorprendió porque _____

5. Cuando asesinaron al candidato Bobby Kennedy en Los Ángeles, el mundo se sorprendió porque _____

C H A R L E M O S
UN POCO MÁS

A. Solicitamos su opinión

1. ¿Qué necesita saber una persona antes de votar?
2. ¿Cuáles son las características de un(a) buen(a) candidato(a) político(a)?
3. ¿Cuáles son las ventajas y las desventajas de ser un(a) funcionario(a) político(a)?
4. ¿Cree usted que es importante votar? ¿Por qué sí o por qué no?
5. ¿Debe tener los Estados Unidos algún papel en el destino político de otros países?
6. ¿De qué libertades disfrutan las personas en los Estados Unidos? ¿De qué libertades no disfrutan?
7. ¿Cuál es la responsabilidad de la prensa y los medios noticieros hacia los políticos? ¿Qué cosas deben investigar? ¿Qué no deben investigar?
8. ¿Deben el presidente y los políticos en los Estados Unidos hablar otros idiomas? ¿Por qué?
9. ¿Cree usted que en este país la gente se queja injustamente del gobierno? Explique.
10. ¿Ha participado usted alguna vez en alguna campaña electoral? ¿Cómo?

B. Debate

Formen dos grupos para criticar o defender la siguiente idea.

Los Estados Unidos a veces niega la entrada al país a ciertas personas por sus creencias políticas, por sus actividades no democráticas o por su amistad con personas consideradas enemigos de los Estados Unidos. Por ejemplo, Rosario Murillo, la esposa de Daniel Ortega de Nicaragua, y el autor Gabriel García Márquez no pudieron obtener visas para entrar en los Estados Unidos, ella por ser parte de la revolución sandinista y él por su amistad con Fidel Castro. ¿Es justo esto?

C. Temas escritos

1. Escoja Ud. a un(a) candidato(a) político(a) y escriba un editorial para el periódico universitario en la cual apoya o ataca a esa persona. Asegúrese de incluir sus razones.
2. Escríbale una carta a su senador(a) que explique su posición respecto
   a. al papel de los Estados Unidos en Latinoamérica.
   b. a la situación financiera de los Estados Unidos.
   c. al uso de armas nucleares.
   d. a la contaminación del aire y de los océanos.
   e. a otra área de interés.
3. Desarrolle y defienda su interés o desinterés por la política.

LA ÚLTIMA PALABRA

Para hablar de cosas relacionadas con la política

el (la) adversario(a)   opponent
el alcalde/la alcaldesa   mayor
el asunto   topic, issue
el bienestar público   welfare
la cámara (de diputados)   house of representatives
la campaña electoral   political campaign
el cartel   poster
el (la) ciudadano(a)   citizen
el costo de la vida   cost of living
el debate   debate
los derechos humanos   human rights
el (la) diputado(a)   representative
el discurso   speech
el ejército   army
el (la) funcionario(a)   government official
el gobernante   ruler
el gobierno   government
el hecho   fact
la igualdad   equality
el impuesto   tax
el (la) ladrón(ona)   thief, robber
el lema   slogan
la ley   law
el (la) moderador(a)   moderator
el partido   political party

la política   politics
el (la) político   politician
la presidencia   office of the president
las relaciones exteriores   foreign affairs
el senado   senate
el (la) senador(a)   senator
el servicio militar   military service
los servicios sociales   human services
la urna   ballot box
el volante   flier, handout
los votantes   voters

Acciones relacionadas con la política

apoyar   to give moral support
atacar(se)   to attack (each other)
confiar (en)   to trust
confundir   to confuse, get mixed up
elegir (i)   to elect
evitar   to avoid
ganar   to win
lanzarse   to declare one's candidacy
nombrar   to nominate, name
postularse   to declare one's candidacy
votar   to vote

Para describir personas o situaciones políticas

conservador(a)   conservative
derechista   right-wing
elegido(a)/electo(a)   elected
erudito(a)   learned
honrado(a)   honest, honorable
izquierdista   left-wing
moderado(a)   moderate, middle-of-the-road
político(a)   political
problemático(a)   controversial
sabio(a)   wise
sucio(a)   dirty

Expresiones útiles

perder (ie) la candidatura   to be defeated
plantear problemas   to raise issues
postularse como candidato(a)   to declare one's candidacy
presentar su candidatura (para)   to run for office
salir elegido(a)/electo(a)   to be elected
tomar decisiones   to make decisions

Nuestra salud física y mental

Charlemos sobre la foto

1. ¿Quién examina a los bebés en esta foto?

2. ¿Cree usted que los bebés están enfermos? ¿Por qué están en la clínica?

3. ¿Piensa usted que llevar al bebé al (a la) médico(a) es tarea de la madre del bebé?

4. ¿Le parece a usted una buena idea ir al (a la) médico(a) para prevenir las enfermedades, o es mejor esperar hasta que la persona esté enferma?

5. Cuando usted tiene que ver al (a la) médico(a), ¿le importa a usted si lo (la) atiende un(a) ayudante *(practitioner)* en vez del (de la) doctor(a)?

6. ¿Cree usted que los médicos hoy en día cobran demasiado dinero?

7. ¿Piensa usted que un sistema nacional de atención médica es buena idea? ¿Cree que debe incluir medicina preventiva?

Metas comunicativas

- Describir síntomas de problemas físicos o mentales
- Responder a las preguntas del médico
- Identificar las partes del cuerpo

Metas gramaticales

- Identificar y usar los posesivos
- Formar oraciones comparativas
- Formar oraciones con *si*

Metas culturales

- Reconocer las actitudes hispanas acerca de la salud, los enfermos y la muerte
- Aprender acerca del uso de remedios y hierbas medicinales

Ahora, leamos

- "Al niño enfermo", por Miguel de Unamuno

V O C A B U L A R I O

PERSONAL

Make a list of the words and expressions that you used to answer the questions. List other words and expressions you remember that deal with health issues. Finally, make a list of words you'd like to know to discuss this chapter's theme. You may want to refer to the *Appendix* for some ideas.

En contexto

You will now read a conversation in which two nervous patients in a doctor's waiting room exchange worries and symptoms as they wait to be called. As you read, write down the general problem of each. You may want to review *Palabras prácticas* before you read to help you better understand.

El problema del primer paciente: _____

El problema de la segunda paciente: _____

Hombre: Buenas tardes.

Mujer: Buenas tardes. ¿Está Ud. tan nervioso como yo? Odio estas citas con el médico, sobre todo cuando no me siento bien.

Hombre: A mí tampoco me gustan. ¿Qué tiene Ud.?

Mujer: Desde hace una semana tengo una tos horrible, me dan escalofríos y tengo fiebre. Estornudo y no tengo apetito. Creo que estoy muy grave. Temo que el médico quiera que pase al menos una semana en el hospital. También querrá que me hagan unos análisis. Ojalá que no me ponga una inyección.

Hombre: Uy, señora, me parece que exagera un poco. Probablemente le recetará algo, como un jarabe para la tos o una aspirina para aliviar sus síntomas. Ud. lo que tiene es gripe o catarro. Ud. debe estar contenta de no estar tan mal como yo.

Mujer: Y a usted, ¿qué le pasa?

Hombre: Ayer me caí y me torcí o me quebré el tobillo. Hoy no me puedo ni mover. Tengo hinchado el tobillo y me duele mucho. Estoy seguro de que el médico querrá operarme. Solamente quiero poder caminar en el futuro.

Mujer: ¿Y soy yo quien exagera? El médico le pondrá una curita y lo mandará de vuelta a su casa. No querrá perder tiempo. Dirá que tiene pacientes más enfermos... como yo, por ejemplo.

Enfermera: Lo siento, damas y caballeros. Esta tarde el médico no podrá ver a ninguno de Uds. Él está **muy, muy** enfermo. Sufre de algo **muy....**

¿Qué pasó?

1. Después de describir sus síntomas, la mujer dice que teme que _____.
2. El señor cree que ella exagera y cree que ella tiene _____.
3. El tobillo del señor está _____.
4. El señor cree que el médico _____.
5. El señor espera solamente que _____.
6. La señora cree que el médico le _____ al señor.
7. La enfermera dice que _____.
8. Y Ud., ¿cómo reacciona en la sala de espera del (de la) médico(a)? ¿Está nervioso(a) o tranquilo(a)? ¿Es Ud. hipocondríaco(a)? Explique.
   _____

 Nota cultural

Los países hispanos, como el resto del mundo moderno, gozan de la más alta tecnología médica. En España y en América Latina se encuentra centros médicos con muchos recursos y doctores bien preparados. Sin embargo, en algunos pueblos pequeños y tradicionales, hay personas que creen en tomar otras medidas.

En varios pueblos, existen **curanderos(as)** *(practicioners of folk remedies)* que recetan remedios naturales para curar las enfermedades. Es común en esos pueblos ver una variedad de hierbas en el mercado, todas con instrucciones que indican las cualidades medicinales que poseen. Además de curarse de esa forma, el enfermo puede darse un tratamiento de baños en el mar o en aguas termales y/o pedir la ayuda de Dios, la Virgen u otro santo para que le alivie de sus males.

En todas las culturas hay ciertos remedios caseros para curar las enfermedades más comunes. ¿Conoce Ud. algunos?

Palabras prácticas

Para hablar de cosas relacionadas con la salud

el análisis   (medical) test
el catarro   cold
la clínica   clinic, doctor's office
el consultorio   doctor's office
la curita   bandage
el escalofrío   chill
la fiebre   fever

la gripe   flu
la inyección   shot, injection
el jarabe para la tos   cough syrup
el tobillo   ankle
la tos   cough

Para describir estados de salud

enfermo(a)   sick
grave   serious
hinchado(a)   swollen
nervioso(a)   nervous

Acciones relacionadas con la salud

aliviar   to heal
aliviarse   to get well
doler (ue)   to hurt, ache
estornudar   to sneeze
fracturarse   to break (a bone)
inyectar   to give an injection
operar   to operate
prevenir (ie, i)   to prevent
quebrarse (ie)   to break (a bone)
recetar   to prescribe
sentirse (ie)   to feel + *adjective*
torcerse (ue)   to twist

Expresiones útiles

poner una inyección   to give an injection
¿Qué le (te) pasa?   What is wrong with you?
¿Qué tiene(s)?   What is the matter with you?
tener apetito   to be hungry

Recomendaciones del médico

Usted debe: guardar cama.
            permanecer inmóvil.
            dejar de fumar.
            cuidar mejor de su salud.
            adelgazar/perder peso.
            evitar el alcohol.
            hacer ejercicio.

Tome: dos aspirinas y beba muchos líquidos.
         estas pastillas (píldoras) cada dos horas.

Vaya: a la sala de emergencia.
           a que le tomen unas radiografías (rayos X).

Usted puede decirle a una persona enferma

Ojalá que (Espero que):   no sea grave su enfermedad.
                              se alivie pronto.
                              se sienta mejor muy pronto.

INVESTIGUEMOS
UN POCO

Word Formation

1. Here is a list of nouns that are related to some of your new vocabulary. Supply the verbs that are related to these nouns and then form adjectives from the verbs. Remember that past participles can function as adjectives. For example, *la curita* is the noun from *curar;* the adjective form is *curado(a)*. Try to guess the meanings of the nouns.

Noun	Verb	Adjective	Meaning of Noun
el alivio	_____	_____	_____
el resfriado	_____	_____	_____
la exageración	_____	_____	_____
la receta	_____	_____	_____
la quebradura	_____	_____	_____
el dolor	_____	_____	_____

2. The prefix *in-* added to a root word often conveys the opposite of the root. For example, *incómodo(a),* "uncomfortable," is the opposite of *cómodo(a),* "comfortable." Following this pattern, form the opposites of these words and guess their meanings.

	Opposite	Meaning
sensible	_____	_____
móvil	_____	_____
evitable	_____	_____
aguantable	_____	_____
curable	_____	_____
digestión	_____	_____

Be Careful with These Words!

Several words in this chapter merit special attention.

1. *Embarazada* is a false cognate (false cognates = words that appear similar in two languages but have different meanings) that means "pregnant," not "embarrassed." To say "embarrassed," you must use either *tener vergüenza* or *avergonzarse.*

2. *Sentirse (ie)* is usually accompanied by an adjective *(me siento deprimido),* whereas *sentir (ie)* is followed by a noun *(siento frío, siento náuseas).*

3. *Enfermo(a)* (sick) is used to describe a person's present health condition. *Enfermizo(a)* (sickly) describes people who are chronically unhealthy.

➡ *Ojo:* Use *estar* with *enfermo* and *ser* with *enfermizo.*

4. *Malsano(a)* can only be used to describe unhealthy things such as food, water, or air, whereas *sano(a)* (healthy) can describe both people and things. Note that *sano* is another false cognate; it does not mean "sane," as in "mentally sane," for which the word *cuerdo* is used.

5. To mention an ache, you can use *tener (padecer, sufrir) dolor de* + the name of the part of the body that hurts or aches.

    Tengo dolor de cabeza esta mañana.
    Sufro de/Padezco dolor de oídos cuando viajo en avión.

Or you can use the verb *doler (ue)* + the body part.

    Me duelen los oídos cuando viajo en avión.

➡ *Ojo:* Like *gustar,* the verbs *doler (ue)* (to ache, hurt) and *sangrar* (to bleed) take an indirect object pronoun and can only be used in the third person form, singular or plural.

Indirect object pronoun	+	doler	+	*body part*
Me	+	duele	+	un brazo.
¿Te	+	duelen	+	los pies?

Indirect object pronoun	+	sangrar	+	*body part*
Me	+	sangra	+	el estómago.
Me	+	sangran	+	los labios.

➡ **Ojo:** The verbs *llorar + ojos* and *correr + nariz,* used to describe watery eyes and a runny nose, work in the same manner.

Me lloran los ojos y me corre la nariz.

6. Another way of saying that you are ill is with the verbs *padecer de* or *sufrir de* (both meaning "to suffer from") plus the name of the illness.

Yo padezco de (sufro de) alergias en el otoño.
Sufro de insomnio y náuseas.

Tener + the name of the illness can also be used.

Tengo pulmonía.
Mi gato tiene leucemia.

A practicar

A. ¡Usted es el (la) médico(a)!

Parece que todo el mundo está enfermo. Entran en el consultorio muchos pacientes que describen sus síntomas. En parejas, hagan los papeles de doctor(a) y paciente. El (La) paciente explica sus síntomas y el (la) doctor(a) hace un diagnóstico y receta algo para ayudar al (a la) paciente.

Modelo: **Paciente:** Me duele mucho la garganta, me duele la cabeza y tengo escalofríos.
Médico(a): *Parece que usted tiene un resfriado. Debe guardar cama, tomar aspirinas y beber té con limón.*

1. Esta mañana me caí al subir a mi carro. Ahora tengo el tobillo hinchado y me duele mucho.
2. Me duele todo el cuerpo. Tengo fiebre y dolor de cabeza.
3. No puedo dejar de estornudar. Me lloran los ojos y me corre la nariz, pero no creo que tenga catarro.
4. Tengo un mes de toser mucho y me duele el pecho. También tengo fiebre.
5. Tengo escalofríos, estuve vomitando toda la noche y tengo diarrea. Pero no tengo fiebre.

B. ¿Es usted un(a) paciente ideal?

¿Cómo es usted cuando tiene estas enfermedades? ¿Es usted un(a) paciente muy "paciente"? ¿Qué cosas le pide usted a su compañero(a) de cuarto o a sus padres para sentirse mejor?

Modelo: tener catarro
Cuando tengo catarro, me acuesto y quiero que me den té caliente, que me compren libros y revistas y que me alquilen muchos videos.

1. tener gripe
2. fracturarse una pierna
3. dolerle un diente
4. tener jaqueca
5. padecer de insomnio
6. sufrir de alergias
7. tener dolor de estómago
8. padecer de infección de garganta
9. tener náusea
10. lastimarse una muñeca

C. Encuesta y opiniones personales

Conteste las preguntas. Luego, compare sus respuestas con las de sus compañeros de clase.

1. ¿Cree Ud. que algunas enfermedades son evitables? ¿Cuáles? ¿Y cómo se evita el contagio de ellas?
2. ¿Se compadece Ud. de los hipocondríacos? ¿Por qué sí o por qué no? ¿Cree que la hipocondría es una enfermedad mental? Explique.
3. ¿Le gustaría a Ud. ser médico(a) o enfermero(a)? ¿Por qué?
4. Cuando Ud. va al (a la) médico(a), ¿siempre sigue sus instrucciones o no? ¿Por qué sí o por qué no?
5. ¿Cree Ud. que los médicos recetan demasiadas medicinas sin necesidad? Explique.
6. ¿Qué hace Ud. si un(a) amigo(a) sufre de una enfermedad contagiosa?
7. Cuando Ud. está enfermo(a) de un catarro o de la gripe, ¿cuáles son los síntomas que le molestan más? ¿Por qué? ¿Cómo alivia Ud. los síntomas?
8. ¿Es Ud. cobarde *(cowardly)* con los médicos? ¿Por qué?
9. En su opinión, ¿cuál es el problema médico más importante de hoy? Explique su selección.

D. Encuentros personales

1. Go to the doctor's office and explain your problem to him or her. The doctor will advise you what to do. Discuss several different problems, then switch roles.
2. You and a friend are discussing how important a role diet plays in a person's health. You believe that genetics *(la genética)* and family history play a more important role than daily habits. Your friend believes that most illnesses can be prevented *(prevenir)* through a good diet and plenty of exercise.

3. Your friend is a hypochondriac. Today she comes to you with another tale of woe regarding the latest disease she has supposedly contracted. Try to cheer up your friend by suggesting humorous solutions to this imagined illness. Your friend accuses you of not believing that she is sick and elaborates dramatically on her symptoms. Assure your friend that you believe her. Be patient!

4. Your best friend does not believe in modern medicine and feels that herbal/homeopathic remedies are as good as what doctors prescribe and thus refuses to see a doctor. You are afraid that your friend's illness will develop into something serious unless he or she sees a doctor right away.

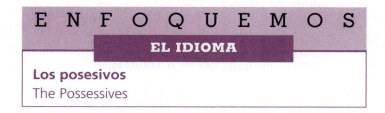

ENFOQUEMOS

EL IDIOMA

Los posesivos
The Possessives

The possessive pronouns in Spanish each have a short form and a long form.

I. These are the short forms.

mi, mis	*my*
tu, tus	*your (familiar)*
su, sus	*his, her, your (formal), its*
nuestro(a/os/as)	*our*
su, sus	*their, your (formal)*

These short possessives always come before the nouns they modify and agree in number with the noun. The *nuestro* form agrees in both number and gender.

➡ *Ojo:* The possessives agree in number with the thing or things possessed and **not** with the person who owns the thing, that is, the possessor.

Los pacientes quieren ver a su doctor ahora.	The patients want to see their doctor now.
La paciente ya tiene sus recetas.	The patient already has her prescriptions.

➡ *Ojo*: Do not confuse the possessive adjective *mi* (without an accent) with the prepositional pronoun *mí* (accented), or the short possessive *tu* (unaccented) with the subject pronoun *tú* (accented).

> Mi doctor escribió la receta para mí.
> Tú te pones triste al ver tu pierna quebrada, ¿no?

II.   These are the long forms of the possessives.

mío(a/os/as)	*mine*
tuyo(a/os/as)	*yours (familiar)*
suyo(a/os/as)	*his, hers, yours (formal), its*
nuestro(a/os/as)	*ours*
suyo(a/os/as)	*theirs, yours (formal)*

The long forms always follow the noun and must agree with it in number and gender.

Esta receta es tuya.   This prescription is yours.

Doctor, este paciente es suyo.   Doctor, this patient is yours.

➡ *Ojo*: The long possessives are often equivalent to the English phrases "of mine," "of yours," etc.

—¿Carlos es amigo tuyo?   Is Carlos a friend of yours?
—No, no es amigo mío.   No, he is not a friend of mine.

III.   The long forms of the possessives can be used as pronouns when the noun is omitted. In this case, the pronoun must agree in number and gender with the noun being replaced. The use of this construction avoids having to repeat the noun.

—¿Dónde está la receta tuya?   Where is your prescription?
—¿La mía? No sé.   Mine? I don't know.

A practicar

A. El deseo de ser una persona más sana

Antes de empezar un programa de ejercicio, quiero hablar con la médica. Cambie las frases según el modelo.

Modelo: Mi salud me preocupa. (él)
               Su salud le preocupa.

1. Quiero mejorar mi condición física y mi salud general. (ellos, tú, la mujer, nosotros)
2. Por eso, he decidido eliminar de mi vida las sustancias peligrosas. (ellos, tú, la mujer, nosotros)
3. Mis cigarrillos, mis aspirinas, mi alcohol —los echo todos a la basura. (ellos, tú, la mujer, nosotros)
4. Le he pedido a mi médica que me ayude a lograr mi meta. (ellos, tú, la mujer, nosotros)
5. Empezaré mi nuevo régimen tan pronto como reciba las recomendaciones de mi médica. (ellos, tú, la mujer, nosotros)

B. Comentarios en el hospital

Elimine la repetición innecesaria usando los pronombres posesivos. Siga el modelo.

Modelo: Mi tos está mejor hoy. ¿Cómo está tu tos?
Mi tos está mejor hoy. ¿Cómo está la tuya?

1. Mi garganta me molesta. ¿Cómo está su garganta, Srta. López?
2. ¿Está mejor tu catarro? Nuestro catarro sigue molestándonos.
3. Tu pierna y mi pierna están quebradas. ¡Qué lástima!
4. El médico va a sacar mis puntos mañana. ¿Cuándo sacará tus puntos?
5. Mis alergias son horribles. Las alergias de nuestros hijos son peores.
6. Su consultorio es más grande que mi consultorio.
7. La mayoría de los pacientes va a su sala de emergencia en vez de a nuestra sala de emergencia.
8. Sus medicamentos alivian la jaqueca más rápidamente que nuestros medicamentos.
9. Su fiebre es más alta que nuestra fiebre.
10. Sus análisis son tan caros como tus análisis.

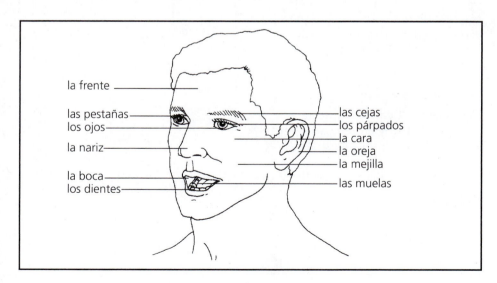

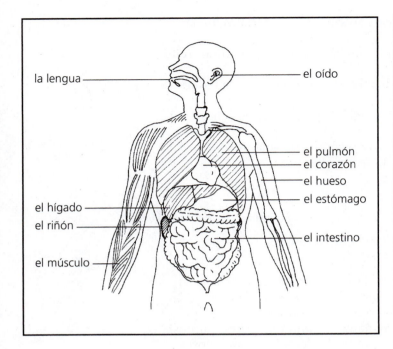

la lengua
el oído
el pulmón
el corazón
el hueso
el estómago
el hígado
el riñón
el intestino
el músculo

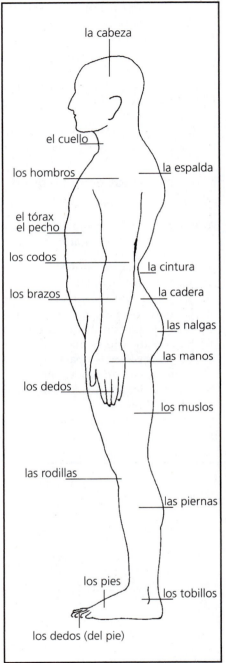

la cabeza
el cuello
la espalda
los hombros
el tórax
el pecho
los codos
la cintura
los brazos
la cadera
las nalgas
las manos
los dedos
los muslos
las rodillas
las piernas
los pies
los tobillos
los dedos (del pie)

Chistes

I

La esposa del ranchero al farmacéutico:
—Por favor, indique bien en las botellas de medicina cuál es para mi esposo y cuál es para mi caballo. No quiero que le pase nada malo al caballo.

II

El médico: ¿Y dónde tiene el dolor?
El paciente: Realmente no sé, doctor. Estoy tan delgado que no sé si es dolor de espalda o de estómago.

III

El paciente entró en la clínica del psiquiatra dando palmadas con las manos *(clapping)*.

El psiquiatra: ¡Cálmese, por favor! ¿Por qué hace eso?
El paciente: Es para espantar a las víboras *(snakes)*.
El psiquiatra: ¡Pero aquí no hay víboras!
El paciente: ¿Ve usted cómo da resultado?

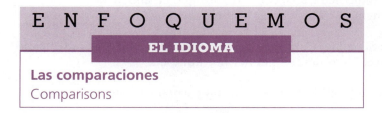

E N F O Q U E M O S

EL IDIOMA

Las comparaciones
Comparisons

The following patterns are used to compare people, places, things, or ideas.

I. To make comparisons of **unequal** value, use this formula.

más/menos	+	*adjective*	+	que
más/menos	+	*noun*	+	que
más/menos	+	*adverb*	+	que

Estar a dieta es más difícil que hacer ejercicio.

Being on a diet is harder than exercising.

Una toronja tiene menos calorías que un plátano.

A grapefruit has fewer calories than a banana.

Ella se enferma menos frecuentemente que yo.

She gets sick less frequently than I do.

➡ *Ojo:* The second part of the comparison does not need to be mentioned if the context makes it clear which elements are being compared.

Una toronja tiene menos calorías (que un plátano).

II. To make comparisons of **equal** value, use this formula.

tan	+	*adjective*	+	como
tanto(a/os/as)	+	*noun*	+	como

Creo que tu médico es tan bueno como el mío.	I think that your doctor is as good as mine.
Un médico gana tanto dinero como un abogado.	A doctor earns as much money as a lawyer.

III.   Comparisons of verbs can be done in a similar fashion, but the word order is slightly different. The comparative words *(más/menos, tanto)* come after the verb.

> **Un médico trabaja más/menos que un abogado.**
> **Un médico trabaja tanto como un abogado.**

➡ *Ojo*: Since the word *tanto* (as much) in this case is an adverb and not an adjective, it has neither gender nor number.

IV.   As in English, Spanish has some irregular comparatives.

bueno	**mejor**	**el mejor**
good	better	best
malo	**peor**	**el peor**
bad	worse	worst
	mayor	**el mayor**
	older	the oldest
	menor	**el menor**
	younger	the youngest

➡ *Ojo*: These cannot have any additional comparatives added to them: *más mayor, más mejor,* and *menos peor* do **not** exist.

V.   The phrases *más de/menos de* mean "more/less than" when referring to numerical expressions.

Tú no debes tomar más de cinco pastillas al día.	You should not take more than five tablets per day.

A practicar

A. ¿Cuál es peor?

En su opinión, ¿cuál de estas situaciones/enfermedades es peor y por qué? Conteste según el modelo.

Modelo: dolor de cabeza / dolor de pies
Para mí, es peor tener dolor de pies, porque cuando me duelen los pies, me duele todo y estoy de mal humor.

1. quebrarse un pie / quebrarse un brazo
2. tener náuseas / vomitar
3. tener alergias / estar resfriado(a)
4. estar enfermo(a) en casa / estar enfermo(a) en el hospital
5. tener fiebre / tener escalofríos

B. Comentarios

*Escriba de nuevo estas frases comparativas de desigualdad usando **más** o **menos** + **que** y los elementos indicados. Necesita usar el tiempo presente de subjuntivo, ya que estas frases expresan duda o negación.*

Modelo: la comida / ser / sabrosa / en los hospitales / en casa
No creo que la comida en los hospitales sea más sabrosa que en casa.

No creo que:
1. los médicos / ser / buenos / en las áreas rurales / en las ciudades
2. un virus estomacal / ser / contagioso / un resfriado
3. la medicina tradicional / ser / eficaz / los remedios caseros
4. un(a) ayudante de médico (*nurse practitioner*) / ser / capaz / un(a) médico(a)

C. ¿En desacuerdo?

Es posible que usted no esté de acuerdo con los comentarios del ejercicio B y piense que los elementos comparados sí son iguales.
*Forme oraciones comparativas de igualdad usando **tan... como**.*

Modelo: *La comida en los hospitales es tan sabrosa como en casa.*

D. Más opiniones

Escriba oraciones comparativas de desigualdad o igualdad según su propia opinión, y explique después por qué.

Modelo: importante / dinero / experiencia
El dinero es más/menos importante que la experiencia.
El dinero es tan importante como la experiencia.

1. importante / salud física / salud mental
2. malo para la salud / cafeína / tabaco

3. incómodo / lastimarse un tobillo / quebrarse un tobillo
4. dolorosa / fractura / operación
5. difícil / encontrar un buen doctor / encontrar un buen mecánico
6. lógico / tener un buen pediatra (*pediatrician*) / tener un buen médico general
7. práctico / tener un buen seguro médico / tener un buen doctor
8. necesario / ir al médico / comprar y tomar la medicina

A H O R A

LEAMOS

Para su comprensión

The death of a child can be both devastating and spiritual, as you will see in the poem you are about to read. It was written as a tribute to the poet's son, who was very ill and eventually died of encephalitis. In the poem, you will notice a combination of sadness and hope as the poet laments his personal loss and exalts the peace found at the end of suffering.

Antes de leer

1. Sabiendo que el poema se trata de la muerte de un niño, ¿cómo esperaría Ud. que fuera la reacción de su padre, el poeta? Al leer el poema, compare su respuesta con los sentimientos expresados en él. ¿Son iguales?

2. El poeta emplea mucho el tiempo futuro en "Al niño enfermo". Indique las veces que aparece el tiempo futuro. ¿Qué efecto tiene este tiempo verbal en el sentido del poema?

....

Miguel de Unamuno (1864–1936), filósofo y autor español, escribió en todos los géneros. Es miembro del grupo de autores que se llama la Generación del '98. Este grupo es conocido por la influencia del movimiento filosófico, el existencialismo, en su obra. Unamuno sufrió de dudas religiosas y de las catástrofes emocionales, endémicas al movimiento, además de problemas familiares. Hay una relación fuerte, citada por él mismo en algunas obras, entre su vida y su obra que con frecuencia trata de estas preocupaciones.

....

Al niño enfermo

por Miguel de Unamuno

Duerme, flor de mi vida,
    duerme tranquilo,
que es del dolor el sueño
    tu único asilo.

5   Duerme, mi pobre niño,
    goza sin duelo
lo que te da la Muerte
    como consuelo.

Como consuelo y prenda°
10   de su cariño,
de que te quiere mucho,
    mi pobre niño.

Pronto vendrá con ansia
    de recogerte
15 la que te quiere tanto,
    la dulce Muerte.

Dormirás en sus brazos
    el sueño eterno,
y para ti, mi niño,
20   no habrá ya invierno.

No habrá invierno ni nieve,
    mi flor tronchada°;
te cantará en silencio
    dulce tonada.°

25 ¡Oh qué triste sonrisa
    riza° tu boca! ...
Tu corazón acaso
    su mano toca.

¡Oh qué sonrisa triste
30   tu boca riza!
¿Qué es lo que en sueños dices
    a tu nodriza°?

prenda símbolo

tronchado *snipped off*

tonada canción

rizar *to brush*

nodriza *wet nurse, nanny*

A tu nodriza eterna
        siempre piadosa,
35 la Tierra en que en paz santa
        todo reposa.

Cuando el Sol se levante,
        mi pobre estrella,
derretido *dissolved*   derretida° en el alba
40   te irás con ella.

Morirás con la aurora,
        flor de la muerte;
te rechaza la vida
        ¡qué hermosa suerte!

45 El sueño que no acaba
        duerme tranquilo
que es del dolor la muerte
        tu único asilo.

Reaccionemos

¿Comprendió Ud. la historia?

1. ¿Cuál es la relación entre el dolor y el sueño en el poema?
2. ¿Cómo describe el poeta a la Muerte?
3. ¿Con qué cosas compara el poeta al niño?
4. ¿Quién es la "nodriza eterna"?
5. ¿Cuándo morirá el niño?

Solicitamos su opinión

1. ¿Es un poema triste? ¿Por qué? Desde otra perspectiva, ¿por qué no?
2. ¿Qué imágenes emplea el poeta para describir la muerte del niño? Según estas imágenes, ¿qué opina el poeta acerca de la muerte del niño? Cite ejemplos específicos.
3. Según sus respuestas a las dos preguntas anteriores, ¿qué papel cree Ud. que tiene el dolor del niño en la actitud del padre? Cite ejemplos del poema.
4. Si Ud. estuviera en la misma situación que el poeta, ¿cree que reaccionaría de la misma manera? ¿Por qué sí o por qué no?

Temas escritos

1. En un ensayo, explique el tema principal de "Al niño enfermo". Describa la actitud que expresa el poeta y ofrezca un análisis sobre esta actitud.

2. En un ensayo, critique o defienda la siguiente proposición: Se puede justificar la eutanasia *(mercy killing)* en algunos casos.

3. ¿Cuánto importa la psicología (las creencias) del (de la) paciente en el tratamiento médico? Entreviste Ud. a un(a) médico(a), o a un(a) estudiante de medicina, para pedirle su opinión. Escriba un ensayo en el que Ud. coincida con (o refute) esta opinión.

4. Cuando Ud. era niño(a), ¿tenía una mascota *(pet)*? ¿Cómo se sintió Ud. cuando se murió? Al estilo de "Al niño enfermo", escriba un poema original en que describa sus emociones frente a la muerte de algo (o alguien) querido.

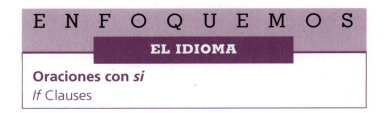

ENFOQUEMOS
EL IDIOMA

Oraciones con *si*
If Clauses

Some *si* (if) clauses often express wishful thinking or hypothetical, contrary-to-fact, or improbable situations. Other sentences with *si* clauses can refer to possible or probable situations.

I. *Si* clauses that express possible or probable situations use indicative tenses only.

Present: **Te llamaré si *llego* a casa temprano.**
I will call you if I get home early.

Imperfect: **Dijo el doctor que si te *relajabas*, te sentirías mejor.**
The doctor said that, if you relaxed, you would feel better.

II. To express a wish or a situation that is hypothetical, contrary-to-fact, or improbable, Spanish uses this form.

> *si* + imperfect subjunctive + conditional

Si tuviera dinero, iría a un hospital mejor.

If I had money, I would go to a better hospital.

The clauses can be reversed, but the imperfect subjunctive always goes with the *si* clause.

> conditional + *si* + imperfect subjunctive

Iría a un hospital mejor si tuviera dinero.

I would go to a better hospital if I had money.

III.   Hypothetical or unlikely situations that could have happened in the past are expressed in Spanish with the perfect forms of the tenses just mentioned.

> *si* + pluperfect subjunctive + conditional perfect

Si hubiera tenido dinero, habría ido a un hospital mejor.

If I had had the money, I would have gone to a better hospital.

IV.   A clause with *como si* denotes a situation that is always contrary to fact; it requires the imperfect subjunctive. The main verb can be in any tense.

Él **vivió** como si cada día fuera el último.
   vivía...
   viviría...
   vivirá...
   ha vivido...
   etc.

A practicar

A. Consejos importantes

Josefina tiene un problema con la tensión nerviosa que le causa su trabajo. Su amigo Arturo le da consejos. Complete las frases con la forma correcta de los verbos entre paréntesis.

Arturo: Josefina, tú vives como si terminar tu trabajo _____ (ser) una cosa de vida o muerte. Y no me mires como si no _____ (querer) escuchar lo que tengo que decirte. No puedo aconsejarte si tú no me _____ (escuchar).

Josefina: Es que tú me hablas como si yo _____ (ser) la culpable de todos los problemas que hay en mi oficina.

Arturo: No, no es eso. Es que si tú no _____ (relajarse) más, te enfermarás.

Josefina: Es que si tú _____ (haber estado) aquí los últimos meses, habrías visto cómo descansé. ¿Tú crees que a mí me gusta sentirme nerviosa todo el tiempo? No me gusta vivir así, pero tengo demasiado trabajo. Pero si tú _____ (continuar) criticándome, me voy a poner más nerviosa.

Arturo: Pues, si tú no _____ (descansar), nunca vas a sentirte bien y terminarás en el hospital. Me preocupo por ti porque me importas mucho. Tienes que dedicar más tiempo a divertirte, a hacer ejercicio, a comer bien y a descansar.

Josefina: Es verdad, Arturo, tienes razón. Trataré de descansar más y de divertirme un poco y empezaré ahora mismo. ¿Aceptas si yo te _____ (invitar) al cine? Iremos si tú _____ (pagar), ¿no?

B. ¿Qué haría usted si...?

Es el momento de imaginar lo que pasaría en ciertas condiciones. Termine las oraciones usando el tiempo verbal en el modelo.

Modelo: Si pudiera cambiar algo en mi vida, yo...
              Si pudiera cambiar algo en mi vida, yo pediría nacer en el año 2020.

1. Si tuviera diez años otra vez, yo...
2. Si yo pudiera viajar a cualquier ciudad en el mundo, yo...
3. Si pudiera cambiar algo en mi universidad, yo...
4. Si tuviera $20,000 para gastar en un día, yo...
5. Mi mejor amigo(a) se enojaría mucho si yo...
6. Mis padres se enojarían mucho conmigo si yo...
7. El mundo sería un lugar perfecto para vivir si...
8. Si yo fuera el presidente de este país, yo...
9. Si hoy fuera el último día de mi vida, yo...
10. Si no hubiera clase de español hoy, yo...

C. Situaciones

Complete las frases en una forma original, usando tiempos diferentes.

1. La esposa al esposo:
   a. ¿Miras el partido de fútbol americano conmigo si... ?
   b. ¿Mirarías el partido de fútbol americano conmigo si... ?

2. Una compañera de cuarto a otra:
   a. ¿Limpiarías el cuarto conmigo si... ?
   b. ¿Limpias el cuarto conmigo si... ?

3. Los padres a sus hijos:
   a. Nosotros nos habríamos jubilado *(retired)* más temprano si...
   b. Esta casa estaría siempre limpia si...
   c. Siempre habría más comida en el refrigerador si...
   d. Les daríamos a ustedes más dinero para divertirse si...

4. Una recién graduada pensando en el futuro:
   a. Si me graduara hoy...
   b. Yo gozaría más de la vida si...
   c. Yo aceptaré un empleo en otra ciudad si...
   d. Nunca voy a trabajar demasiado si...

CHARLEMOS
UN POCO MÁS

A. Solicitamos su opinión: Discusión final

Conteste estas preguntas y luego, hágaselas a un(a) compañero(a) de clase, tuteándose, claro.

1. ¿Qué cosas contribuyen al aumento de las enfermedades hoy en día? (Considere la contaminación del aire, etc.)
2. ¿Qué recomendaciones le daría Ud. a una persona que quiere mejorar su salud? ¿que quiere dejar de fumar o de beber?
3. ¿Qué piensa Ud. de estas cosas?
   a. la acupuntura
   b. el poder de la mente para curarse
   c. la medicina holística
   d. la hipnosis para dejar de fumar, de comer compulsivamente, etc.
4. ¿Qué responsabilidades tiene un gobierno respecto a la salud de sus ciudadanos?
5. ¿Es mejor ser vegetariano(a) o comer carne? Explique.
6. ¿Se pone demasiado énfasis en la salud y en el ejercicio hoy? Explique las consecuencias de poner demasiado énfasis o de la falta de énfasis suficiente en ello. ¿En qué pone Ud. más énfasis, en su salud física o mental?

B. Debate

Formen dos grupos para criticar o defender estas ideas.

1. Los médicos ganan demasiado dinero.
2. Si una persona quiere usar drogas, alcohol, cigarrillos, etc., está en su derecho. Nadie puede determinar lo que es bueno para otra persona.
3. Los adultos son más cobardes que los niños respecto a los médicos.

C. Temas escritos

1. Escriba Ud. una composición bien pensada y desarrollada sobre una de las ideas mencionadas en el ejercicio B.
2. La salud hoy en día debe ser la preocupación principal de un país. Todas las compañías o los grupos que emplean a otras personas deben ofrecer programas de ejercicios, etc., para sus empleados. ¿Qué opina Ud. de esta idea y qué otras sugerencias tiene?

LA ÚLTIMA
PALABRA

Para hablar de cosas relacionadas con la salud

la alergia   allergy
el análisis   test
el catarro   cold
la cirugía   surgery
el (la) cirujano(a)   surgeon
la clínica   clinic, doctor's office
el consultorio   doctor's office
la curita   bandage
el dolor   pain
la enfermedad   illness
el (la) enfermero(a)   nurse
el (la) enfermo(a)   patient
el escalofrío   chill
el estornudo   sneeze
la fiebre   fever
la gripe   flu
la inyección   shot, injection
el jarabe para la tos   cough syrup
el mareo   dizziness
la pastilla   tablet, pill
la píldora   pill
los rayos X   X-rays
la receta/prescripción   prescription
la sala de emergencia   emergency room
la salud   health
la sangre   blood
la tos   cough
el virus   virus

Acciones relacionadas con la salud

aliviar   to heal
aliviarse   to get well
cortarse   to cut oneself
cuidarse   to take care of oneself
desmayarse   to faint
doler (ue)   to hurt
estornudar   to sneeze
fracturarse/quebrarse (ie)   to break (a bone)
lastimarse   to hurt oneself
prescribir/recetar   to prescribe
prevenir (ie, i)   to prevent
sangrar   to bleed
sentirse (ie)   to feel
torcerse (ue)   to twist
toser   to cough
vomitar   to vomit

Para describir cosas/personas relacionadas con la salud

cobarde   cowardly
contagioso(a)   contagious
doloroso(a)   painful
embarazada   pregnant
enfermizo(a)   sickly
enfermo(a)   sick
estomacal   stomach (flu)
grave   serious
hinchado(a)   swollen
incómodo(a)   uncomfortable
inmóvil   still, without movement
malsano(a)   unhealthy
nervioso(a)   nervous
preventivo(a)   preventive
saludable   healthy
sano(a)   healthy

Expresiones útiles

correrle la nariz   to have a runny nose
estar cansado(a)   to be tired
estar de buen/mal humor   to be in a good/bad mood
estar resfriado(a)   to have a cold
guardar cama   to stay in bed
llorarle los ojos   to have watery eyes
no tener apetito   not to be hungry
sufrir de/padecer de...   to suffer from . . .
surtir una receta   to have a prescription filled
tener dolor de...   to have a(n) . . . ache

Viajes y medios de transporte

Charlemos sobre las fotos

1. En la foto a la izquierda donde varias personas están abordando *(boarding)* el avión, ¿a
qué conclusiones puede Ud. llegar, basándose en lo siguiente?

    a. la ropa que llevan los pasajeros
    b. que la mayoría de los pasajeros son
    hombres

2. Mire la foto a la derecha donde las personas
viajan en autobús. ¿A qué conclusiones
puede Ud. llegar, basándose en lo siguiente?

    a. que algunas personas viajan de pie
    b. que algunas personas llevan gafas de sol

3. ¿Cree usted que los pasajeros en el autobús
están cómodos o se ven nerviosos como si
fueran extranjeros?

4. ¿Le gustaría a usted viajar con estas
personas en el autobús? ¿Por qué sí o
por qué no?

5. ¿Prefiere usted viajar en avión, en tren, en
su carro o en autobús? ¿Por qué?

Metas comunicativas

- Pedir información en una agencia de viajes
- Hacer reservaciones para pasajes y hospedajes en un hotel
- Resolver problemas relacionados con los viajes
- Describir viajes que ha hecho

Metas gramaticales

- Reconocer, formar y usar correctamente los siguientes tiempos verbales:
  - presente perfecto de indicativo
  - presente perfecto de subjuntivo
  - pluscuamperfecto de indicativo
- Determinar correctamente qué tiempos del indicativo corresponden a los del subjuntivo

Metas culturales

- Apreciar cómo se recibe al extranjero en el mundo hispano
- Aprender cómo se debe comportar el extranjero que visita un país que no conoce en el mundo hispano
- Distinguir entre los estereotipos y la realidad

Ahora, leamos

- "Canción de jinete" (dos poemas), por Federico García Lorca

VOCABULARIO

PERSONAL

Make a list of words and expressions you used to answer the questions about the photos. Then make a list of terms you remember that have to do with travel. Include vocabulary about air travel, train travel, money and banking needs, hotel accommodations, etc. Finally, make a list of words and expressions you'd like to know to be able to discuss the chapter theme. You may want to refer to the *Appendix* for some ideas.

En contexto

You will now read a conversation between Josefina and María Luisa, who have just returned to the United States from Peru and are about to go through customs at the airport. Although both had a wonderful trip, each had her own special reasons for traveling. As you read, make a list of the different interests of each woman. Before reading, you may want to familiarize yourself with *Palabras prácticas*.

Los intereses de Josefina: _____

Los intereses de María Luisa: _____

Josefina: ¡Qué viaje!, ¿no? ¡Cuánto nos divertimos! Pero tanto mi cartera como yo quedamos agotadas.

María Luisa: Igualmente. Pero me gustaría volver al Perú algún día. Los peruanos son encantadores... y bien guapos, ¿eh?

Josefina: De acuerdo. Y los recuerdos que traemos... de oro y de lana... son preciosos.

María Luisa: Tú y tus gastos. Nos van a tener horas en la aduana con todo lo que tienes que declarar. ¿Para cuántos compraste regalitos?

Josefina: Pues, para muchos. ¡No es que yo sea gastadora, sino que yo soy generosa! Pero lo que sí te agradezco a ti es que hayas planeado el viaje. Me ahorraste mucho en el vuelo. Los boletos de ida y vuelta en clase turista salieron mucho más baratos que en primera clase.

María Luisa: Y realmente no te molestó que nos alojáramos en un hotel modesto en vez de uno de primera categoría, ¿verdad? Eso te dejó más plata para comprar tus regalos.

Josefina: Sí, realmente no me importó que no hubiera ascensor, ni agua caliente, ni servicio de habitación, ni botones para subir el equipaje, ni que no funcionara el ventilador.

María Luisa: ¡Basta de quejas! No pasamos tanto tiempo en el hotel.

Josefina: Tienes razón. Todavía me duelen los pies de tanto caminar.

María Luisa: Así se ve más.

Josefina: Sí. Pero tendremos que volver, quizás en las vacaciones del año que viene. Ahora, volvamos a la realidad. Ay, ¡cuánto pesan las maletas! ¡Y no me cabe todo lo que compré! Por eso me alegro de tener estos bolsones.

María Luisa: Debiste haber dejado los cheques de viajero y las tarjetas de crédito en casa.

Josefina: Recuerda lo que dice American Express: ¡No salga de casa sin su tarjeta!

¿Qué pasó?

1. María Luisa quiere volver al Perú porque _____
2. Josefina gastó mucho dinero en _____
3. María Luisa planeó el viaje en vez de Josefina porque _____
4. En el hotel donde las mujeres se alojaron, había algunos problemas; por ejemplo, _____
5. María Luisa cree que van a pasar mucho tiempo en la aduana porque _____

 Nota cultural

Es muy fácil clasificar a una población por medio de estereotipos. Lo malo es que demasiados juzgan a otros por medio de estas generalizaciones.

En cuanto al hispano, el estereotipo más prevalente es el del hispano perezoso, vestido de campesino, con sandalias y un sombrero grande, que descansa recostado en un cacto. Esto es totalmente falso. Hay variedad en la cultura, la comida (como se exploró en el Capítulo 6) y también en la apariencia física del hispano. Se cree que todos tienen el pelo negro, los ojos café y la piel morena, pero de hecho, hay personas hispanas de diversas apariencias físicas a través del mundo hispano.

Nadie puede aguantar ninguna clasificación que le quite la individualidad. Es la falta de comprensión de otras culturas o de otras personas la que contribuye a la formación de estereotipos.

Palabras prácticas

Para hablar de cosas relacionadas con los viajes

la aduana   customs
el ascensor   elevator
el boleto/pasaje   ticket
el bolsón   handbag

el botones   bellhop
la cartera   wallet
el equipaje   luggage
el gasto   expense
la maleta   suitcase
el maletín   small suitcase
la plata   silver, money
el recuerdo   memory; souvenir
el regalito   small gift
el servicio de habitación   room service
la tarjeta de crédito   credit card
el ventilador/abanico   fan
el viaje   trip
el vuelo   flight

Para hablar de acciones relacionadas con los viajes

agradecer   to be grateful for
alojarse   to stay in a hotel
caber   to fit
funcionar   to function

marearse   to feel nauseous
pesar   to weigh
subir   to climb, take up

Para describir cosas/personas relacionadas con los viajes

agotado(a)   exhausted
barato(a)   inexpensive
encantador(a)   charming

gastador(a)   spendthrift
caro(a)/costoso(a)   expensive

Expresiones útiles

de ida y vuelta   round-trip
de primera categoría   first class
hacer escala   to make a stopover

I N V E S T I G U E M O S

UN POCO

Word Formation

There are many words with related forms in this chapter's vocabulary. Here, the different forms are given to you. Complete the sentences.

1. **gastar, el (la) gastador(a), gastado**
   He _____ todo mi dinero. ¡Soy una _____ terrible!
2. **encantar, encantador(a), encantado**
   Nos _____ la ciudad de México. Estamos _____ de conocer a la gente _____.
3. **alojar, el alojamiento**
   ¿Prefiere _____ barato o de primera categoría?
4. **viajar, el viaje, viajero(a)**
   A Raúl le gustan _____ largos. Él sabe _____; es un _____ experto.
5. **volar, el vuelo**
   A mí me encanta _____. Mañana _____ a las Islas Baleares. Hay tres escalas en _____.

Be Careful with These Words!

1. *Largo(a)* is a false cognate meaning "long." "Large" is *grande.*

2. Although *extranjero(a)* means "foreigner" or "foreign,*" forastero(a)* refers to an "outsider" or "out-of-towner." Both are used as nouns or adjectives.

3. *Gastar* means to spend money, energy, etc., and *pasar* means to spend time. *Gastar* can also mean "to exhaust," and in that sense, it is synonymous with *agotar.*

4. *El boleto/el pasaje* is "ticket" in Latin America, and *el billete* is "ticket" in Spain. *El billete* also refers to bills (money) in all of the Hispanic world. Note that *el pasaje* cannot be used to mean ticket to a theatre, movie, etc.

5. *Caber,* "to fit," has an irregular first-person form: *quepo.* The preterite stem is *cup-* (*-e, -iste, -o, -imos, -ieron*).

6. *Plata,* meaning "silver," is also used in many dialects to mean "money."

7. Do not confuse the verbs *funcionar* and *trabajar. Funcionar* means "to work" (machines); *trabajar* means "to work" (people).

8. *El (La) guía* is a person who works as a guide. *La guía* also means "guide-book."

9. The word *regalito* is formed from *regalo* with the diminutive ending *-ito.* Diminutives are very common in Spanish and suggest smallness of size, lesser degree of importance, or affection. The most common diminutive suffixes are *-ito, -illo,* and *-ico* and their feminine forms. Here are some guidelines to form diminutives.

a. Words ending in *-a, -o,* or a consonant (except *n* or *y*) usually add *-ito, -illo, -ico,* or *-in* to the final consonant.

regalo → regalito   regalos → regalitos

b. Words ending in *-e, -n,* or *-r* add *-cito* or *-cillo* to the word.

estación → estacioncita   verde → verdecito

c. Monosyllabic words ending in a consonant and words containing diphthongs add *-ecito* to the final consonant.

pez → pececito   nuevo → nuevecito

d. Spelling changes must be observed.

chico → chiquito   juego → jueguito   cruz → crucecita

Make diminutives from the following words.

1. el avión
2. la tarjeta
3. el retraso
4. la maleta

5. el recuerdo
6. barato
7. el viaje

8. el hotel
9. el libro
10. el pueblo

Los colombianos llaman a sus autobuses "Chiva".
Un autobús más pequeña se llamaba "Chivita".

A practicar

A. Un librito para turistas

Este librito ofrece consejos para viajeros. Cambie las palabras en letra bastardilla por sinónimos del vocabulario.

1. Si Ud. es *de otro país,* necesitará un pasaporte.
2. Antes de salir para el viaje, debe decidir dónde va a *pasar la noche* y hacer una reservación.
3. Si Ud. *se pone enfermo(a) con el movimiento,* debe tomar precauciones antes de volar.
4. Es una buena idea llevar *un pedazo de plástico que sirve de dinero* para identificación.
5. Después de aterrizar, vaya *al lugar donde se inspecciona el equipaje.*
6. En el aeropuerto también hay *lugares que convierten dinero extranjero en dinero del país.*
7. Tenga cuidado de no *agotar* todo su dinero en caso de una emergencia.

B. Definiciones

Ud. es agente de viajes. Entra en su oficina un cliente que va a viajar por primera vez. Explíquele las siguientes palabras para que él las entienda bien.

Modelo: una llave
        Lo que se necesita para poder abrir una puerta.

1. la tarjeta de embarque
2. el auxiliar de vuelo / la azafata
3. un boleto de ida y vuelta
4. un pasaporte
5. una demora
6. casa de cambio
7. una escala
8. los cheques de viajero
9. en primera clase / clase turista
10. el recuerdo

C. Una encuesta personal

Conteste las siguientes preguntas. Luego, hágaselas a un(a) compañero(a) de clase, tuteándose, claro. ¡A ver si tienen intereses similares!

1. ¿Sueña Ud. con viajar? ¿Adónde? Describa su idea de un viaje ideal.
2. ¿Cómo quiere viajar: en primera clase o en clase turista? ¿Por qué?
3. ¿Prefiere volar o ir en tren? ¿Por qué?
4. ¿Le importa mucho o poco el tipo de alojamiento? Explique. ¿Prefiere Ud. un hotel donde hay botones para subir el equipaje o no? ¿Por qué?
5. ¿Prefiere Ud. el servicio de habitación o comer fuera? ¿Por qué?
6. ¿A qué países quiere Ud. ir? ¿Adónde no quiere ir?
7. ¿Qué prefiere usar: dinero en efectivo, tarjetas de crédito o cheques de viajero? ¿Por qué?
8. Cuando viaja, ¿lleva mucho o poco equipaje? ¿Por qué? ¿Usa bolsones cuando viaja? ¿Para qué?

9. Cuando viaja, ¿cuándo se pone de muy buen humor? ¿de muy mal humor?
10. Cuando está de viaje, ¿saca muchas fotos? ¿De qué?
11. Cuando está de viaje, ¿a quién(es) le(s) envía tarjetas postales?
12. ¿Ha tenido alguna vez un viaje memorable? ¿Adónde fue y qué hizo?

D. Encuentros personales

1. A customer goes to buy a round-trip ticket on a nonstop flight. He or she gives the destination and asks what time the flight leaves and arrives. The employee asks which class of ticket the customer wants and if he or she wants the smoking or nonsmoking section. Role-play the conversation.
2. The conductor on a train asks a passenger for his or her ticket. The passenger hasn't bought one yet and asks if it is possible to buy one now. The conductor asks where the passenger is going and says that he or she can buy a ticket. The passenger needs to know the cost, what time the train arrives, and so on.
3. One person is the desk clerk in a hotel, and the other is a potential customer. The customer, who will be traveling with a friend, asks a lot of questions about the hotel. Suggestions for things to discuss: prices, room service, cleanliness, adapters needed for electric appliances, etc.
4. One person is a travel agent. The other is a customer planning a special trip. Discuss places to go, prices, accommodations, etc.

ENFOQUEMOS

EL IDIOMA

El presente perfecto de indicativo y de subjuntivo
Present Perfect Indicative and Subjunctive

I. As we discussed in an earlier chapter, the use of the perfect tenses in Spanish corresponds approximately to the use of perfect tenses in English. The present perfect indicative in Spanish is used to imply that a completed action has continuing effects in the present.

Yo no he viajado mucho.   I have not traveled much (until now).

The present perfect indicative is formed with the verb *haber* in the present indicative and a past participle

he	
has	
ha	+ *past participle*
hemos	
han	

➡ *Ojo*: In the formation of perfect tenses, the past participle does not change gender and always ends in *o* since it functions as a verb and not as an adjective.

Josefina todavía no ha comprado su boleto.

Josefina has not bought her ticket yet.

➡ *Ojo*: Pronouns (reflexive, object) cannot be attached to the past participle; they go directly before the conjugated verb *haber*.

—¿Me ha hecho usted las reservaciones en el hotel?
—No, no *se las* he hecho.

—Have you made my hotel reservations?
—No, I have not made them for you.

II. The present perfect subjunctive is used like the present perfect indicative, except that it is used in situations when the subjunctive is required (noun, adjective, adverbial clauses, etc.).

¿Cómo es posible que usted haya perdido mi pasaporte?

How is it possible that you have lost my passport?

To form the present perfect subjunctive, the verb *haber* is used in the present subjunctive, and a past participle is added.

haya	
hayas	
haya	+ *past participle*
hayamos	
hayan	

A practicar

A. En el aeropuerto

Complete las frases con el verbo entre paréntesis en el presente perfecto de indicativo.

1. Esos viajeros _____ _____ (perder) sus maletas, por eso están de mal humor.
2. Las azafatas _____ _____ (hacer) todo lo posible por encontrarlas.
3. El representante de la aerolínea les _____ _____ (pedir) a esos viajeros que llenen *(fill out)* una forma para reclamarlas *(claim)*.
4. Los viajeros _____ _____ (escribir) las formas necesarias, pero están seguros de que no van a recibir el valor completo de sus maletas y las cosas que llevaban.
5. ¿_____ _____ (tener) usted alguna vez la misma mala suerte de perder sus maletas?
6. ¿_____ _____ (viajar) usted mucho en avión?

B. Antes de viajar

Josefina está nerviosa porque sale mañana en un viaje de negocios a Buenos Aires. Ella ha hecho una lista de las cosas que tiene que hacer antes de salir. Imagínese que usted es Josefina y que cada vez que hace una cosa, se dice a sí misma "ya" y la tacha (crosses it out) *de la lista.*

Modelo: ¿Preparar mis maletas?
              Ya las he preparado.

1. ¿Hacer las reservaciones en el hotel? Ya _____.
2. ¿Poner los boletos en mi bolsa? Ya _____.
3. ¿Planchar mi ropa? Ya _____.
4. ¿Empacar mi maletín? Ya _____.
5. ¿Pagar todas mis cuentas antes de irme? Ya _____.
6. ¿Llamar a mi madre? Ya _____.
7. ¿Cambiar dinero en el banco? Ya _____.
8. ¿Comprar cheques de viajero? Ya _____.
9. ¿Llevar a mis perros a casa de mi hermano? Ya _____.
10. ¿Escribirle una nota a mi vecina para que recoja el correo? Ya _____.

C. ¡Detalles! ¡Detalles!

Las frases siguientes requieren el subjuntivo. Termínelas usando el presente perfecto de subjuntivo para expresar algunas de las preocupaciones que tiene Josefina acerca de su viaje.

Modelo: Ojalá que el gerente de la compañía que voy a visitar
_____ _____ (recibir) mi carta.
Ojalá que el gerente de la compañía que voy a visitar
haya recibido mi carta.

1. Espero que antes de salir yo _____ _____ (resolver) todos los problemas que tengo en la oficina.
2. No creo que mi secretaria _____ _____ (terminar) todo el trabajo que le di.
3. Espero que mi jefe _____ _____ (escribir) la carta de presentación que debo llevar.
4. Es importante que yo _____ _____ (estudiar) toda la información necesaria acerca de la compañía que voy a visitar.
5. Siento que yo no _____ _____ (tener) tiempo de escribirles a mis amigos en Buenos Aires y decirles que voy.
6. Me sorprende que el hotel donde hice mis reservaciones no las _____ _____ (confirmar) con una carta.
7. Ojalá que el periódico no se _____ _____ (equivocar) en el pronóstico del tiempo en Buenos Aires para esta semana.
8. ¡Bueno! Cuando el avión _____ _____ (despegar), ya podré respirar tranquila.

¿Y qué más?

Hemos cancelado todos los vuelos a Buenos Aires. Hemos tratado de encontrarle pasaje en otra aerolínea, pero no hay. La hemos llamado a su casa varias veces, pero no la hemos encontrado.

El pluscuamperfecto de indicativo
Pluperfect Indicative

The pluperfect (also called the past perfect) is formed in the same manner as the present perfect, but the verb *haber* is used in the imperfect tense, followed by a past participle. This tense illustrates an action that occurred before another in the simple preterite or imperfect tense.

En el hotel me dijeron que no habían recibido mi carta.

They told me at the hotel that they had not received my letter.

In this example, *habían recibido* is the action that happened before the second action, *me dijeron*.

había		
habías		
había	+	*past participle*
habíamos		
habían		

A practicar

A. ¡Por fin en Buenos Aires!

Josefina llega finalmente a Buenos Aires y pasa allí una semana. Además de trabajar, Josefina tiene tiempo de hacer cosas que no había hecho en su viaje anterior a la Argentina. Forme oraciones para describir las cosas nuevas que Josefina hizo esta vez.

Modelo: Josefina / visitar / estancia en el campo
                Josefina nunca había visitado una estancia en el campo.

1. Josefina / aprender a bailar / tango
2. ella / tomar / mate *(tea)* típico argentino
3. ella / comer / carne preparada al estilo argentino
4. ella / asistir / a una función de ballet en el famoso Teatro Colón
5. ella / visitar / la Casa Rosada, equivalente a la Casa Blanca en Washington, D.C.

B. El último día en Buenos Aires: ¡Más mala suerte!

Los planes de Josefina para su último día en Buenos Aires no se lograron porque volvió a tener mala suerte. Escriba lo que le pasó en su último día.

Modelo: Josefina quería tomar el autobús para ir a la oficina.
(cuando / llegar a la parada / el autobús / ya salir)
Cuando llegó a la parada, el autobús ya había salido.

1. Josefina salió sin paraguas.
   (cuando / salir a la calle / ya empezar a llover)
2. Quería tomar un café antes de ir a la oficina.
   (cuando / tratar de pagar / descubrir que / olvidar su dinero)
3. Tenía que llamar a sus amigos para despedirse.
   (cuando / querer llamarlos / encontrar que / dejar el número en el hotel)
4. Pensaba darles una pequeña fiesta a los empleados de la compañía.
   (cuando / llamar a los empleados / ellos ya salir de la oficina)
5. Josefina decidió regresar al hotel.
   (cuando / salir a la calle / ya no llover y / el sol / salir)

C. Una discusión

Formen grupos para hablar de lo siguiente.

Muchos norteamericanos, cuando viajan, proyectan la imagen del "americano feo *(ugly)*". ¿Qué causa esta imagen? ¿Hay personas de otros países que proyecten la misma imagen, o son solamente los norteamericanos? ¿Qué tiene que ver la lengua con esta imagen negativa? ¿Es una imagen verdadera o un estereotipo? ¿Qué pueden hacer los norteamericanos para cambiar esta imagen?

D. Temas escritos

1. Organice sus ideas del ejercicio C y luego escriba un ensayo bien desarrollado.
2. Describa en detalle un viaje fantástico o desastroso que Ud. haya hecho con un(a) amigo(a) o con su familia.
3. Planee un viaje que piensa hacer en el futuro. Explique lo que quiere ver y hacer.
4. Ud. es agente de viajes. Escriba un folleto *(pamphlet)* que promueva un lugar que Ud. recomendaría para hacer un viaje.

Para su comprensión

The *jinetes* of Spain (similar to cowboys) are known for the solitary life they lead, riding the open plains and masters of their own destiny. The poems you are about to read deal with a *jinete* and his arduous ride to Córdoba. As you read the poems, keep in mind the strong relationship the *jinete* has with his horse and with nature, the two most important elements of his existence.

Antes de leer

1. Piense en cómo debe ser la vida de un jinete, montado a caballo en comunión con la naturaleza. ¿Qué imágenes evoca en Ud.? Haga una lista de adjetivos para describir su vida. Compare su lista con lo que Ud. encuentra en los poemas al leerlos.

2. El poeta emplea ciertos colores para crear un ambiente *(atmosphere)* específico. Haga una lista de los colores que emplea García Lorca en los dos poemas que siguen. Basado en su lista, ¿qué tipo de ambiente crea el poeta?

....

Federico García Lorca (1898–1936), artista español, fue fusilado por las fuerzas fascistas durante la Guerra Civil (1936–1939) aunque no estuvo asociado con ningún partido político. Fue muy prolífico para su edad: trabajó en verso, prosa, música y dibujo. Nació en la ciudad de Granada, hogar de las cuevas gitanas y el último reino de los árabes hasta 1492. Como resultado, sus temas recurrentes incluyen la vida de los gitanos españoles y de los caballeros/jinetes tradicionales. Pertenece al grupo de autores que se llama la Generación del '27.

....

jinete persona que monta a caballo

Canción de jinete° (dos poemas)

por Federico García Lorca

Córdoba.
Lejana y sola.

jaca caballo
alforja bolsa con provisiones para el camino

      Jaca° negra, luna grande,
y aceitunas en mi alforja.°
Aunque sepa los caminos
5   yo nunca llegaré a Córdoba.

      Por el llano, por el viento,
jaca negra, luna roja.

10 La muerte me está mirando
    desde las torres de Córdoba.

        ¡Ay qué camino tan largo!
    ¡Ay mi jaca valerosa!
    ¡Ay que la muerte me espera,
    antes de llegar a Córdoba!

15   Córdoba.
    Lejana y sola.

    ....

    En la luna negra
    de los bandoleros,°   **bandolero** bandido
    cantan las espuelas.°   **espuela** *spur*

20   Caballito negro.
    ¿Dónde llevas tu jinete muerto?

        ...Las duras espuelas
    del bandido inmóvil
    que perdió las riendas.°   **rienda** *rein*

25   Caballito frío.
    ¡Qué perfume de flor de cuchillo!

        En la luna negra
    sangraba el costado
    de Sierra Morena.

30   Caballito negro.
    ¿Dónde llevas tu jinete muerto?

        La noche espolea°   **espolear** usar
    sus negros ijares°   espuelas
    clavándose° estrellas.   **ijar** *flank*
                                                  clavar(se) fijar(se)

35   Caballito frío.
    ¡Qué perfume de flor de cuchillo!

        En la luna negra,
    ¡un grito! y el cuerno°   **cuerno** *horn*
    largo de la hoguera.°   **hoguera** fuego

40   Caballito negro.
    ¿Dónde llevas tu jinete muerto?

Reaccionemos

¿Comprendió Ud. el primer poema?

1. ¿Cómo es el paisaje alrededor de Córdoba?
2. ¿Por qué nunca llegará el jinete a Córdoba?

¿Comprendió Ud. el segundo poema?

3. ¿Qué representa la "flor de cuchillo"?
4. ¿Cómo murió el jinete?
5. ¿Qué representa "el cuerno largo de la hoguera"?

Solicitamos su opinión

1. ¿Hay una relación entre los jinetes de los dos poemas? ¿Cuáles son las semejanzas? ¿Las diferencias?
2. ¿Qué opina Ud. de los poemas? ¿Son trágicos? ¿Por qué sí o por qué no?
3. ¿Qué colores predominan en los poemas? En su opinión, ¿cuál es el significado de los colores?
4. En el segundo poema, ¿hay una relación entre el caballito y la noche? ¿Qué relación existe? Cite ejemplos específicos.

Temas escritos

1. ¿Sabe Ud. algo de España? Vaya a la biblioteca para investigar sobre la ciudad de Córdoba. ¿Por qué es famosa esta ciudad en términos históricos? En un ensayo, relacione la historia con los dos poemas de García Lorca. En su opinión, ¿por qué escogió el poeta Córdoba como trasfondo de los poemas?
2. Un jinete pasa una gran parte de su vida montado a caballo, tanto que el animal llega a ser una parte íntegra de él. Escriba una composición (o un poema original) en que Ud., como el jinete, dé tributo al caballo. ¿Qué importancia tiene el caballo en la vida del jinete? Sea específico(a) en los papeles *(roles)* que juega el caballo (además de ser un medio de transporte).
3. ¿Le gusta a Ud. montar a caballo? Piense Ud. en la lista de adjetivos que hizo antes de leer los poemas. Escriba un poema original en que destaque los sentimientos que Ud. tiene al estar montado(a) a caballo. Use muchos adjetivos para que sea descriptivo.
4. Tanto estos poemas como el poema "Al niño enfermo" *(**Ahora, leamos**, Capítulo 10)* se tratan de la muerte. ¿Encuentra Ud. alguna semejanza entre los poemas? Lea "Al niño enfermo" otra vez y haga referencia a sus respuestas a las preguntas relacionadas con él. En un ensayo, compare y contraste la presentación de la muerte y los sentimientos que evocan los dos poetas.

EL IDIOMA

Correspondencia de los tiempos verbales con el subjuntivo

Sequence of Tenses with the Subjunctive

The use of the tenses in the subjunctive is determined by the tense of the verb in the independent clause (indicative). The following chart can help you determine the correspondences between tenses.

Independent Clauses (Indicative)	Dependent Clauses (Subjunctive)
Present Present perfect Command Future Future perfect	Present or present perfect subjunctive
Preterite Imperfect Pluperfect Conditional Conditional perfect	Imperfect or pluperfect subjunctive

I. When the main action takes place now or in the future and the dependent action is happening now or subsequently, use the present subjunctive.

Ella me pide que le compre una maleta nueva.	She asks me to buy her a new suitcase.
Ella me pedirá que le compre una maleta nueva.	She will ask me to buy her a new suitcase.

II. If the main action takes place now or in the future, but the dependent action was completed at an earlier time, use the present perfect subjunctive.

No creo que ella me haya pedido una maleta nueva.	I don't believe that she asked me for a new suitcase.
Ella se sorprenderá de que yo no le haya comprado una maleta nueva.	She will be surprised that I did not buy her a new suitcase.

III. When the main action is in the past and the dependent action happened concurrently or later, use the imperfect subjunctive.

Me pidió que le comprara una maleta nueva.

She asked me to buy her a new suitcase.

A practicar

A. Sueños vs. la realidad

Cuando Ud. planea un viaje, quiere tener todo lo mejor, pero a veces es necesario ser flexible porque las cosas no siempre resultan como uno las quiere. En parejas o en grupos pequeños, escriban oraciones en el pasado usando el subjuntivo en la cláusula dependiente diciendo lo que usted quería y lo que pasó.

Modelo: **Esto quería:** En mi último viaje a Cancún yo había pedido que me dieran un cuarto grande, tranquilo, con baño y vista al mar.
Esto encontré: Me molestó mucho que me dieran un cuarto pequeño, sin baño y muy ruidoso porque daba a la calle.

B. Encuesta personal

Conteste las preguntas y luego hágaselas a un(a) compañero(a) de clase, tuteándose, claro.

1. ¿Viaja Ud. tanto hoy como cuando era niño(a)?
2. ¿Adónde viajaría si descubriera que es más/menos rico(a) hoy que ayer?
3. ¿Cómo serán sus vacaciones cuando tenga más dinero que ahora?
4. Si pudiera, ¿adónde iría? ¿Por qué?
5. ¿Son los hombres más/menos solícitos viajeros que las mujeres? Explique.
6. ¿Qué puede hacer alguien para ahorrar más dinero para poder viajar?
7. ¿Está Ud. más/menos nervioso(a) cuando viaja por avión o por tren? ¿Por qué?
8. ¿Quiere Ud. viajar más en el futuro? ¿Por qué?
9. ¿Cree Ud. que es mejor ir a un país cuyo idioma Ud. habla o no? Explique.

CHARLEMOS
UN POCO MÁS

A. Solicitamos su opinión

1. ¿Qué recomendaciones le haría Ud. a una persona que quiere viajar?
2. Ud. va a hacer un viaje y puede llevar solamente una maleta. ¿Qué pondría en la maleta y por qué? ¿Qué no cabe y por qué?
3. En los Estados Unidos, existe la tendencia a depender demasiado del carro. ¿Qué resultado produce esto? ¿Qué otras formas de transporte se necesitan? ¿Cómo se viajará en el futuro?
4. ¿Qué problemas puede causar el dinero respecto a los viajes? ¿Qué beneficios puede ofrecer?
5. ¿Qué necesita saber una persona para viajar por un país extranjero sin problemas?
6. ¿Con qué debe tener cuidado un(a) viajero(a)? ¿Por qué?

B. Actividades para grupos

1. Preparen Uds. un anuncio de radio que promueva un hotel, una agencia de viajes o un viaje específico. Grábenlo en una cinta.
2. Planeen un itinerario para el viaje ideal. Incluyan una descripción del hotel, los gastos, los medios de transporte y las actividades día por día. Luego, preséntenle su viaje a la clase.

C. Temas escritos

1. Escríbale una carta a una agencia de viajes, quejándose del viaje que ellos le planearon. Experimentó Ud. desastre tras desastre. El avión llegó tarde, se le perdió el equipaje, el hotel no tenía su reservación y por eso tuvo que buscar otro hotel, etc.
2. Prepare Ud. un folleto turístico que describa la ciudad en que vive o en que está su universidad. Tiene que recomendarle al (a la) lector(a) los lugares de interés, las actividades que puede hacer y por qué debe visitar este lugar.
3. Una compañía de autobús (tren, ferrocarril o avión) quiere anunciar sus nuevos servicios. Prepare un anuncio para el periódico o para una revista.

Cosas relacionadas con los viajes

el adaptador   adapter
la aduana   customs
la aerolínea   airline
el andén   platform
el ascensor   elevator
el autobús   bus
la azafata   flight attendant
el billete   ticket
el boleto   ticket
el bolsón   handbag
el botones   bellhop
la cartera   wallet
el (la) conserje   concierge
la demora   delay
el equipaje   luggage
la escala   stopover
la estación   station
el (la) extranjero(a)   foreigner
el ferrocarril   train, railroad
el (la) forastero(a)   out-of-towner
el gasto   expense
el (la) guía   guide (*person*)
la guía   guidebook
la habitación   hotel room
la llave   key
la maleta   suitcase
el maletín   small suitcase
el metro   subway
el pasaje   ticket
el pasaporte   passport
la plata   silver, money
la recepción   front desk (*hotel*)
el (la) recepcionista   desk clerk
el recuerdo   souvenir, memory
el retraso   delay
el sobrecargo   flight attendant
el ventilador   fan
el viaje   trip

el (la) viajero(a)   traveler
el vuelo   flight

Acciones relacionadas con un viaje

abordar   to board (a plane)
agotar   to exhaust (one's patience, etc.)
agradecer   to be grateful for
alojarse   to lodge
asegurarse   to make sure
aterrizar   to land
caber   to fit
despegar   to take off *(plane)*
empacar   to pack
funcionar   to work, function
gastar   to spend (money)
hacer escala   to make a stopover
marearse   to become nauseous
pasar   to spend (time)
pesar   to weigh
subir   to climb, take up, increase
volar (ue)   to fly

Para describir cosas/personas relacionadas con un viaje

agotado(a)   exhausted
atento(a)   courteous, helpful
barato(a)   inexpensive
caro(a)/costoso(a)   expensive
concurrido(a)   crowded
encantador(a)   charmin
extranjero(a)   foreign
largo(a)   long

Expresiones útiles

a tiempo   on time
casa de cambio   money exchange office
cheque de viajero   traveler's check
clase turista   tourist class
con retraso/demora   late
de ida y vuelta   round-trip
de primera (categoría)   first-rate, first-class
es hora de ...   it's time to . . .
estación de autobús   bus depot
estación de ferrocarril   train station
por avión   by plane
tarjeta de embarque   boarding pass

La ecología: Problemas universales

Charlemos sobre la foto

En la foto vemos un aspecto de la naturaleza que todos admiramos y de los cuales todos queremos gozar —el agua. Sin embargo, nuestro planeta Tierra está en peligro.

Trate de contestar las siguientes preguntas. Las respuestas le sorprenderán. ¡Adivine usted!

1. ¿Cuántos árboles cree usted que una persona usa al año en papel, madera y otros productos? **a.** uno **b.** medio **c.** siete

2. ¿Cuántos metros cuadrados por minuto cree usted que se talan *(cut)* en las selvas *(jungles)* alrededor del mundo? **a.** 200 **b.** 4.000 **c.** 50.000

3. Si todas las personas en los Estados Unidos reciclaran el periódico del domingo, se salvarían en total a la semana **a.** 15 árboles **b.** medio millón de árboles **c.** un árbol

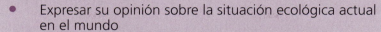
- Expresar su opinión sobre la situación ecológica actual en el mundo
- Discutir las formas en que se pueden reducir los problemas ambientales

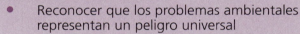

Metas gramaticales

- Usos del verbo *haber*
- El gerundio

Metas culturales

- Reconocer que los problemas ambientales representan un peligro universal
- Reconocer que la solución a los problemas ecológicos es la responsabilidad de todos

Ahora, leamos

- "Un suicida", por Marcos Victoria

Respuestas: 1. (c) siete 2. (b) 4.000 3. (b) medio millón de árboles

VOCABULARIO
PERSONAL

List words and expressions that you think you would need to discuss the environmental problems of today in Spanish. Many of these words are cognates, that is, words that are very similar in both languages and have the same meaning. Therefore, you might venture to "invent" words taken from the English relating to the environment. You might recall some of the equivalents in Spanish/English cognates, such as *-tion* = *-ción*, *-ly* = *-mente*, and *-gy* = *-gía*. You can also refer to the *Appendix* for additional vocabulary.

En contexto

You will now read (and hear) a dialogue between Arthur and Josefina, who are discussing the local water shortage resulting from an effort on the part of the city to conserve water.

¿Se está agotando el agua?
Arturo llega corriendo a la cita que tiene con Josefina para ir al cine. Está preocupado porque viene con más de media hora de retraso.

Arthur: ¡Perdóname que llegue tan tarde, Josefina! ¡No vas a creer lo que me pasó! Estaba arreglándome para nuestra cita, y cuando empecé a ducharme, ¡nada! ¡No había agua! ¡Ni una gota! ¡Imagínate! ¡No sabía qué hacer! ¡Y no quería venir a verte sin antes ducharme porque estaba muy sucio después de trabajar reparando mi coche. Espero que no estés muy enojada conmigo.

Josefina: Bueno... Enojada no, pero algo preocupada sí. No podía imaginarme qué te había pasado, sabiendo lo puntual que has sido desde que te conozco. ¿Cómo resolviste el problema?

Arthur: Gracias por esperarme, Josefina. Temía que ya te hubieras ido. Me tomó mucho tiempo llegar hasta aquí porque he manejado desde la casa de Luis y Rufina. Los llamé para preguntarles si podía bañarme en su casa y ¡claro! me dijeron que sí. Luis me recordó que de hoy en adelante no habrá agua por unas horas en determinados días de la semana, según la colonia donde vives. ¡Se me había olvidado por completo!

Josefina: Es verdad, recibí un aviso esta semana. Mañana es el día que me toca a mí estar sin agua por unas horas. Es una medida que la ciudad ha decidido tomar para ahorrar un poco de agua y combatir la escasez que nos amenaza a todos. Pero es increíble cómo nos sentimos perdidos sin agua, ¿no?, aunque sea sólo por unas horas.

Arthur: Sí, es cierto. ¡Qué lata es no tener agua! Pero no hay remedio. Hay que hacer algo, porque si no la conservamos, tendremos cada día menos.

Josefina: Lógico. Cada día hay más personas en el mundo que usan agua, y ésta no va en aumento. Lo peor es que estamos contaminando con basura y pesticidas el agua que ahora tenemos.

Arthur: Sí, es un problema muy serio. ¿Sabes? El otro día leí en una revista un artículo donde daban ejemplos de lo que puede hacer cada uno de nosotros para conservar un poco el agua y proteger el medio ambiente en general. Debes leerlo. Tiene muy buenas ideas. Mis intenciones eran adoptar unas de esas ideas y empezar a cambiar mi modo de vivir un poco, pero me he olvidado de hacerlo. La experiencia de hoy es un buen recordatorio. Si todos hacemos nuestra parte, algo se logrará, ¿no crees?

Josefina: Sí. Es necesario hacer unos cambios en nuestra manera de vivir. Por mucho tiempo hemos estado viviendo sin pensar en las consecuencias de lo que hacemos.

Arthur: Bueno, te contaré más de lo que decía el artículo acerca de cómo salvar el medio ambiente. ¿Por qué no caminamos un poco? La película que íbamos a ver ya empezó y ahora tenemos que esperar un buen rato a que empiece la siguiente.

Josefina: Bien, vamos. ¿Sabes? Este incidente me hizo recordar ese dicho que dice, "Nadie sabe lo que vale el agua hasta que se seca la noria". ¿Lo conoces? Me gustan mucho los dichos. No sabes lo esencial que son en nuestra cultura. Pero ése es tema para otro día...

¿Qué pasó?

1. ¿Por qué viene Arturo corriendo?
2. ¿Está enojada Josefina?
3. ¿Qué problema tuvo Arturo? ¿Cómo lo solucionó?
4. ¿Qué le recordó Luis a Arturo?
5. ¿Qué piensa usted de la medida *(measure)* que decidió tomar la ciudad donde vive Arturo? ¿Hacen lo mismo donde usted vive? ¿Qué se hace en su ciudad para conservar el agua?

Palabras prácticas

Para hablar acerca del medio ambiente

el aviso   notice
el cambio   change
la colonia   neighborhood
el dicho   saying
la escasez   shortage
el incidente   incident
la medida   measure, action
el medio ambiente   environment
el modo   manner, style

la noria   well
el pesticida   pesticide
el recordatorio   reminder
el retraso   delay

Acciones relacionadas con el medio ambiente

adoptar   to adopt
ahorrar   to save
amenazar   to threaten
conservar   to save, preserve
contaminar   to contaminate, pollute
contar (ue)   to relate, tell
lograr   to attain, reach
proteger   to protect
salvar   to save

Para describir lo relacionado con el medio ambiente

contaminado(a)   contaminated
determinado(a)   specific
serio(a)   serious

Expresiones útiles

un buen rato   a long while
de hoy en adelante   from now on
ir en aumento   to increase
el modo de vivir   way of life
¡Muy cierto!   True!
ni una gota   not even a drop
No hay más remedio.   There is no way out.
por completo   completely
¡Qué lata!   What a nuisance!

I N V E S T I G U E M O S

UN POCO

Equivalents of *how*

1. *Lo* + an adjective + *que* in Spanish can mean "how" in an emphatic sense. The adjective agrees with the noun being described.

No podemos creer lo escasa que está el agua.	We cannot believe how scarce water is.
¡Es increíble ver lo alto que está ese árbol!	It is incredible to see how tall that tree is!
Nadie acepta lo serios que son los problemas ambientales.	Nobody accepts how serious the environmental problems are.

2. *Que* + an adjective is equivalent to "How... !"

¡Qué bella es la naturaleza!	How beautiful nature is!
¡Qué secos están los campos!	How dry the fields are!

3. *Que* + a noun + *tan* + an adjective is another way to express "How... !" or "What a... !"

¡Qué día tan lindo!	What a beautiful day!

4. Sometimes *más* is used to replace *tan*.

¡Qué día más lindo!	What a beautiful day!

Can you make exclamations with the following using *¿qué?* Try the different possibilities outlined in items 1, 2, and 3.

a. agua / sucia

b. clima / perfecto

c. ambiente / contaminado

d. aire / puro

e. Arturo / puntual

Cognates

Cognates are useful tools that help readers recognize as well as "create" new words. Here are some common equivalencies for English/Spanish word endings, although there are exceptions.

English	Spanish	English	Spanish
-ance	*-ancia*	-ent	*-ente*
-gy	*-gía*	-ist	*-isto(a)*
-tion	*-ción*	-ude	*-ud, -ad*
-um	*-io, -o*	-ny	*-io, -ia*
-ly	*-mente*	-ed	*-ado(a), -ido(a)*
-ious	*-io(a)*	-tor	*-dor(a)*
-ty	*-dad*	-ive	*-ivo(a)*
-ry	*-rio(a)*	-ete	*-eto(a)*

Using the list as reference, can you guess the Spanish equivalents for the following English words?

contamination	substance	serious
destruction	abundance	prevalent
restriction	vegetation	apparent
pollution	concrete	destructive
solution	energy	extinction
sanitary	aluminum	inevitably
normally		

There will be a few spelling changes in some cases, but for the most part, you will be able to guess correctly.

➡ *Ojo:* Remember that Spanish does not use pairs of consonants like *bb, dd, ff, gg, ss, tt, pp* in English, which produce only one sound. For example, the English word "**imm**ortal" in Spanish is *inmortal*. The only two consonants used in this manner in Spanish are *nn*, which result from the fusion of two words or of a prefix that ends in *n* and a word that begins in *n*. Other double consonants in Spanish and their corresponding sounds are *rr* (erre), *cc* (ks), *ll* (elle), but these are considered to be one letter and cannot be divided into two separate syllables. The combination *cc* produces two separate sounds: *ks* (*kth* in Spain).

Can you guess the English equivalents of these Spanish words?

connotación	innavegable
innato	innecesario
innatural	innoble

A practicar

A. ¿Cuántos cognados reconoce usted?

Los párrafos que siguen tienen varios cognados. ¿Puede usted decir cuáles son? ¿Cuántos encontró? Compare el número de cognados que encontró usted con el de otras personas de la clase.

¿Sabía usted que... ?

No sólo las plantas y las personas, sino también los animales requieren agua para vivir. Por ejemplo, un gato necesita de ocho a diez onzas de agua al día, pero un perro necesita aproximadamente medio galón. Los borregos *(lambs)* necesitan cerca de dos galones diarios, pero los caballos y las vacas entre seis y doce galones. La mayoría de estos animales domésticos sólo podría vivir entre cuatro y siete días sin agua.

Los animales no domésticos que viven en el desierto requieren menos agua. Algunos, como los venados de cola blanca, las liebres *(hares)* y las serpientes de cascabel *(rattlesnakes)*, no tienen que beber agua. Los líquidos que necesitan están en las cosas que comen. Estos animales son nativos del desierto y consumen muy poca agua en comparación con los animales que trajeron al Nuevo Mundo los europeos.

B. ¿Cómo se dice?

Cuando usted visite un lugar donde se habla español, usted va a encontrar situaciones en las que usted quiere expresar sentimientos de frustración, coraje, admiración, sorpresa, etc. ¿Sabe usted cómo expresar en español esas emociones? ¿Conoce usted el equivalente en español de las siguientes frases? (Hint: They all begin with *qué.*)

¿Cómo se dice en español?

1. What a drag/nuisance!
2. What a shame/pity!
3. Yuck!
4. What nerve!
5. What a disaster!
6. What a disappointment!
7. What a day!
8. How embarrassing!
9. How frustrating!
10. How sad!
11. How beautiful!
12. How boring!
13. How neat/cool!

C. ¡Qué... !

*Using **qué** + an appropriate adjective or **qué** + a noun, write in each bubble a phrase that expresses what Arthur and Josefina are thinking.*

I.   *Haber* can express obligation. As you previously learned, one of the uses of *tener,* is to express a sense of duty when used with *que* + an infinitive to mean "to have to do something." Similarly, the verb *haber* + *que* + an infinitive implies a sense of obligation, although the meaning is not quite as strong as *tener que. Haber que* is equivalent to the English phrases "it is necessary" or "one/we must."

Hay que cuidar los bosques.	We must take care of the forests.
Habrá que vivir con ese problema.	It will be necessary to live with that problem.
Finalmente comprendimos que había que hacer algo.	We finally understood that something had to be done.

Used in this sense, the verb *haber* appears only in the third person singular, representing "it," which is understood but not stated in Spanish. Any tense of *haber* can be used, depending on the desired meaning.

II.   *Haber* can be used with nouns such as *necesidad* or *urgencia,* to convey "there is need to…"

Hay necesidad de ahorrar agua.	There is need to save water.
Había urgencia de distribuir la información.	(There was an urgency.) It was urgent to distribute the information.

III.   *Haber* + *de* + an infinitive also conveys a sense of obligation equivalent to the English word "must."

¿Por qué has de hacer tú siempre lo que quieres?	Why must you always do what you want?

In this case, *haber* can be conjugated with any subject pronoun and can be used in any tense, but this form is less common than *tener que* + an infinitive.

Ella ha de saber qué decisión debe tomar.	She must know what decision to make.

IV. If you recall, the first use of *haber* you learned means "there is/there are" as in *Hay veinte estudiantes en esta clase. Haber* can be used in any tense as needed: *había, habrá,* etc.

Si cada persona en el mundo plantara dos semillas, pronto habría más de cinco millones de plantas creciendo en la Tierra.	If each person in the world planted two seeds, there would soon be more than five million plants growing on Earth.
No habrá aire limpio si no controlamos la polución.	There will not be any clean air if we do not control pollution.

V. You have previously studied the use of *haber* as an auxiliary verb to form all the compound (perfect) tenses. *Haber* is conjugated in the tense that corresponds to the particular perfect form, and a past participle is added. To form the present perfect indicative, for example, *haber* is conjugated in the present tense and the past participle is added.

¿Qué has hecho?	What have you done?

The following is a review chart that summarizes all the perfect tenses *(tiempos compuestos).*

Indicative*

....

1. *Presente perfecto* (present perfect): Uses the present tense of *haber (he, has, ha, hemos, han)* and a past participle.

¿Has usado alguna vez detergentes que son biodegradables?	Have you ever used detergents that are biodegradable?

2. *Pluscuamperfecto* (pluperfect): Uses the imperfect tense of *haber (había, habías, había, habíamos, habían)* and a past participle.

Nadie me había dicho que el vidrio se puede reciclar.	No one had told me that glass can be recycled.

3. *Futuro perfecto* (future perfect): Uses the future tense of *haber (habré, habrás, habrá, habremos, habrán)* and a past participle.

Si no los cuidamos, pronto habremos terminado los recursos naturales de la tierra.	If we don't take care of them, soon we will have finished the Earth's natural resources.

---

* The past perfect is not included here since its use is not very common and the same thoughts can be expressed with the simple preterite.

4. *Condicional perfecto* (conditional perfect): Uses *haber* in the conditional tense *(habría, habrías, habría, habríamos, habrían)* and a past participle.

Yo habría reciclado mis latas de refresco, pero no sabía adónde llevarlas.	I would have recycled my soft drink cans, but I didn't know where to take them.

Subjunctive

1. *Presente perfecto* (present perfect): Uses *haber* in the present subjunctive *(haya, hayas, haya, hayamos, hayan)* and a past participle.

¡Qué estúpido que alguien haya tirado esta basura en la playa!	How stupid for someone to have thrown this trash on the beach!

2. *Pluscuamperfecto* (pluperfect): Uses *haber* in the imperfect subjunctive *(hubiera, hubieras, hubiera, hubiéramos, hubieran)* and a past participle.

Si yo hubiera visto a esa persona tirar basura, yo la habría parado.	If I had seen that person throw trash, I would have stopped him.

➡ *Ojo:* In Spanish, the perfect tenses cannot be split to insert a subject between the two verb forms, as is done in English.

¿Ha llamado mamá?	Has Mother called?

A practicar

bolsa de hilo

bolsa de papel

bolsa de plástico

A. ¡Hay que conservar!

*Usando **hay,** escriba un párrafo corto haciendo recomendaciones acerca de los dibujos. Usted sabe lo que hay que hacer, ¿no? Además de **haber,** usted necesitará verbos como **ahorrar, salvar, no destruir, reciclar, preservar, comprar, preferir,** y **pedir.***

B. Tiempos compuestos

Llene el espacio en blanco con el tiempo compuesto indicado en cada sección.

Presente perfecto de indicativo

Desde 1989 la ciudad de Tucson, Arizona, _____ _____ (tomar) ciertas medidas que _____ _____ (reducir) el desperdicio *(waste)* de agua. Esto se _____ _____ (lograr) mediante programas de educación y requisitos en la construcción de casas nuevas. Una de las restricciones que Tucson _____ _____ (poner) en cuanto a las construcciones nuevas, es la instalación de sanitarios *(toilets)* especiales que reducen la cantidad de agua que usan. Otras ciudades _____ _____ (adoptar) medidas similares. Por ejemplo, se _____ _____ (eliminar) la costumbre de servir agua en los restaurantes a menos que la pida el cliente. También muchas ciudades _____ _____ (asignar) días específicos para regar los jardines, y _____ _____ (limitar) las plantas que una persona puede plantar en su casa a aquéllas que requieren menos agua.

Pluscuamperfecto de indicativo

Hace cien años nadie _____ _____ (oír) hablar de los problemas ambientales. Nadie _____ _____ (sugerir) la posibilidad de que nos faltara el agua. Nosotros no _____ _____ (pensar) en que los habitantes en el mundo _____ _____ (aumentar) pero la cantidad de agua _____ _____ (disminuir) porque el nivel del agua en el subsuelo *(subsoil)* con el tiempo _____ _____ (bajar).

Condicional perfecto

Si nuestros antepasados hubieran sabido el peligro en que ponían el medio ambiente y a las generaciones futuras, ellos _____ _____ (tener) más cuidado en su manera de vivir. Por ejemplo, ellos no _____ _____ (hacer) un hábito de dejar correr el agua cuando se bañaban, se cepillaban los dientes, lavaban los platos o regaban el jardín. Tampoco _____ _____ (aceptar) tan fácilmente la cultura «desechable» *(throw away)* que tenemos hoy, en la que tiramos a la basura cosas que usamos sólo una vez: cosas de papel, de plástico o de aluminio. Nuestros antepasados no _____ _____ (insistir) en su derecho de tener mucho espacio cada familia para vivir, y ellos no _____ _____ (destruir) áreas forestales para construir suburbios llenos de casas y tiendas. No _____ _____ (construir) casas tan grandes que son difíciles de calentar o enfriar, ni _____ _____ (plantar) jardines enormes con pasto que necesita mucha agua para mantenerlo verde.

Para su comprensión

The story you are about to read takes place in Buenos Aires, Argentina, in the year 2210. While Buenos Aires has grown to enormous, and futuristic, proportions, the political situation has become as mechanized as the city itself. In this story, the main character plans to commit suicide but faces the scrutiny of the local authorities.

Antes de leer

1. Este cuento, como tiene lugar en el siglo XXIII, está lleno de descripciones de cómo el autor imagina que será Buenos Aires en el futuro. Tome nota especial al leerlo de cómo será diferente la ciudad. ¿Cree Ud. que puede ser así?

2. La situación política descrita en este cuento recuerda mucho a la novela *1984* en que "Big Brother" está siempre vigilando. Al leer el cuento, tome nota de las referencias a la situación política en la Argentina en el siglo XXIII. ¿Cree Ud. que el ser humano soportaría *(would stand)* tal sistema?

....

Marcos Victoria (1901–1975), médico, poeta y escritor, escribió más de 30 libros sobre la ciencia y la literatura además de sus frecuentes artículos en periódicos y revistas. Sus obras literarias incluyen ambos cuentos y novelas cortas. Pero la escritura no fue su carrera sino su avocación. Miembro de la Academia de Medicina de Buenos Aires, enseñó en la Escuela de Medicina y la Escuela de Artes y Letras de la Universidad de La Plata antes de "retirarse" y servir de Director de Asuntos Culturales de la Argentina.

....

Un suicida

por Marcos Victoria

¹ **malecón** *seaside promenade*

El hombre se internó en la avenida que conducía hasta los malecones.¹ Por ambos lados, la cortina de acero y cemento de los depósitos aduaneros. La luz lechosa de los tubos luminosos se elevaba de los cordones de las aceras y descendía de las altas columnas blancas. Una noche de agosto, neblinosa y
5 extremadamente fría.* Temblando, apresuró el ritmo de sus pasos. Hacía cinco

────────────

**una noche... fría:* Keep in mind that in the Southern Hemisphere the seasons are "reversed," so to speak. Thus, in Buenos Aires the weather in August is often cold.

minutos, había descendido a la entrada del puerto desde una de las torres del ferrocarril suspendido que circundaba[2] a Buenos Aires con sus cables de acero, a cincuenta metros sobre el suelo. En el vagón[3] de ferrocarril la temperatura era soportable. Lo mismo ocurría en el centro de la ciudad que había inaugurado la calefacción electrónica[4] de sus calles y plazas hacía un año, en 2210, precisamente al celebrar la Argentina el cuarto centenario[5] de su nacimiento a la vida libre. El puerto estaba desierto y el viento húmedo del río le quemaba los ojos. El hombre sentía heladas las orejas y la nariz. Un poco más y todo quedaría terminado. Al frente, vislumbró la lámina metálica del Plata,[6] perfectamente iluminada hasta cincuenta metros del malecón, precisamente a causa de casos como el suyo. Doscientos metros más y estaba a salvo.

    —Deténgase —oyó que le ordenaba desde arriba una voz dura e impersonal. Siguió caminando, aunque no dudó que la voz desconocida se dirigía a él.

    —Si da un paso más, disparo[7] —insistió la voz. Se detuvo en seco.

    —Alce las manos. Escuche. —No sólo alzó las manos sino los ojos.

Las aletas[8] de un diminuto helicóptero se movían silenciosamente, cinco metros por encima de su cabeza.

    —Lo hemos seguido desde que descendió del tren elevado. Vino a suicidarse.

    —¿Cómo lo sabe?

    —No trate de engañarnos.[9] Usted pertenece al circuito A5[10] de la ciudad, donde se produjo la epidemia de suicidios del año pasado. No queremos que se repita este año.

    —¿Y yo qué tengo que ver?

    —Su carta al comisario de A5, firmada con su matrícula[11] fue leída hace diez minutos. Hemos llegado a tiempo.

El hombre se sintió vencido. Imposible luchar contra aquella organización perfecta.

    —Identifíquese. A5-p3213.

    —Túpac Pérez.

    —¿Estado civil?[12]

    —Viudo.[13]

    —¿Profesión?

    —Escritor.

    —No hay más escritores. Profesión desconocida.

    —Bueno; pensionista[14] del Estado. ¿Acaso no tengo derecho a concluir mi vida? No sirvo para nada desde que se cerraron las últimas editoriales.

    —Eso lo dirá en el Depósito Central de calle Esmeralda. ¡Baje los brazos, por favor! Voy a descender. Cuando esté sobre la calle, abra la portezuela[15] y entre. Nada de vivezas,[16] ¿eh?

Cuando el helicóptero se posó en tierra, abrió la portezuela y, como lo sospechaba, encontró vacía la cabina. Luz azulada[17] en su interior. Sobre el tablero reluciente, múltiples cuadrantes y lucecitas rojas y verdes. La voz resonó todavía, más suave:

    —Ajústese el cinturón de seguridad. —El helicóptero se elevó

---

[2] **circundar** rodear
[3] **vagón** car (of a train)
[4] **calefacción electrónica** electric heating
[5] **cuarto centenario** 400th anniversary
[6] **el Plata** el Río de la Plata, entre la Argentina y el Uruguay
[7] **disparar** to shoot
[8] **aleta** blade
[9] **engañar** to deceive
[10] **circuito A5** an imaginary division of the city in the twenty-third century
[11] **matrícula** number (of his identification card)
[12] **estado civil** marital status
[13] **viudo** widower
[14] **pensionista** retired person (receiving a pension)
[15] **portezuela** domed door of a helicopter
[16] **viveza** trick
[17] **azulado** having a blue hue

[18] **pasado** *the day after tomorrow*
[19] **tránsito aéreo** *air traffic*
[20] **superpuesto** *superimposed*
[21] **hoja de trébol** *cloverleaf*
[22] **rutilante** *shiny, brilliant*
[23] **dar telón de fondo** *to serve as a backdrop*
[24] **inversión** *investment*
[25] **patay** *name of an imaginary food*
[26] **terraza** *terrace*
[27] **liso** *smooth*
[28] **tapizado** *upholstered*
[29] **balazo** *gunshot*
[30] **subterráneo** *subway*
[31] **millones de sarmientos:** *The author suggests that, by the year 2210, the Argentine monetary unit will be the sarmiento, honoring one of the early Argentine patriots, president Domingo Faustino Sarmiento (1811–1888).*

rápidamente. Un ruido monótono, como el de un reloj (seguramente el mecanismo de control remoto) se escuchaba a sus espaldas. Pero él continuaba abstraído en su propio problema. Se decía: "Nada que pueda ocurrirme ahora me interesa.
55 Mañana o pasado,[18] esto tiene que terminar". Tan abstraído, que no observó el espectáculo soberbio de Buenos Aires nocturno, con su tránsito aéreo[19] (centenares de helicópteros individuales, y los destellos luminosos con que advertían su vecindad) y el otro tránsito terrestre de las avenidas y la iluminación de los rascacielos. Tan preocupado estaba que no vio las dos avenidas superpuestas[20] (lo
60 que antes se llamaba Avenida de Mayo) y la hoja de trébol[21] de sus conexiones con los tres pisos de Avenida Nueve de Julio, rutilantes[22] de luces. La niebla esfumaba los contornos pero daba telón de fondo[23] a los letreros de propaganda y a las noticias de última hora, que proyectaban sobre el cielo sus letras corredizas: "Compre su lote por mensualidades en la Antártida Argentina, junto al Hotel
65 de Turismo de Isla Desolación... Es la inversión[24] perfecta..." "Acaba de ser electo Presidente de la Confederación de Repúblicas Democráticas del Planeta el General Truman Rockefeller"... "Coma patay[25] y sus hijos nacerán fuertes"... Si hubiera podido abrir la portezuela herméticamente cerrada y aspirar a plenos pulmones el aire de la noche, a quinientos metros de altura, habría podido
70 saborear el profundo silencio de aquella ciudad zigzagueante de luces, pero absolutamente desprovista de ruidos. La propulsión atómica había proporcionado aquella ventaja, decisiva para la salud mental: la metrópolis enorme y taciturna, silenciosa como una película muda.

    El helicóptero descendía. Se posó sobre una terraza,[26] iluminada por
75 potentes reflectores. La voz mecánica ordenó:

    —Descienda por la escalera que tiene a la vista hasta el primer ascensor. Apriete el botón del Piso XXII.

    Túpac Pérez ejecutó las órdenes puntualmente. Quería terminar de una vez. Salió del ascensor y se encontró frente a una puerta de metal liso.[27] Hacia un
80 costado, la placa: "Tribunal Supremo de Suicidas". Empujó y entró. Se quitó los guantes. Alisó sus cabellos blancos. Se retocó la corbata. Una sala de audiencias vacía, con asientos tapizados[28] de un material plástico de color gris. Se sentó. Al frente, el estrado vacío. Una voz cansada comenzó a hablar.

    —Usted ha realizado dos tentativas anteriores.
85   —Correcto.

    —Iba a realizar hoy la tercera.

    —La última, si no se hubieran entrometido...

    —¿Las anteriores?

    —La primera, un balazo[29] en el corazón...
90   —¿Y? —El despecho empañó la voz de Pérez.

    —Desgraciadamente, nadie muere ya de balazos en el corazón... La segunda, me arrojé al Subterráneo...[30]

    —... y detuvo durante media hora toda la red de ferrocarriles... Y quemó instalaciones por valor de millones de sarmientos...[31]
95   —El sistema de seguridad funcionó a las mil maravillas. No me quedaba más que el agua del Río de la Plata.

—Tiene que comprender que esta situación no debe prolongarse indefinidamente.

—De ustedes depende...

—El Estado no puede permitir suicidios caros como el suyo.

—Ahogarme[32] en el río no perjudicaba a nadie.

—Podía envenenar[33] las aguas. Los peces podían transmitir agentes patógenos albergados en sus narices. Su tentativa individual encarece el suicidio. Pone usted frente a frente la libre empresa y la estatización[34] de los servicios públicos. Hace muchos lustros[35] que nos hemos decidido por la segunda. Los suicidios irremediables están reservados al Estado y se efectúan con el menor costo posible. Ventajas de la producción en masa. Usted no puede ignorar que su tentativa está violando principios básicos de economía social.

—Enhorabuena.[36]

—¿Quiere decir que está de acuerdo con nosotros?

—Terminemos de una vez.

Túpac Pérez ansiaba que concluyera aquel diálogo singular. Tenía la impresión de estar discutiendo con una cinta[37] magnética.

—¿No tiene nada que agregar?

—No.

—Cumplamos entonces las formalidades legales. ¿Las conoce?

—Tengo una vaga idea.

—Se le ofrecerán a título gratuito[38] los placeres que más atraen a los hombres. Es una compensación por las privaciones[39] de su vida. Si los rechaza, procederemos al trámite final.

—Comience cuando quiera.

—Ponemos a su disposición el B 608.

—¿Qué es eso?

—Un placer erótico tan intenso, embriagador[40] y peligroso que ha pasado a ser propiedad secreta del Estado. Nuestra sociedad se disolvería si cualquier hombre pudiera disponer libremente de él. Escapó a las enumeraciones del Kamasutra.[41] El Caballero Casanova[42] lo describió en un codicilo único, conservado en la Biblioteca Nacional de París y rescatado de sus ruinas por nuestro Servicio de Informaciones. El conde de Bussy, Brantôme y Stendhal, que lo conocieron, no se atrevieron a hacerlo público. Lo reservamos para casos excepcionales, para premiar a los sabios y a los grandes poetas, aunque, por precaución, sólo arriesgamos el ofrecimiento cuando ellos son suficientemente ancianos... Es una recompensa superior al Premio Nobel. ¿Acepta el B 608, Túpac Pérez?

—No me tienta.[43] ¿Qué más me ofrece?

La voz sin matices siguió enumerando, en un vano intento de corrupción.

—Tenemos para usted viajes espaciales[44]; recetas de cocina, salvadas de la destrucción de Dijon[45] en la segunda mitad del siglo XX; la posesión temporal de óleos de Corot[46] y acuarelas de Paul Klee,[47] vinos chilenos de hace cien años...

—Prefiero beber el agua turbia[48] de nuestro río...

—¿Rechaza todas nuestras proposiciones?

—Estamos perdiendo un tiempo precioso...

[32] **ahogar** *to drown*
[33] **envenenar** *to poison*
[34] **estatización** *nationalization*
[35] **lustro** *five-year period observed in the Roman Empire*
[36] **enhorabuena** *well and good, all right then*
[37] **cinta** *tape*
[38] **a título gratuito** *free of charge*
[39] **privación** *something of which one is deprived*
[40] **embriagador** *intoxicating*
[41] **Kamasutra** *a 2,000-year-old Sanskrit treatise on the art of love*
[42] **El Caballero Casanova** *Giovanni Giacomo Casanova (1725–1798), celebrated Italian narrator of amorous adventures*
[43] **tentar (ie)** *to tempt*
[44] **espacial** *del espacio*
[45] **Dijon** *a city in eastern France*
[46] **óleos de Corot** *Jean-Baptiste Camille Corot (1796–1875) was an influential nineteenth-century French painter*
[47] **acuarelas de Paul Klee** *Klee (1879–1940) was a Swiss abstract and surrealist painter*
[48] **turbio** *muddy, cloudy*

49 **ronroneo** *purring*
50 **vacilar** *to vacillate, hesitate*
51 **alba** *morning, sunrise*

No hubo palabras durante unos minutos. Sólo se escuchó un ronroneo[49] sutil y prolongado, como el de los tubos luminiscentes. Era el computador electrónico que justipreciaba las respuestas de aquel suicida y calculaba sus posibilidades

145 de vida, de acuerdo con las estadísticas de los últimos cien años. Al final, la voz decidió.

—El Estado le concede la solución que desea. Nada podemos hacer para impedirlo. Le quedan cinco segundos.

Túpac Pérez se puso de pie y avanzó sin vacilar,[50] el paso firme, hacia las

150 puertas anaranjadas de la "Cámara de Desintegración", que se abrieron para dejarlo pasar y se cerraron rápidamente detrás de él.

Los helicópteros siguieron trayendo hasta el alba[51] nuevos suicidas desde el Círculo A5 hasta el Depósito Central de calle Esmeralda 66.

Reaccionemos

¿Comprendió Ud. la historia?

1. ¿Dónde está Túpac Pérez al comenzar el cuento? ¿Por qué está allí?
2. ¿Por qué llega el helicóptero? ¿Qué quieren con Túpac Pérez?
3. ¿Cómo es el tránsito en Buenos Aires en 2210?
4. ¿Cuántas veces ha intentado suicidarse Túpac Pérez? ¿Qué hizo?
5. ¿A qué conclusión llega el Tribunal al final del cuento?

Solicitamos su opinión

1. Basado en la descripción futurística de Buenos Aires, ¿qué cree Ud. que habría pasado con la naturaleza de la Argentina? ¿Se habría cuidado y/o preservado? Repase a la referencia turística mencionada sobre la Antártida en el cuento para contestar.
2. ¿Cómo se describe el Río de la Plata en el cuento? ¿En qué condiciones se encuentra? ¿En qué condiciones se encuentran los peces del Río de la Plata? En su opinión, ¿a qué se debe? ¿Cambió mucho?
3. ¿Qué tipos de propaganda ve Túpac Pérez desde el helicóptero? ¿Cómo son? ¿Qué opinión tiene Ud. sobre los letreros que se encuentran en las ciudades y en las carreteras? ¿Cree Ud. que son una forma de contaminación visual o que son necesarios? Explique.
4. Al leer este cuento, ¿le recuerda a Ud. a algún otro libro/programa de televisión/película de ciencia ficción que conoce? ¿A cuál? ¿Qué semejanzas y diferencias hay?

Temas escritos

1. En "Un suicida" vemos que la ciudad de Buenos Aires ha crecido con la tecnología avanzada. Pero ¿qué de la naturaleza? Si la ciudad es tan grande, ¿qué le habría pasado a la pampa argentina? ¿a los Andes? ¿a la selva amazónica? Imagine que Ud. tiene que escribir un artículo para el periódico explicando el futuro del medio ambiente. ¿Qué diría? Escriba

un ensayo en que Ud. se refiere al futuro del medio ambiente. ¡Emplee su imaginación!

2. ¿Ha leído la novela *1984*? ¿Encuentra Ud. algunas semejanzas entre esa obra de George Orwell y "Un suicida"? En un ensayo, destaque los elementos que tienen en común las dos obras en cuanto a la condición del ser humano y la situación política.

3. Imagínese que Ud. es un agente de viajes en Buenos Aires en el siglo XXIII. ¿Cómo describiría la ciudad? ¿Qué imagina Ud. que ofrecería la ciudad? Diseñe *(Design)* Ud. un folleto turístico en que destaca los sitios más interesantes de Buenos Aires del futuro. ¡Sea muy creativo(a) y recuerde que es necesario convencer a los clientes de que Buenos Aires es un lugar interesante para visitar!

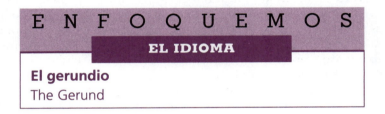

ENFOQUEMOS

EL IDIOMA

El gerundio
The Gerund

I. The gerund, or present participle, is a verb form that corresponds to an English verb + *-ing* (speaking, walking, etc.). The gerund in Spanish is formed by adding *-ando* to the stem of *-ar* verbs, and *-iendo* to the stem of *-er* and *-ir* verbs.

hablar	hablando
comer	comiendo
vivir	viviendo

II. *-Er* and *-ir* verbs whose stems end in a vowel, such as *leer,* change the *i* in the ending *-iendo* to a *y.*

caer	cayendo
creer	creyendo
destruir	destruyendo
leer	leyendo
oír	oyendo
traer	trayendo

III. *-Ar* and *-er* verbs that show a change in the stem do not have this change in the gerund. However, stem-changing *-ir* verbs do change *e* to *i* or *o* to *u* as follows:

e → i		**o → u**	
decir	diciendo	dormir	d**u**rmiendo
divertir	divirtiendo	morir	m**u**riendo
elegir	eligiendo		
pedir	pidiendo		
seguir	siguiendo		
sentir	sintiendo		

IV. The verb *estar* combines with the gerund to form the progressive tenses, which are used to emphasize that an action is, was, or will be in progress at a specific time. In Spanish, the progressive tenses are not used as frequently as they are in English because the same idea can be expressed by the simple tenses (present, imperfect, future, etc.). The choice would depend on the immediacy of the action.

Los peces se están muriendo porque el agua está contaminada.	Fish are dying because the water is contaminated.

In this sentence, the speaker wishes to emphasize that this phenomenon is occurring now. If the speaker were to say *Los peces mueren...,* the implication would be that "fish die . . . " as a matter of course.

Remember that expressing an action in progress is not limited to the present. Any progressive tense can be formed by conjugating *estar* in the desired tense and adding the gerund.

Indicative

Present Progressive:	Los pájaros están comiendo ahora.
Preterite Progressive:	Los pájaros estuvieron comiendo todo el día ayer.
Imperfect Progressive:	Los pájaros estaban comiendo cuando llegué.
Future Progressive:	Los pájaros estarán comiendo todo el verano.
Conditional Progressive:	Los pájaros estarían comiendo todo el invierno si pudieran.

Subjunctive

Present Progressive: No creo que los pájaros estén comiendo ahora.

Imperfect Progressive: No pensé que estuvieran comiendo ahora.

V.   Other conjugated verbs besides *estar* can be used with a gerund to express actions in progress. Some of these verbs are *andar, continuar, seguir (i)*.

El niño andaba recogiendo latas de aluminio para venderlas.	The boy was going around picking up aluminum cans in order to sell them.

Similarly, *entrar, salir, llegar, ir, venir,* and other verbs of motion can be combined with a gerund, used as an adverb to describe how the action of the other verb was carried out.

El perro salió corriendo.	The dog went out running.
Los pájaros llegaron cantando.	The birds arrived singing.

VI.   In general, the Spanish gerund can be used in the same way as the English gerund, as in the progressive tenses, or alone as an explanation, subordinate to another verb.

Escriba usted su opinión, explicando sus razones.	Write your opinion, explaining your reasons.
Caminando despacio se llega lejos.	(By) Walking slowly one gets very far.

In both examples, the gerund explains how the action of the other verb is to be carried out.

VII.   There are, however, some very important exceptions where Spanish does **not** use a gerund in the way that English can.

A.   In Spanish, a gerund **cannot** be used as an adjective. Spanish uses a "true" adjective or a descriptive phrase instead.

La canción "Your Cheating Heart" es en español, "Tu corazón traicionero".

Para decir en español "The Killing Fields" hay que decir "Los campos que matan".

B. In Spanish, a gerund **cannot** be used as a noun; instead, an infinitive is used.

> Si Shakespeare hubiera escrito en español, "Parting is such sweet sorrow", hubiera sido, "Separarse es una dulce tristeza".

> Para decir "Se prohibe fumar" en inglés hay que decir "Smoking is prohibited".

C. In Spanish, a gerund **cannot** be used after a preposition; an infinitive is used instead.

Antes de guardar tus latas de aluminio, lávalas.	Before putting away your aluminum cans, wash them.

VIII. Recall that, when you studied the placement of object pronouns in relation to the verb, you learned that they can come **before** or be **attached** to a gerund (as with an infinitive).

No puedo darte el periódico ahora; estoy leyéndolo.	I cannot give you the newspaper now; I am reading it.
No te puedo dar el periódico ahora; lo estoy leyendo.	

A practicar

A. ¡Ya lo estoy haciendo!

Estas son unas de las ideas que Arturo leyó de lo que podemos hacer para salvar el medio ambiente. Siguiendo el modelo, forme respuestas a los consejos usando el gerundio y pronombres de complemento. A propósito, ¿cuántas de estas cosas ya está haciendo usted? ¿Está haciéndolas todas?

Modelo: No *mates* a los insectos.
¡No los estoy matando! No estoy matándolos.

1. No *manejes* tanto tu automóvil. *Conserva* la gasolina.
2. *Ahorra* agua cada vez que te cepillas los dientes.
3. *Lleva* una bolsa de hilo cuando vayas al supermercado. No *aceptes* bolsas de plástico.
4. *Planta* semillas de flores silvestres. No *compres* plantas que usan mucha agua.
5. *Recicla* los periódicos. *Usa* papel reciclado.
6. No *enciendas* luces que no necesitas. *Conserva* energía.
7. No *abras* la puerta de tu refrigerador más de lo necesario. Trata de *mantenerlo* a una temperatura moderada.
8. *Recoge* las hojas del jardín. *Prepara* un compuesto (*compost*) para tus plantas.

B. Para escribir

¿Cuáles de los consejos del ejercicio A le parecen buenos/malos? ¿Cuál es el más difícil para usted? ¿Por qué? ¿Hay alguno que le parezca impráctico? Escriba un párrafo dando su reacción a estos consejos.

C. ¡Hay que hacer algo!

Las ideas de la lista en el ejercicio A no incluyen todo lo que cada uno de nosotros puede hacer. Con un compañero(a) haga una lista de cosas que podemos hacer todos los días para proteger el planeta Tierra. Aunque parezcan insignificantes, hay muchas acciones diarias que si todas las personas en el mundo las hicieran, la suma total tendría un gran impacto.

D. ¡En español, por favor!

Traduzca estas oraciones al español. ¡Cuidado! Los usos del gerundio no son iguales en los dos idiomas.

1. Throwing trash in the street is acting irresponsibly.
2. Leaving aluminum cans on the beach is dangerous for people walking without shoes.
3. The mining industry is damaging to the environment.
4. Planting trees is good for reducing air pollution.
5. Before deciding what kind of Christmas tree to buy, think of buying a living tree.

CHARLEMOS
UN POCO MÁS

A. Solicitamos su opinión

1. La lista que sigue incluye los mayores problemas que amenazan el medio ambiente. En su opinión, ¿cuál es el más serio? ¿Por qué?

   la lluvia ácida   demasiada basura
   contaminación del aire   contaminación del agua
   animales en extinción

2. Todos necesitamos empleos para poder vivir y mantener a nuestras familias. Muchas personas trabajan para industrias que causan daño *(damage)* al medio ambiente, como la industria minera *(mining)*, y la industria maderera *(lumber)*. Si el gobierno pone restricciones a estas industrias para proteger el planeta, esto puede resultar en el desempleo

de muchos trabajadores. ¿Qué hacemos entonces cuando la solución a problemas como éste crea *(creates)* más problemas?

3. ¿Puede usted identificar otras situaciones relacionadas con los problemas ambientales donde la solución puede resultar en daños *(damages)* a muchas personas?

B. Debate

1. Algunos piensan que la persona que fuma tiene tanto derecho *(the right)* a fumar como la persona que no fuma tiene derecho a respirar aire sin humo *(smoke)* de cigarrillos. ¿Cuál es su opinión?

2. Algunos animales que están en peligro de extinción viven en zoológicos para que puedan sobrevivir. Sin embargo, algunas personas piensan que el zoológico es una prisión donde muchos animales no se pueden reproducir y sólo están allí para que el público los vea. ¿Qué piensa Ud.?

3. Algunas personas piensan que los bosques nacionales en este país *(national forests)* deben estar cerrados al público porque los visitantes hacen daño a las plantas, a los animales, a los insectos, etc. Otras personas piensan que esos bosques son de todos, y todos tienen derecho a visitarlos. ¿Cuál es su opinión?

C. Temas escritos

Escriba una composición dando sus ideas acerca de los temas que siguen. ¡No es necesario que usted esté de acuerdo!

1. La economía y la ecología están a veces en oposición. En algunos países subdesarrollados el único dinero que las personas pueden obtener es por medio del comercio que sacrifica animales, como los elefantes por su marfil *(ivory)*. La culpa no es de estos trabajadores, sino de quienes compran el marfil.

2. Para construir aeropuertos, hospitales, centros comerciales, casas, apartamentos, etc. es necesario destruir *(destroy)* bosques, usar dinamita para abrir caminos *(roads)*, etc. Este desarrollo industrial causa daño al medio ambiente y a los animales. ¿Es este desarrollo inevitable?

3. Mire los dibujos. Escoja uno y escriba su reacción a ese dibujo.

  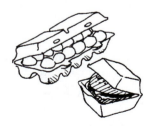

Para hablar de cosas relacionadas con la ecología

el aire   air
el aluminio   aluminum
el árbol   tree
la basura   trash
el bosque   forest
el césped   grass, lawn
el comercio   commerce, trade
el compuesto   compost
la culpa   blame
el daño   damage
el desarrollo   development
el desempleo   unemployment
el desperdicio   waste
la dinamita   dynamite
la ecología   ecology
la extinción   extinction
el hilo   thread, string
la hoja   leaf
el humo   smoke
la industria   industry
la lata   can
la lluvia   rain
la luz   light
la madera   wood, lumber
el marfil   ivory
el medio ambiente   environment
la naturaleza   nature
el pasto   grass
el peligro   danger
el planeta   planet
la semilla   seed
la tierra   earth, dirt
el vidrio   glass
el (la) visitante   visitor
el zoológico   zoo

Acciones relacionadas con la ecología

actuar   to act, behave
adoptar   to adopt
ahorrar   to save
apagar   to turn off (light)
asignar   to assign
conservar   to conserve, keep
crear   to create
dañar   to damage
desperdiciar   to waste
destruir   to destroy
encender (ie)   to turn on (light, fire)
manejar   to drive
mantener   to maintain, keep
plantar   to plant
preservar   to preserve
proteger   to protect
reciclar   to recycle
recoger   to pick up
reducir   to reduce
regar (ie)   to water, irrigate
reproducirse   to reproduce
respirar   to breathe
sacrificar   to sacrifice
sobrevivir   to survive
tirar   to throw away

Para describir cosas relacionadas con la ecología

ácido(a)   acid
ambiental   environmental
biodegradable   biodegradable
contaminado(a)   contaminated
dañino(a)   damaging
demasiado(a)   too much
desechable   disposable
industrial   industrial
inevitable   inevitable
maderero(a)   lumber
minero(a)   mining
peligroso(a)   dangerous
reciclado(a)   recycled
silvestre   wild
subdesarrollado(a)   underdeveloped
vivo(a)   alive, living

Expresiones útiles

abrir camino   to open a way or road
causar/hacer daño   to damage
poder resultar en   can result in…
sino   but
tener derecho a   to have a right to

Capítulo 1

Nouns

la ayuda help, assistance
el favor favor
el idioma language

Verbs

acabar de + *inf.* to have just + *verb*
conocer to know, to be familiar with
encantar to delight
entrevistar to interview
hacer amistad to make friends
ir (**a** + *inf.*) to go (to be going to + *verb*)
presentar to introduce
querer (ie) decir to mean
reunirse to meet, to get together
saber to know (how)
significar to mean

Adjectives

avergonzado(a) embarrassed
encantado(a) delighted

Capítulo 2

Nouns

el baloncesto / el básquetbol basketball
el boxeo boxing
la corrida de toros bullfighting
la diversión fun
la filatelia stamp collecting
el golf golf
la numismática coin collecting
la pelota / el balón ball
la piscina swimming pool
la raqueta racket
el relajamiento relaxation

Verbs

coser to sew
descansar to relax, rest
dibujar to draw, sketch
divertirse (**ie, i**) to have a good time
interceptar to intercept

Expressions

dar un paseo to go for a walk
hacer bordado to embroider
hacer ejercicio to exercise
hacer ganchillo to crochet
hacer punto to knit
montar en bicicleta to ride a bicycle

Capítulo 3

Nouns

la alfombra rug
el amor propio self-esteem
la aspiradora vacuum cleaner
el baño bathroom
la basura trash, garbage
el (la) bobo(a) dummy (used affectionately)
la cama bed
la carrera career
la cocina kitchen; cooking
los comestibles food, groceries
la compra purchase
la confianza en sí mismo(a) self-confidence
el cuarto room
el cubo (trash) can
el champú shampoo
el desodorante deodorant
el desorden disorder
el detergente detergent
el dormitorio bedroom
el (la) esposo(a) husband (wife)
la fatiga nerviosa stress

el genio disposition, character
el inodoro toilet
el jabón soap
la jornada workday
la lavadora washing machine
el lavaplatos dishwasher
la limpieza cleaning
el mandado errand
la mesa table
el papel higiénico toilet paper
la pasta dentífrica toothpaste
el personaje (fictional) character
el plato plate
el polvo dust
la puerta door
el quehacer doméstico chore, housework
el recado errand; message
la ropa clothing
la sábana bedsheet
la sala living room
el suelo floor; ground
la tensión nerviosa stress
la toalla de papel paper towel
la ventana window

Verbs

barrer to sweep
cambiar to change
cocinar to cook
compartir to share
descansar to rest, relax
domar to tame
fregar (ie) to scrub, wash
hacer to do, make
lavar to wash
limpiar to clean
obedecer to obey
poner to put, set
quejarse (de) to complain
sacar to remove, take out
secar to dry
vaciar to empty

Adjectives

débil weak
desordenado(a) messy
dominante domineering
egoísta self-centered, selfish
fuerte strong
sucio(a) dirty

Expressions

¡Basta (de)! Enough!
en broma in jest, jokingly
estar de mal/buen humor to be in a bad/good mood
hacer el favor de + *inf.* to do the favor of + *verb* + *ing*
ir de compras to go shopping
limpiar/sacar el polvo to dust
¡Piensa en lo que dices! Think about what you're saying!
quedar como nuevo to be like new (again)
quedar mucho por hacer to have a lot left to do
¿Quiere + *inf.*? Will you + *verb*?
tener la bondad de + *inf.* to be so kind as to + *verb*
tocarle a uno to be one's turn
tomarle el pelo a uno to pull one's leg; to tease

Capítulo 4

Nouns

el almacén department store
la barba beard
la barbería barbershop
el (la) barbero(a) barber
la bodega / la vinería wine store
el (la) bodeguero(a) wine merchant
el bombón chocolate candy
la bombonería / la confitería candy store
la calle street
la carne meat
la carnicería butcher shop
el (la) carnicero(a) butcher
la cervecería beer store
la cerveza beer
la cuadra city block (*Lat. Amer.*)

la cuesta hill
el (la) dependiente(a) clerk
el (la) desconocido(a) stranger
la droguería drugstore
el (la) empleado(a) employee
la esquina corner
el estanco tobacco shop
el (la) estanquero(a) tobacco seller
el (la) farmacéutico(a) pharmacist
la farmacia drugstore, pharmacy
la flor flower
la florería / la floristería flower shop
el (la) florista / el (la) floristero(a) florist
la fruta fruit
la frutería fruit store
el (la) frutero(a) fruit vendor
la ganga bargain
la joya jewel
la joyería jewelry shop
el (la) joyero(a) jeweler
la lavandería laundromat
el (la) lavandero(a) laundromat employee
la librería bookstore
la manzana city block (*Spain*); apple
el mercado market
el mueble piece of furniture
la mueblería furniture store
la novela novel
el pan bread
la panadería bakery
el (la) panadero(a) baker
el papel paper, stationery
la papelería stationery shop
el pastel pastry, pie
la pastelería bakery, pastry shop
el (la) pastelero(a) baker
la peluca wig
la peluquería / el salón de belleza beauty salon
el (la) peluquero(a) hairdresser
el periódico newspaper
el postre dessert
el quiosco newsstand
el reloj watch

la relojería watch shop
el (la) relojero(a) watchmaker
el (la) sastre tailor
la sastrería tailor shop
la tabaquería tobacco and stamp shop
el (la) tabaquero(a) tobacco seller
la tienda store
la tintorería dry cleaners
el (la) tintorero(a) dry cleaner
la torta cake; pie
el vino wine
la zapatería shoe store
el (la) zapatero(a) shoemaker
los zapatos shoes

Verbs

acompañar to accompany
cruzar to cross
doblar to turn
pasar (por) to pass by, stop by; to happen
quedarse to be located

Adjectives

perdido(a) lost
situado(a) located, situated

Prepositions

a la derecha de to the right of
a la izquierda de to the left of
a través de through
al este (sureste) de to the east (southeast) of
al lado de beside
al norte (noreste) de to the north (northeast) of
al oeste (noroeste) de to the west (northwest) of
al sur (suroeste) de to the south (southwest) of
alrededor de around
cerca de near
debajo de under
delante de in front of
dentro de inside
detrás de behind, in back of
enfrente de in front of, facing
fuera de outside of
lejos de far from

Adverbs

abajo under; down
adentro inside
afuera outside
arriba up
atrás behind
cerca near
lejos far

Expressions

a la vuelta de la esquina around the corner
Ajá uh-huh, yes
hacer una cita to make an appointment
seguir (i, i) derecho to go straight
ser un(a) goloso(a) to have a sweet tooth

Capítulo 5

Nouns

el (la) abogado(a) lawyer
el (la) agente de viajes travel agent
el (la) antropólogo(a) anthropologist
el (la) arquitecto(a) architect
el (la) artista artist
el (la) asistente/ayudante administrativo(a) administrative assistant
la azafata / el mozo flight attendant
el (la) coordinador(a) coordinator
el (la) dentista dentist
el (la) director(a) director; school principal
el (la) economista economist
el (la) encargado(a) de oficina office manager
el (la) enfermero(a) nurse
el (la) gerente de negocios business manager
el (la) ingeniero(a) engineer
el (la) jefe (jefa) de personal director of personnel

el (la) maestro(a) teacher (elementary or secondary school)
el (la) mecánico mechanic
el (la) mesero(a) / el (la) camarero(a) / el (la) mozo(a) waiter (waitress)
el (la) modelo model
el (la) músico musician
el (la) obrero(a)/trabajador(a) de fábrica factory worker
el (la) profesor(a) / el (la) catedrático(a) university professor
el (la) recepcionista receptionist
el (la) redactor(a) editor
el (la) secretario(a) secretary
el (la) sicólogo psychologist
el (la) sociólogo(a) sociologist
el (la) vendedor(a) salesperson

Adjectives

agradable pleasant
agresivo(a) aggressive
amable friendly
bien vestido(a) well-dressed
bilingüe bilingual
cómico(a) funny
compasivo(a) compassionate
competitivo(a) competitive
comunicativo(a) communicative
creativo(a) creative
dedicado(a) dedicated
entrenado(a) en trained in
entusiasmado(a) enthusiastic
honesto(a) honest
idealista idealistic
inteligente intelligent
leal loyal
ocupado(a) busy
optimista optimistic
organizado(a) organized
responsable responsible
seguro(a) reliable, dependable
tímido(a) shy
trabajador(a) hardworking
tranquilo(a) quiet, calm

Capítulo 6

Nouns

el aceite oil
el aderezo salad dressing
el ajo garlic
el albaricoque apricot
la alcachofa artichoke
la almeja clam
el almíbar syrup
el arroz rice
el azúcar sugar
el café descafeinado decaffeinated coffee
la calabaza pumpkin, squash
el calamar squid
el caldo broth
la carne meat
la cebolla onion
los chícharos peas
el chorizo sausage
la chuleta de cerdo pork chop
el cocido stew
la col cabbage
la comida chatarra junk food
la copa wineglass
el cordero lamb
la cuchara spoon
la cucharita/cucharilla teaspoon
el cuchillo knife
la ensalada salad
el entremés appetizer
los espárragos asparagus
las espinacas spinach
el filete de ternera veal steak
la frambuesa raspberry
la fresa strawberry
el frijol / los frijoles beans (pinto, black)
la galleta cookie
el gazpacho cold tomato soup
los guisantes peas
las habichuelas green beans
el helado ice cream
el individual place mat
el jamón ham
las judías verdes green beans
el jugo juice
la langosta lobster
la leche milk

la leche descremada skim milk
la lechuga lettuce
las legumbres vegetables
el maíz corn
la manteca lard
el mantel tablecloth
la mantequilla butter
la manzana apple
la margarina margarine
los mariscos shellfish
el melocotón peach
el melón melon
la miel honey
la ostra oyster
el pan integral whole wheat bread
el pan tostado toast
la papa potato (*Lat. Amer.*)
el pastel cake
la patata potato (*Sp.*)
el pato duck
el pescado fish
el pimentero pepper shaker
la pimienta pepper
el plato plate; dish (food)
el pollo poultry, chicken
el posa vasos coaster
el puré de papas (patatas) mashed potatoes
el queso cheese
la sal salt
el salero salt shaker
el salmón salmon
la servilleta napkin
el solomillo steak
la taza cup
el tenedor fork
el tocino bacon
el tomate tomato
la toronja / el pomelo grapefruit
la tostada toast
la trucha trout
el vaso glass
el vinagre vinegar
la zanahoria carrot

Verbs

batir to whip
brindar to toast (a person)
cocinar to cook

cortar to cut; to slice
derretir (i, i) to melt
merendar (ie) to have a snack
picar to chop (food)
rayar to grate
rebanar to slice
untar to spread

Adjectives

aderezado(a) spiced, seasoned
agrio(a) sour
aguado(a) watery, soupy
ahumado(a) smoked
asado(a) roasted
cocido(a) boiled
crudo(a) raw, uncooked
derretido(a) melted
descafeinado(a) decaffeinated
enlatado(a) canned
espeso(a) thick
frito(a) fried
nutritivo(a) nutritious
pesado(a) rich (food)
rayado(a) grated
rebanado(a) sliced
revuelto(a) scrambled
salteado(a) sautéed
variado(a) assorted

Expressions

al vapor steamed
alto(a) en calorías high in calories
bajo(a) en calorías low in calories

Capítulo 7

Nouns

el (la) bailador(a) dancer
el bolero ballad
el canal channel
el (la) canta-autor(a) songwriter
el canto singing
el (la) comentarista deportivo(a) sportscaster
el crucigrama crossword puzzle
la danza folk dance
el drama drama, play
el (la) guitarrista guitarist

el (la) locutor(a) newscaster
el maestro de ceremonias master of ceremonies
el (la) meteorólogo meteorologist
las noticias news
el programa program
el programa de variedades variety show
el radio radio (set)
la radio radio (program)
el (la) radioescucha radio audience
el (la) televidente television viewer

Verbs

actuar to act
componer to compose
crear to create
danzar to dance
estrenar to debut, show for the first time
improvisar to improvise

Adjectives

cadencioso(a) in slow rhythm
marcado(a) marked, definite
rítmico(a) with a beat, rhythmic

Capítulo 8

Nouns

el (la) abuelo(a) grandfather (grandmother)
la amistad friendship
el (la) bisabuelo(a) great-grand-father (great-grandmother)
el (la) cuñado(a) brother-in-law (sister-in-law)
el (la) esposo(a) husband (wife)
el (la) hermanastro(a) stepbrother (stepsister)
el (la) hijastro(a) stepson (stepdaughter)
el (la) hijo(a) político(a) son-in-law (daughter-in-law)
la infancia childhood, infancy
la madrastra stepmother
la madrina godmother

el marido husband
el (la) nieto(a) grandson
(granddaughter)
la niñez childhood
la nuera daughter-in-law
el odio hate
el padrastro stepfather
el padrino godfather
el (la) pariente relative
el (la) primo(a) cousin
el (la) sobrino(a) nephew
(niece)
el (la) suegro(a) father-in-law
(mother-in-law)
el (la) tío(a) uncle (aunt)
el yerno son-in-law

Verbs

enterrar to bury
fallecer to die
llevarse bien (mal) to get along
well (badly)
mantener (ie) to give financial
support
morir (ue, u) to die
nacer to be born
separarse (de) to be separated
(from)
sepultar to bury the dead

Capítulo 9

Nouns

el (la) alcalde(sa) mayor
el comunismo communism
el (la) comunista Communist
la democracia democracy
el (la) demócrata Democrat
el (la) dictador(a) dictator
la dictadura dictatorship
el (la) diputado(a) del congreso
Congressman(woman)
el (la) juez judge
la junta militar military junta
la monarquía monarchy
el (la) presidente(a) president
la república republic
el (la) republicano(a)
Republican
el rey (la reina) the king (queen)
el (la) senador(a) senator

el socialismo socialism
el (la) socialista Socialist
el (la) vicepresidente(a) vice
president

Adjectives

carismático(a) charismatic
cínico(a) cynical
corrupto(a) corrupt
evasivo(a) evasive
honrado(a) honorable,
trustworthy
radical radical
reaccionario(a) reactionary

Capítulo 10

Nouns

el antibiótico antibiotic
la apendicitis appendicitis
la artritis arthritis
el asma (f.) asthma
el ataque al corazón heart attack
la boca mouth
el brazo arm
los cabellos / el pelo hair
la cadera hip
el cáncer cancer
el cansancio fatigue
la ceja eyebrow
la cintura waist
el (la) cirujano(a) surgeon
el codo elbow
el comportamiento behavior
el corazón heart
el cuello neck
el diente tooth
la espalda back
el estómago stomach
la fractura fracture
la frente forehead
la herida wound
la hinchazón swelling
el hombro shoulder
el hueso bone
la infección infection
el labio lip
la lengua tongue
el magullón bruise
la mano hand

la mejilla cheek
las muletas crutches
la muñeca wrist
el muslo thigh
las nalgas buttocks
las narices nostrils
la nariz nose
las náuseas nausea
la neumonía / la pulmonía
pneumonia
el oído inner ear
la operación operation
la oreja outer ear
el pecho chest
la pestaña eyelash
la pierna leg
el rayo equis / el rayo X X–ray
la respiración respiration
el riesgo risk
la rodilla knee
el seguro insurance
el SIDA AIDS
la silla de ruedas wheelchair
el síntoma symptom
el talón heel
la úlcera ulcer
la uña nail (finger or toe)

Verbs

contagiarse to contract an illness
encajar/calzar (un hueso) to set
(a bone)
enyesar to place in a cast
operarse to have an operation
respirar to breathe
vendar to bandage

Adjectives

ciego(a) blind
cojo(a) crippled
constipado(a) stuffed up,
congested
evitable preventable
mareado(a) dizzy
mudo(a) mute
peligroso(a) dangerous
sordo(a) deaf

Expressions

Saque la lengua. Stick out your
tongue.

Súbase la manga. Roll up your sleeve.

Capítulo 11

Nouns

la aglomeración de gente crowd
la almohada pillow
el (la) bombillo(a) lightbulb
la calefacción heating system
la cama matrimonial double bed
el clima / aire acondicionado air-conditioning system
la cobija blanket
el coche-cama sleeping car
el compartimiento compartment
el foco lightbulb
el grifo faucet
la habitación doble (sencilla) double (single) room
el hostal / la posada rooming house
el inodoro / el retrete toilet
el interruptor light switch
la lámpara lamp
el rápido express train
la recepción reception desk
el talón baggage claim ticket
la tarifa rate, cost
el tomacorriente electrical outlet
la valija suitcase
la visa (*Lat. Amer.*)/**el visado** (*Sp.*) visa

Verbs

apagar to turn off (light)
aterrizar to land
cobrar to charge; to cash
enchufar to plug in
extraviar to misplace, lose
facturar to check (luggage)
funcionar to function, work
hospedarse to stay; to lodge
pararse to stop
transbordar to change (flights, trains, etc.)

Adjectives

descompuesto(a) out of order, not working
tapado(a) stopped up

Expressions

cargar (cobrar) una comisión to charge a commission
hacer turismo to go sightseeing
hacer una reservación to make a reservation
¿Me puede comunicar con... ? Can you connect me with . . . ?

Continents, Countries, Nationalities

África: africano(a)
la América Central (Centroamérica): centroamericano(a)
la América del Sur (Sudamérica): sudamericano(a)
la Argentina: argentino(a)
Asia: asiático(a)
Bélgica: belga
Bolivia: boliviano(a)
el Brasil: brasileño(a)
el Canadá: canadiense
el Caribe: caribeño(a)
Chile: chileno(a)
China: chino(a)
Colombia: colombiano(a)
Costa Rica: costaricense
Cuba: cubano(a)
Ecuador: ecuatoriano(a)
El Salvador: salvadoreño(a)
España: español(a)
los Estados Unidos: estadounidense
Europa: europeo(a)
Francia: francés (francesa)
Grecia: griego(a)
Guatemala: guatemalteco(a)
Honduras: hondureño(a)
Inglaterra: inglés (inglesa)
Italia: italiano(a)
el Japón: japonés (japonesa)
México: mexicano(a)
Nicaragua: nicaragüense
Norteamérica: norteamericano(a)
Panamá: panameño(a)
Paraguay: paraguayo(a)
el Perú: peruano(a)
Puerto Rico: puertorriqueño(a)
la República Dominicana: dominicano(a)
Rusia: ruso(a)
Uruguay: uruguayo(a)
Venezuela: venezolano(a)

Capítulo 12

Nouns

el alimento food
el calentamiento heating process
el campo field
el caño pipe
la capa layer
la contaminación pollution
el cultivo crop
la energía energy
el espacio space
el gas gas
el lago lake
la lluvia ácida acid
el mar/océano sea
el ozono ozone
el pesticida pesticide
la planta plant
el río river
el subsuelo underground

Verbs

alimentar to feed
contaminar to contaminate
cultivar to grow (crops)
extinguir to extinguish; to terminate
fumigar to fumigate; to spray insecticide
generar to generate
limpiar to clean
plantar to plant
quemar to burn
salvar to save
talar to cut down (trees)
utilizar to use

Adjectives

ambiental environmental
potable safe for drinking
saludable healthy
salvaje wild
valioso(a) valuable
venenoso(a) poisonous
viciado(a) stale

Numbers

Cardinal Numbers

0–30

cero	ocho	dieciséis (diez y seis)	veinticuatro (veinte y cuatro)
uno	nueve	diecisiete (diez y siete)	veinticinco (veinte y cinco)
dos	diez	dieciocho (diez y ocho)	veintiséis (veinte y seis)
tres	once	diecinueve (diez y nueve)	veintisiete (veinte y siete)
cuatro	doce	veinte	veintiocho (veinte y ocho)
cinco	trece	veintiuno (veinte y uno)	veintinueve (veinte y nueve)
seis	catorce	veintidós (veinte y dos)	treinta
siete	quince		

30–1,000,000

treinta	ciento, cien	ochocientos(as)
(treinta y uno)	doscientos(as)	novecientos(as)
cuarenta	trescientos(as)	mil
cincuenta	cuatrocientos(as)	dos mil
sesenta	quinientos(as)	diez mil
setenta	seiscientos(as)	un millón (de)
ochenta	setecientos(as)	dos millones (de)
noventa		

Remember:

Y is used only between tens and ones.

Hundreds and one agree with modified nouns.

> doscient**as** un**a** mujeres

Ciento shortens to *cien* before nouns.

> **cien** mil   **cien** libros

Ciento is used before smaller numbers.

> **ciento** cuarenta y seis

Mil is used for counting, never with *un*. It is used in dates and changes to the plural with plural nouns.

mil dólares	*one thousand dollars*
mil novecientos noventa y seis	*1996*
miles de personas	*thousands of people*

Millón uses *de* before a noun.

un **millón de** dólares   unos **millones de** dólares

In some Spanish-speaking countries, the use of periods and commas in Spanish is the reverse of English.

2.000 = dos mil   50,5 = cincuenta y cinco décimos *(50 and 5/10)*

Ordinal Numbers

1–10

primero (1^r, 1°, 1^a, 1os, 1as)   **quinto** (5°, 5^a, 5os, 5as)   **octavo** (8°, 8^a, 8os, 8as)

segundo (2°, 2^a, 2os, 2as)   **sexto** (6°, 6^a, 6os, 6as)   **noveno** (9°, 9^a, 9os, 9as)

tercero (3^r, 3°, 3^a, 3os, 3as)   **séptimo** (7°, 7^a, 7os, 7as)   **décimo** (10°, 10^a, 10os, 10as)

cuarto (4°, 4^a, 4os, 4as)

11–1,000,000

undecimo, decimoprimero	*11th*	**decimoctavo**	*18th*	**septuagésimo**	*70th*
duodecimo, decimosegundo	*12th*	**decimonono**	*19th*	**octogésimo**	*80th*
decimotercero	*13th*	**vigésimo**	*20th*	**nonagésimo**	*90th*
decimocuarto	*14th*	**trigésimo**	*30th*	**centésimo**	*100th*
decimoquinto	*15th*	**cuadragésimo**	*40th*	**milésimo**	*1,000th*
decimosexto	*16th*	**quincuagésimo**	*50th*	**millonésimo**	*1,000,000th*
decimoséptimo	*17th*	**sexagésimo**	*60th*		

Remember: Combined numbers retain their written accents.

Ordinal numbers (and their abbreviations) must agree with the nouns modified.

la **primera** presidenta   la **1^a** presidenta

Primero and *tercero* shorten to *primer* and *tercer* before a masculine singular noun.

el **primer** mes   el **tercer** presidente

Colloquially, beyond tenth, the cardinal number is used after the noun.

el piso veinte   *the 20th floor*

To make fractions, use the cardinal number for the numerator and the ordinal number (pluralized) as the denominator (exceptions: 1/2 *una mitad;* 2/3 *dos tercios*).

2/4 = dos cuartos

1/5 = un quinto

Medio is the adjective for "half."

Una mitad del grupo trae **media** docena de lápices.
One half of the group is bringing half a dozen pencils.

Dates, Days, Months

Days of the Week

lunes *Monday*   **jueves** *Thursday*   **sábado** *Saturday*

martes *Tuesday*   **viernes** *Friday*   **domingo** *Sunday*

miércoles *Wednesday*

Remember that days of the week and months of the year are not capitalized.

El lunes, voy de compras.   *On Monday, I go shopping.*
Los viernes, descanso.   *On Fridays, I rest.*

Months of the Year

enero *January*	**mayo** *May*	**septiembre** *September*
febrero *February*	**junio** *June*	**octubre** *October*
marzo *March*	**julio** *July*	**noviembre** *November*
abril *April*	**agosto** *August*	**diciembre** *December*

Dates

el + *cardinal number* + **de** + *month* + **de** + *year* (except for the first day of the month)

Hoy es el dos de mayo de 1990.   Hoy es **el primero** *(first)* de abril.

When the date appears by itself, omit *el.*

20 de octubre de 1990

When the day is mentioned, omit the article.

Hoy es martes, tres de julio de 1991.

Numerical representation of dates:

day/month/year
6/7/90 = seis de julio de 1990

Other Expressions

¿Cuál es la fecha? *What's the date?*	**la semana pasada** *last week*
¿A cuántos estamos? *What's the date?*	**la semana que viene** *next week*
¿Qué fecha es hoy? *What's the date?*	**el día** *the day*
el cumpleaños *birthday*	**la semana** *the week*
a principios de *at the beginning of*	**el mes** *the month*
a mediados de *in the middle of*	**el año** *the year*
a fines de *at the end of*	**la década** *the decade*
hoy *today*	**el siglo** *the century*
ayer *yesterday*	**la época** *the epoch, period*
anteayer *the day before yesterday*	**mañana** *tomorrow*
el mes pasado *last month*	**pasado mañana** *the day after tomorrow*
el mes que viene *next month*	

Telling Time

On the Hour
Es la una. *It's 1:00.*
Son las dos. *It's 2:00.*

Before the Hour
Es la una **menos tres.** *It's 12:57.*
Son las cinco **menos cuarto**. *It's 4:45.*

Past the Hour
Es la una **y tres.** *It's 1:03.*
Son las dos **y cuarto.** *It's 2:15.*
Son las tres **y media.** *It's 3:30.*

Other Possibilities
Faltan quince para las siete. *It's quarter to seven.*
Faltan tres para la una. *It's three minutes to one.*
Son las dos y cincuenta y cinco. *It's 2:55. (digital clock)*

Official Time

Son las seis de la tarde. = Son las dieciocho. *It's 6:00 P.M.*

Other Expressions

el mediodía *noon*	**¿A qué hora... ?** *At what time . . . ?*
la medianoche *midnight*	**¿Qué hora es?** *What time is it?*
en punto *on the dot, exactly*	**Son las tres y pico.** *It's just after three.*
de la mañana (madrugada) A.M.	**por la mañana (tarde/noche)***
de la tarde/noche P.M.	*in the morning (afternoon/evening)*
la madrugada *dawn*	**el reloj** *clock, watch*
de madrugada *at daybreak*	

Weather

Hace + *Nouns*

Hace (mucho) frío. *It's (very) cold.*	**Hace (mucho) fresco.** *It's (very) chilly.*
Hace (mucho) calor. *It's (very) hot.*	**Hace (muy) buen tiempo.** *It's (very) nice weather.*
Hace (mucho) sol. *It's (very) sunny.*	**Hace (muy) mal tiempo.** *It's (very) bad weather.*
Hace (mucho) viento. *It's (very) windy.*	

Nouns

la lluvia *rain*	**la tormenta** *storm*
la nieve *snow*	**el aguacero** *downpour*
el granizo *hail*	**el trueno** *thunder*
la llovizna *drizzle*	**el relámpago** *lightning*
la estación *season*	**la niebla** *fog*
el invierno *winter*	**la neblina** *mist, fog*
el verano *summer*	**el rocío** *dew*
el otoño *autumn, fall*	**el cielo** *sky*
la primavera *spring*	

Verbs

llover (ue) *to rain*	**granizar** *to hail*
nevar (*ie*) *to snow*	**lloviznar** *to drizzle*

Other Expressions

¿Qué tiempo hace? *What's the weather like?*	**Hace 80 grados.** *It's 80 degrees.*
Está despejado. *It's clear.*	**Llueve. (llover *ue*)** *It's raining.*
Está nublado. *It's cloudy.*	**Nieva. (nevar *ie*)** *It's snowing.*
Hay nubes. *It's cloudy.*	**Llovizna. (lloviznar)** *It's drizzling.*
Está oscuro. *It's dark.*	**Graniza. (granizar)** *It's hailing.*

---

*Por la mañana (tarde/noche) is not used if a specific time is mentioned. With a specific time, use **de la mañana (tarde/noche).**

Salgo **por la mañana.**	*I go out in the morning.*
Salgo a las ocho **de la mañana.**	*I go out at 8:00 in the morning.*

Subject Pronouns

yo *I*
tú *you*
él *he*
ella *she*
usted (Ud.) *you*
nosotros(as) *we*
ellos *they*
ellas *they*
ustedes (Uds.) *you*
Must agree with verb.
Used directly after
   que, entre, como, según.

Indirect Object Pronouns
(to, for, of, from, etc.)

me *to me*
te *to you*
le *to him, to her, to you*
nos *to us*
les *to them, to you*
Replace or repeat indirect
   object nouns.
Indirect object pronoun
   must appear if there is
   indirect object noun.
Le(s) in front of *lo(s), la(s)* → *se.*

Direct Object Pronouns

me *me*
te *you*
lo *him, it, you*
la *her, it, you*
nos *us*
los *them, you*
las *them, you*
Replace direct object nouns.
Lo(s) and *la(s)* agree with noun
   replaced.

Reflexive Pronouns

me *myself*
te *yourself*
se *himself, herself,*
   yourself, itself
nos *ourselves*
se *themselves,*
   yourselves
Subject = object.
Subject, object, and
   verb all agree in
   number and person.

Other Uses of *se*

Impersonal Subject
   se + *third person singular verb:*
   Se habla inglés. *One speaks*
   English.
Passive Reflexive
   se + *third person plural verb:*
   Se venden libros. *Books are*
   sold.
Reciprocal Reflexive
   se + *third person plural verb:*
   Se escriben. *They write to each*
   other.

Prepositional Pronouns
(*para, a, en,* etc.)

mí *me*
ti *you*
él *him*
ella *her*
Ud. *you*
nosotros(as) *us*
ellos *them*
ellas *them*
Uds. *you*
Follow all prepositions.
After *a:* clarify or emphasize objects.
After *con: conmigo, contigo, consigo.*

Position of Object Pronouns

Object pronouns are fixed in the following environments.
   In front of a conjugated verb: **Lo compro.**
   Attached to an affirmative command: **Cómpralo.**
   Before a negative command: **No lo compres.**

Object pronouns can be placed before or after a *verb + verb* construction if the second verb is an infinitive or gerund:

        Voy a comprarlo. *or* **Lo voy a comprar.**
        Estoy comprándolo. *or* **Lo estoy comprando.**

Regular Verbs

	-ar	**-er**	**-ir**
Infinitivo *Infinitive*	*to love* **amar**	*to eat* **comer**	*to live* **vivir**
Participio pasado *Past participle*	*loved* **amado**	*ate* **comido**	*lived* **vivido**
Gerundio *Gerund*	*loving* **amando**	*eating* **comiendo**	*living* **viviendo**
Presente de indicativo *Present indicative*	*I love, do love, am loving* amo amas ama amamos aman	*I eat, do eat, am eating* como comes come comemos comen	*I live, do live, am living* vivo vives vive vivimos viven
Presente progresivo *Present progressive*	*I am loving* estoy amando estás amando está amando estamos amando están amando	*I am eating* estoy comiendo estás comiendo está comiendo estamos comiendo están comiendo	*I am living* estoy viviendo estás viviendo está viviendo estamos viviendo están viviendo
Presente de subjuntivo *Present subjunctive*	*I love, do love, am loving* ame ames ame amemos amen	*I eat, do eat, am eating* coma comas coma comamos coman	*I live, do live, am living* viva vivas viva vivamos vivan
Mandatos *Commands*	*(don't) love* ama (tú) no ames (tú) (no) ame (Ud.) (no) amemos (nosotros) (no) amen (Uds.)	*(don't) eat* come (tú) no comas (tú) (no) coma (Ud.) (no) comamos (nosotros) (no) coman (Uds.)	*(don't) live* vive (tú) no vivas (tú) (no) viva (Ud.) (no) vivamos (nosotros) (no) vivan (Uds.)

Futuro *Future*	*I will love* amar**é** amar**ás** amar**á** amar**emos** amar**án**	*I will eat* comer**é** comer**ás** comer**á** comer**emos** comer**án**	*I will live* vivir**é** vivir**ás** vivir**á** vivir**emos** vivir**án**
Presente perfecto de indicativo *Present perfect indicative*	*I have loved* he amado has amado ha amado hemos amado han amado	*I have eaten* he comido has comido ha comido hemos comido han comido	*I have lived* he vivido has vivido ha vivido hemos vivido han vivido
Presente perfecto de subjuntivo *Present perfect subjunctive*	*I have loved* haya amado hayas amado haya amado hayamos amado hayan amado	*I have eaten* haya comido hayas comido haya comido hayamos comido hayan comido	*I have lived* haya vivido hayas vivido haya vivido hayamos vivido hayan vivido
Futuro perfecto *Future perfect*	*I will have loved* habré amado habrás amado habrá amado habremos amado habrán amado	*I will have eaten* habré comido habrás comido habrá comido habremos comido habrán comido	*I will have lived* habré vivido habrás vivido habrá vivido habremos vivido habrán vivido
Pretérito *Preterite*	*I loved* am**é** am**aste** am**ó** am**amos** am**aron**	*I ate* com**í** com**iste** com**ió** com**imos** com**ieron**	*I lived* viv**í** viv**iste** viv**ió** viv**imos** viv**ieron**
Imperfecto de subjuntivo *Past subjunctive*	*I loved* am**ara (se)** am**aras (ses)** am**ara (se)** am**áramos (semos)** am**aran (sen)**	*I ate* com**iera (se)** com**ieras (ses)** com**iera (se)** com**iéramos (semos)** com**ieran (sen)**	*I lived* viv**iera (se)** viv**ieras (ses)** viv**iera (se)** viv**iéramos (semos)** viv**ieran (sen)**
Imperfecto *Imperfect*	*I was loving, used to love, loved* am**aba** am**abas** am**aba** am**ábamos** am**aban**	*I was eating, used to eat, ate* com**ía** com**ías** com**ía** com**íamos** com**ían**	*I was living, used to live, lived* viv**ía** viv**ías** viv**ía** viv**íamos** viv**ían**

Imperfecto progresivo *Imperfect progressive*	*I was loving* estaba amando estabas amando estaba amando estábamos amando estaban amando	*I was eating* estaba comiendo estabas comiendo estaba comiendo estábamos comiendo estaban comiendo	*I was living* estaba viviendo estabas viviendo estaba viviendo estábamos viviendo estaban viviendo
Condicional *Conditional*	*I would love* amaría amarías amaría amaríamos amarían	*I would eat* comería comerías comería comeríamos comerían	*I would live* viviría vivirías viviría viviríamos vivirían
Pluscuamperfecto *Past perfect*	*I had loved* había amado habías amado había amado habíamos amado habían amado	*I had eaten* había comido habías comido había comido habíamos comido habían comido	*I had lived* había vivido habías vivido había vivido habíamos vivido habían vivido
Pluscuamperfecto de subjuntivo *Past perfect*	*I had loved* hubiera amado hubieras amado hubiera amado hubiéramos amado hubieran amado	*I had eaten* hubiera comido hubieras comido hubiera comido hubiéramos comido hubieran comido	*I had lived* hubiera vivido hubieras vivido hubiera vivido hubiéramos vivido hubieran vivido
Condicional perfecto *Conditional perfect*	*I would have loved* habría amado habrías amado habría amado habríamos amado habrían amado	*I would have eaten* habría comido habrías comido habría comido habríamos comido habrían comido	*I would have lived* habría vivido habrías vivido habría vivido habríamos vivido habrían vivido

Stem-Changing Verbs

-Ar and -er verbs undergo stem changes when they are stressed, i.e., in the present indicative and present subjunctive in all forms except *nosotros* (and *vosotros*).

e → ie
pensar   **pienso, piensas, piensa,** pensamos, **piensan**
entender   **entiendo, entiendes, entiende,** entendemos, **entienden**

o → ue
recordar   **recuerdo, recuerdas, recuerda,** recordamos, **recuerdan**
volver   **vuelvo, vuelves, vuelve,** volvemos, **vuelven**

-Ir verbs also undergo stem changes in the present indicative in all forms except *nosotros* (and *vosotros*).

e → ie
sentir   **siento, sientes, siente,** sentimos, **sienten**

o → ue
dormir   **duermo, duermes, duerme,** dormimos, **duermen**

e → i
seguir   **sigo, sigues, sigue,** seguimos, **siguen**

-Ir verbs in the present subjunctive undergo the same stem changes as do verbs in the present indicative. Note that in the present subjunctive the *nosotros* (and *vosotros*) forms change as well.

e → ie, i
sentir   **sienta, sientas, sienta, sintamos, sientan**

o → ue, u
dormir   **duerma, duermas, duerma, durmamos, duerman**

e → i, i
seguir   **siga, sigas, siga, sigamos, sigan**

With *-ir* verbs in the preterite, the third person singular and plural change. Since the past subjunctive is formed from the preterite (third person plural), the entire past subjunctive shows a stem change.

e → i
sentir   sentí, sentiste, **sintió,** sentimos, **sintieron**
                  sintiera, sintieras, sintiera, sintiéramos, sintieran

o → u
dormir   dormí, dormiste, **durmió,** dormimos, **durmieron**
                  durmiera, durmieras, durmiera, durmiéramos, durmieran

e → i
seguir   seguí, seguiste, **siguió,** seguimos, **siguieron**
                  siguiera, siguieras, siguiera, siguiéramos, siguieran

-Ir verb gerunds also undergo these stem changes:

e → i
sentir   **sintiendo**

o → u
dormir   **durmiendo**

e → i
seguir   **siguiendo**

Irregular Verbs

The following are the most common irregular verbs. Only those forms that have irregularities are listed here.

abrir
Past participle **abierto**
Cubrir, descubrir, and *encubrir* have the same irregularity.

andar
Preterite **anduve, anduviste, anduvo, anduvimos, anduvieron**
Past subjunctive **anduviera, anduvieras, anduviera, anduviéramos, anduvieran**

aparecer
Present indicative **aparezco**
Present subjunctive **aparezca, aparezcas, aparezca, aparezcamos, aparezcan**
Agradecer, conocer, desaparecer, establecer, merecer, ofrecer, parecer, pertenecer, and *reconocer* have the same irregularities.

caber
Present indicative **quepo**
Present subjunctive **quepa, quepas, quepa, quepamos, quepan**
Future **cabré, cabrás, cabrá, cabremos, cabrán**
Conditional **cabría, cabrías, cabría, cabríamos, cabrían**
Preterite **cupe, cupiste, cupo, cupimos, cupieron**
Past subjunctive **cupiera, cupieras, cupiera, cupiéramos, cupieran**

caer
Gerund **cayendo**
Present indicative **caigo**
Present subjunctive **caiga, caigas, caiga, caigamos, caigan**
Preterite **caí, caíste, cayó, caímos, cayeron**
Past subjunctive **cayera, cayeras, cayera, cayéramos, cayeran**
Past participle **caído**

construir
Gerund **construyendo**
Present indicative **construyo, construyes, construye, construyen**
Present subjunctive **construya, construyas, construya, construyamos, construyan**
Preterite **construyó, construyeron**
Past subjunctive **construyera, construyeras, construyera, construyéramos, construyeran**
Contribuir, destruir, incluir, influir, and *sustituir* have the same irregularities.

creer
Gerund **creyendo**
Preterite **creí, creíste, creyó, creímos, creyeron**
Past subjunctive **creyera, creyeras, creyera, creyéramos, creyeran**
Past participle **creído**
Leer has the same irregularities.

dar
Present indicative **doy**
Present subjunctive **dé, des, dé, demos, den**
Preterite **di, diste, dio, dimos, dieron**
Past subjunctive **diera, dieras, diera, diéramos, dieran**

decir *(i)*   Gerund **diciendo**
Present indicative **digo**
Present subjunctive **diga, digas, diga, digamos, digan**
Affirmative *tú* command **di**
Future **diré, dirás, dirá, diremos, dirán**
Conditional **diría, dirías, diría, diríamos, dirían**
Preterite **dije, dijiste, dijo, dijimos, dijeron**
Past subjunctive **dijera, dijeras, dijera, dijéramos, dijeran**
Past participle **dicho**

escribir   Past participle **escrito**
Describir and *inscribir* have the same irregularity.

estar   Present indicative **estoy, estás, está,** estamos, **están**
Present subjunctive **esté, estés, esté,** estemos, **estén**
Preterite **estuve, estuviste, estuvo, estuvimos, estuvieron**
Past subjunctive **estuviera, estuvieras, estuviera, estuviéramos, estuvieran**

haber   Present indicative **he, has, ha, hemos, han** (**hay** = *there is/are*)
Present subjunctive **haya, hayas, haya, hayamos, hayan**
Affirmative *tú* command **he**
Future **habré, habrás, habrá, habremos, habrán**
Conditional **habría, habrías, habría, habríamos, habrían**
Preterite **hube, hubiste, hubo, hubimos, hubieron**
Past subjunctive **hubiera, hubieras, hubiera, hubiéramos, hubieran**

hacer   Present indicative **hago**
Present subjunctive **haga, hagas, haga, hagamos, hagan**
Affirmative *tú* command **haz**
Future **haré, harás, hará, haremos, harán**
Conditional **haría, harías, haría, haríamos, harían**
Preterite **hice, hiciste, hizo, hicimos, hicieron**
Past subjunctive **hiciera, hicieras, hiciera, hiciéramos, hicieran**
Past participle **hecho**

ir   Gerund **yendo**
Present indicative **voy, vas, va, vamos, van**
Present subjunctive **vaya, vayas, vaya, vayamos, vayan**
Affirmative *tú* command **ve**
Affirmative *nosotros* command **vamos**
Preterite **fui, fuiste, fue, fuimos, fueron**
Past subjunctive **fuera, fueras, fuera, fuéramos, fueran**
Imperfect **iba, ibas, iba, íbamos, iban**

morir *(ue, u)*   Gerund **muriendo**
Past participle **muerto**

oír   Gerund **oyendo**
Present indicative **oigo, oyes, oye, oímos, oyen**
Present subjunctive **oiga, oigas, oiga, oigamos, oigan**
Preterite **oí, oíste, oyó, oímos, oyeron**
Past subjunctive **oyera, oyeras, oyera, oyéramos, oyeran**
Past participle **oído**

poder *(ue)*   Gerund **pudiendo**
Future **podré, podrás, podrá, podremos, podrán**
Conditional **podría, podrías, podría, podríamos, podrían**
Preterite **pude, pudiste, pudo, pudimos, pudieron**
Past subjunctive **pudiera, pudieras, pudiera, pudiéramos, pudieran**

poner   Present indicative **pongo**
Present subjunctive **ponga, pongas, ponga, pongamos, pongan**
Affirmative *tú* command **pon**
Future **pondré, pondrás, pondrá, pondremos, pondrán**
Conditional **pondría, pondrías, pondría, pondríamos, pondrían**
Preterite **puse, pusiste, puso, pusimos, pusieron**
Past subjunctive **pusiera, pusieras, pusiera, pusiéramos, pusieran**
Past participle **puesto**

querer *(ie)*   Future **querré, querrás, querrá, querremos, querrán**
Conditional **querría, querrías, querría, querríamos, querrían**
Preterite **quise, quisiste, quiso, quisimos, quisieron**
Past subjunctive **quisiera, quisieras, quisiera, quisiéramos, quisieran**

resolver *(ue)*   Past participle **resuelto**
Devolver, envolver, revolver, and *volver* have the same irregularity.

romper   Past participle **roto**

saber   Present indicative **sé**
Present subjunctive **sepa, sepas, sepa, sepamos, sepan**
Future **sabré, sabrás, sabrá, sabremos, sabrán**
Conditional **sabría, sabrías, sabría, sabríamos, sabrían**
Preterite **supe, supiste, supo, supimos, supieron**
Past subjunctive **supiera, supieras, supiera, supiéramos, supieran**

salir   Present indicative **salgo**
Present subjunctive **salga, salgas, salga, salgamos, salgan**
Affirmative *tú* command **sal**
Future **saldré, saldrás, saldrá, saldremos, saldrán**
Conditional **saldría, saldrías, saldría, saldríamos, saldrían**

ser*   Present indicative **soy, eres, es, somos, son**
Present subjunctive **sea, seas, sea, seamos, sean**
Affirmative *tú* command **sé**
Preterite **fui, fuiste, fue, fuimos, fueron**
Past subjunctive **fuera, fueras, fuera, fuéramos, fueran**
Imperfect **era, eras, era, éramos, eran**

*****Ser** and **ir** have the same preterite and past subjunctive forms.

tener *(ie)*	Present indicative **tengo**
	Present subjunctive **tenga, tengas, tenga, tengamos, tengan**
	Affirmative *tú* command **ten**
	Future **tendré, tendrás, tendrá, tendremos, tendrán**
	Conditional **tendría, tendrías, tendría, tendríamos, tendrían**
	Preterite **tuve, tuviste, tuvo, tuvimos, tuvieron**
	Past subjunctive **tuviera, tuvieras, tuviera, tuviéramos, tuvieran**
traducir	Present indicative **traduzco**
	Present subjunctive **traduzca, traduzcas, traduzca, traduzcamos, traduzcan**
	Preterite **traduje, tradujiste, tradujo, tradujimos, tradujeron**
	Past subjunctive **tradujera, tradujeras, tradujera, tradujéramos, tradujeran**
	Conducir, introducir, producir, and *reducir* have the same irregularities.
traer	Gerund **trayendo**
	Present indicative **traigo**
	Present subjunctive **traiga, traigas, traiga, traigamos, traigan**
	Preterite **traje, trajiste, trajo, trajimos, trajeron**
	Past subjunctive **trajera, trajeras, trajera, trajéramos, trajeran**
	Past participle **traído**
venir *(ie)*	Present indicative **vengo**
	Present subjunctive **venga, vengas, venga, vengamos, vengan**
	Affirmative *tú* command **ven**
	Future **vendré, vendrás, vendrá, vendremos, vendrán**
	Conditional **vendría, vendrías, vendría, vendríamos, vendrían**
	Preterite **vine, viniste, vino, vinimos, vinieron**
	Past subjunctive **viniera, vinieras, viniera, viniéramos, vinieran**
ver	Present indicative **veo**
	Present subjunctive **vea, veas, vea, veamos, vean**
	Imperfect **veía, veías, veía, veíamos, veían**
	Past participle **visto**

Glossary

A

abordar to board *(a plane)* 11
abrazar to hug 8
abrir to open; — **camino** to open a way or road 12
aburrido(a) bored; boring 7
aceptar to accept 4
ácido(a) acid 12
actuar to act, behave 12
acuerdo *(m.)* agreement; **de —** agreed 7
adaptador *(m.)* adapter 11
adelgazar to lose weight, become thin 6
¡Adiós! Good-bye! CP
adoptar to adopt 12
adorar to adore 8
aduana *(f.)* customs 11
adversario(a) opponent 9
aerolínea *(f.)* airline 11
afrocubano(a) Afro-Cuban 7
afuche *(m.)* *Latin percussion instrument* 7
agotado(a) exhausted 11
agotar to exhaust (one's patience, etc.) 11
agradecer to thank; be grateful for 11; **Le agradezco mucho.** I am very grateful. 1
ahora now; — **mismo** right now 7
ahorrar to save (money) 4, 12
aire *(m.)* air 12
ajedrez *(m.)* chess; **jugar al —** to play chess 2
alcalde(sa) mayor 9
alegre happy 7
alergia *(f.)* allergy 10
alfombra *(f.)* carpet 3
aliviar to heal 10; **aliviarse** to get well 10
almacén *(m.)* department store 4

almorzar (ue) to eat/have lunch 6
almuerzo *(m.)* lunch 6
alojarse to lodge 11
alquilar to rent; — **un video** to rent a video 2
aluminio *(m.)* aluminum 12
amar to love 8
ambiental environmental 12
ambiente *(m.)* atmosphere, environment 5; **medio —** environment 12
análisis *(m.)* test 10
andar to walk, go; — **en bicicleta** to go bicycling 2
andén *(m.)* platform 11
animado(a) animated; **dibujo** *(m.)* — cartoon 7
anunciar to advertise, announce 4
anuncio *(m.)* ad, announcement 5; — **comercial** commercial ad 4
anzuelo *(m.)* fishhook 2
apagar to turn off (light) 12
apellido *(m.)* last name; **Mi — es...** My last name is . . . CP
apetecer to appeal to 6
apetito *(m.)* appetite; **no tener —** not to be hungry 10
apodo *(m.)* nickname; **Mi — es...** My nickname is . . . CP
apostar to bet 2
apoyar to give moral support 9
aprovechar to take advantage of, benefit 4
aptitud *(f.)* ability 5
árbol *(m.)* tree 12
artes marciales *(f.)* martial arts 2
artesano(a) craftsperson 5
arrepentirse (ie) (de) to regret 8
ascenso *(m.)* promotion 5

ascensor *(m.)* elevator 11
asegurar(se) to make sure 11
asignar to assign 12
aspiradora *(f.)* vacuum cleaner 3; **pasar la —** to vacuum 3
aspirante *(m., f.)* applicant 5
asunto *(m.)* topic, issue 9
atacar(se) to attack (each other) 9
atentamente politely; **Se despide de usted —** Yours truly 5
atento(a) courteous, helpful 11
aterrizar to land 11
atrapar to catch; — **la pelota** to catch the ball 2
atrever(se) to dare 8
atrevido(a) daring, bold, impertinent 8
aumentar to increase; — **de peso** to gain weight 6
auto *(m.)* car; **carrera** *(f.)* **de autos** car race 2
autobús *(m.)* bus; **estación** *(f.)* **de —** bus depot 11
avergonzado(a) to be ashamed, embarrassed; **Estoy muy —.** I am very embarrassed. 1
avión *(m.)* airplane; **por —** by plane 11
ayudar to help; **¿En qué puedo ayudarle(te)?** How can I help you?; **¿Me pudiera(s) —?** Could you help me? 1
azafata *(f.)* flight attendant 11

B

bailar to dance 2
baile *(m.)* dance 7
bancario(a) bank *(adj.)*; **cheque** *(m.)* — bank check 4
bañera *(f.)* bathtub 3
baño *(m.)* bathroom 3

barato(a) inexpensive 4, 11

barba *(f.)* beard 4

barbería *(f.)* barbershop 4

barrer to sweep; **— el piso** to sweep the floor 3

básquetbol *(m.)* basketball; **jugar al —** to play basketball 2

basura *(f.)* trash 3, 12; **cubo** *(m.)* **de la —** trash can 3; **sacar/ tirar la —** to take out the trash 3

batachá *(m.) Latin dance/song* 7

bate *(m.)* bat; **— de béisbol** baseball bat 2

béisbol *(m.)* baseball; **bate** *(m.)* **de —** baseball bat 2; **jugar al —** to play baseball 2

besar to kiss 8

bicicleta *(f.)* bicycle; **andar/ montar en —** to go bicycling 2

bien well; **llevarse —** to get along well 5; **quedar —** to do, perform well 5; **quedarle —** to fit, suit well 4; **salir —** to do well 5; **verse —** to look good 4

bienestar *(m.)* well-being; **— público** welfare 9

billete *(m.)* ticket 11

biodegradable biodegradable 12

bocado *(m.)* bite (of food) 6

boda *(f.)* wedding 8

bola *(f.)* ball *(as used for sports)* 2

boleto *(m.)* ticket 11

boliche *(m.)* bowling; **jugar al —** to go bowling 2

bolsón *(m.)* large handbag 11

bombón *(m.)* candy 6

bongó *(m.)* bongo drum(s) 7

bosque *(m.)* forest 12

botones *(m.)* bellhop 11

boxear to box 2

boxeo *(m.)* boxing 2

bueno(a) good; **Buenas noches.** Good evening. **Buenas tardes.** Good afternoon. **Buenos días.** Good morning. CP; **¡Buen provecho!** Enjoy your meal! 6

buró *(m.)* chest of drawers 3

buscar to look for 5

C

caballo *(m.)* horse; **carrera** *(f.)* **de caballos** horse race; **montar a —** to go horseback riding 2

caber to fit 11

cafetera *(f.)* coffeemaker 3

caja *(f.)* cash register 4

cajero(a) cashier, (bank) teller 4

calmado(a) calm 5

¡Cálmate! Calm down! 5

cama *(f.)* bed 3; **cambiar la —** to change the bed 3; **guardar —** to stay in bed 10

cámara *(f.)* **(de diputados)** house (of representatives) 9

cambiar to change, exchange 4

cambio *(m.)* exchange; change 4; **casa de —** money exchange office 11

camino *(m.)* road, way; **abrir —** to open a way or road 12

campaña *(f.)* campaign; **— electoral** political campaign 9

campeonato *(m.)* championship 2

cancha *(f.)* court (as for tennis) 2

canción *(f.)* song 7; **— norteña** *(f.) song from northern Mexico* 7; **— ranchera** *(f.) Mexican country music* 7

candidato *(m., f.)* candidate; **postularse como —** to declare one's candidacy 9

candidatura *(f.)* candidacy; **perder (ie) la —** to be defeated; **presentar su — (para)** to run for office 9

cansado(a) tired; **estar —** to be tired 10

cantante *(m., f.)* singer 7

cantar to sing 7

caña *(f.)* stem, stalk; **— de pescar** fishing rod 2

capacidad *(f.)* ability 5

capacitado(a) able 5

característico(a) characteristic, typical 7

cargar to charge 4; **— a su cuenta** to charge to one's account 4

caricatura *(f.)* cartoon 7

cariñoso(a) affectionate 8

caro(a) expensive 4

carrera *(f.)* career; race; **— de autos** car race 2; **— de caballos** horse race 2

carta *(f.)* letter; **— de presentación** letter of introduction 5

cartel *(m.)* poster 9

cartera *(f.)* wallet 11

casa *(f.)* house; **— de cambio** money exchange office 11; **especialidad** *(f.)* **de la —** house specialty 6

casamiento *(m.)* marriage 8

casarse (con) to marry 8

catálogo *(m.)* catalog 4

catarro *(m.)* cold 10

causar to cause; **— daño** to damage 12

celos *(m.)* jealousy 8

celoso(a) jealous 8

cena *(f.)* supper, dinner 6

cenar to eat/have supper/ dinner 6

centro *(m.)* center; **— comercial** shopping center 4

cepillo *(m.)* brush; **— de dientes** toothbrush 3

césped *(m.)* grass, lawn 12

¡Chao! Good-bye! CP

charanga *(f.) type of Latin music* 7

cheque *(m.)* check; **— bancario** bank check 4; **— de viajero** traveler's check 11

chiste *(m.)* joke 7

chistoso(a) funny 7

cine *(m.)* cinema, movies, movie industry 7; **ir al —** to go to the movies 2

cirugía *(f.)* surgery 10

cirujano(a) surgeon 10

ciudadano(a) citizen 9

claro(a) clear; **claro(a)** clear *(adj.)*; **¡— que sí!** Of course! 1

clase (*f.*) class; type; — **laborante** working class 5; — **turista** tourist class 11

clasificado(a) classified 5

clave (*f.*) key; *percussion instrument* 7

cliente (*m., f.*) client 4

clínica (*f.*) clinic, doctor's office 10

cobarde (*m., f.*) coward 10

cocina (*f.*) kitchen 3

cocinar to cook 3

colega (*m., f.*) coworker 5

comedor (*m.*) dining room 3

comer to eat 6

comercial commercial; **anuncio** (*m.*) — commercial ad 4; **centro** (*m.*) — shopping center 4

comercio (*m.*) commerce, business, trade 4, 12

cómico(a) funny, comical; **historieta** (*f.*) — comic strip 7

comida (*f.*) meal 6

cómo how; **¿Cómo?** How?; **¿ — está(s)?** How are you? CP; **¡ — no!** Of course! 1; **¿ — se (te) llama(s)?** What is your name? CP; **¿ — se dice... ?** How do you say . . . ? 1

compañerismo (*m.*) companionship 8

compartir to share 3, 8

compasivo(a) compassionate 8

competencia (*f.*) competition 2

completo(a) complete; **jornada** (*f.*) **completa** full-time job 5

comportamiento (*m.*) behavior 8

comprador(a) buyer 4

comprar to buy 4

comprensivo(a) understanding 8

comprometerse to become engaged 8

compromiso (*m.*) engagement 8

compuesto (*m.*) compost; compound 12

con with; — **permiso** with your permission, excuse me 1

concierto (*m.*) concert; **ir a un —** to go to a concert 2

concurrido(a) crowded 11

conducta (*f.*) behavior 8

confiar (en) to trust (in) 9

confundir(se) to confuse, get mixed up 9

conga (*f.*) conga drum 7

conjunto (*m.*) band; — **musical** small band 7

conocer to know; **Mucho gusto en —lo(la).** Pleased to meet you. CP

conserje (*m., f.*) concierge; janitor 11

conservador(a) conservative 9

conservar to conserve, keep 12

consultorio (*m.*) doctor's office 10

consumir to buy, consume 4

contado: al — cash 4

contagioso(a) contagious 10

contaminado(a) contaminated 12

coqueta flirtatious 8

correr to run, jog 2; **correrle la nariz** to have a runny nose 10

corresponder to correspond; concern; **A quien corresponda** To Whom It May Concern 5

corrida (*f.*) run, dash; — **de toros** bullfight 2

cortar(se) to cut (oneself) 10

cosméticos (*m.*) cosmetics 4

costo (*m.*) cost; — **de vida** cost of living 9

costoso(a) expensive 4

crear to create 12

crédito (*m.*) credit; **usar su tarjeta de —** to use one's credit card 4

cuanto(a) how much; **¡Cuánto lo siento!** I am so sorry! 8

cuarto (*m.*) room 3

cubo (*m.*) bucket; — **de la basura** trash can 3

cuenta (*f.*) bill 6; account; **cargar a su —** to charge to one's account 4

cuidado (*m.*) care; **No hay —.** Don't worry! 1

cuidar(se) to take care (of oneself) 10

culpa (*f.*) blame 12

cumbia (*f.*) *type of Latin dance/song* 7

cumpleaños (*m.*) birthday 8

cumplir to fulfill, reach 8

cuna (*f.*) cradle 8

curita (*f.*) bandage 10

D

dama (*f.*) lady; **jugar a las damas** to play checkers 2

dañar to damage 12

dañino(a) damaging 12

daño (*m.*) damage 12; **causar/ hacer —** to damage 12

dar to give; — **un paseo** to go for a ride or a walk 2

debate (*m.*) debate 9

decidir to decide 4

decir (i) to say, tell; **Me dicen...** They call me . . . CP; **¿Qué quiere — ... ?** What does . . . mean? 1

decisión (*f.*) decision; **tomar decisiones** to make decisions 9

dejar to allow, let; leave; — **de** to quit, cease (doing something) 6

delgado(a) thin; **estar —** to be thin (condition) 6

delicioso(a) delicious 6

demasiado(a) too much 12

demora (*f.*) delay 11; **con —** late 11

dependiente (*m., f.*) clerk 4

derechista right-wing (*adj.*) 9

derecho (*m.*) right; **derechos humanos** human rights 9; **tener — a** to have a right to

desarrollo (*m.*) development 12

desayunar to eat/have breakfast 6

descuento *(m.)* reduction, discount 4

desechable disposable 12

desempleo *(m.)* unemployment 12

desmayar(se) to faint 10

desodorante *(m.)* deodorant 3

despacio slowly; **¿Pudiera(s) hablar más —?** Could you speak more slowly? 1

despedir (i) to fire 5; **despedirse** to say good-bye; **Se despide de usted atentamente** Yours truly 5

despegar to take off *(plane)* 11

desperdiciar to waste 12

desperdicio *(m.)* waste 12

destruir to destroy 12

detergente *(m.)* detergent 3

deuda *(f.)* debt 4

devolver (ue) to return (something) 4

día *(m.)* día; **Buenos días.** Good morning. CP

dibujo *(m.)* drawing; **— animado** cartoon 7

dicho *(m.)* saying, proverb 7

diente *(m.)* tooth; **cepillo** *(m.)* **de dientes** toothbrush 3

dieta *(f.)* diet; **estar a —** to be on a diet 6

dinamita *(f.)* dynamite 12

Dios *(m.)* God; **¡Por —!** Good grief! 7

diputado(a) representative 9

disculpa *(f.)* apology 5

disculpar to excuse; **disculparse** to apologize 5; **Disculpe(a).** Excuse me. 1; **Disculpe(a), no puedo.** Sorry, I can't. 1

discurso *(m.)* speech 9

diseñador(a) designer 4

divertido(a) amusing, funny 7

divertirse (ie) to enjoy, have a good time 7

divorciado(a) divorced 8

divorciarse to divorce 8

divorcio *(m.)* divorce 8

doblado(a) dubbed 7

doblar to dub, translate 7

doler (ue) to hurt 10

dolor *(m.)* pain 10; **tener — de...** to have a(n) . . . ache 10

doloroso(a) painful 10

¿Dónde? Where?; **¿De — es (eres)?** Where are you from? 1

dormitorio *(m.)* bedroom 3

ducha *(f.)* shower 3

dulce *(m.)* candy 6; sweet *(adj.)* 6

dulcería *(f.)* candy store 6

durar to last 6

E

ecología *(f.)* ecology 12

económico(a) inexpensive; thrifty 4

efectivo: en — cash 4

ejercicio *(m.)* exercise; **hacer —** to exercise 2

ejército *(m.)* army 9

electo(a) elected 9; **salir —** to be elected 9

electoral electoral; **campaña** *(f.)* **—** political campaign 9

elegido(a) chosen, elected 9; **salir —** to be elected 9

elegir (i) to elect 9

embarazada pregnant 10

embarazoso(a) embarrassing 5

embarque *(m.)* shipment, loading; **tarjeta** *(f.)* **de —** boarding pass 11

emergencia *(f.)* emergency; **sala** *(f.)* **de —** emergency room 10

empacar to pack 11

empate *(m.)* tie 2

empleado(a) clerk, employee 4

emplear to hire, employ 5

empleo *(m.)* job 5

enamorado(a) in love; **estar — de...** to be in love with . . . 8

¡Encantado(a)! Delighted to meet you! CP

encantador(a) charming 11

encender (ie) to turn on (light, fire) 12

enfadarse (con) to get angry (with) 8

enfermedad *(f.)* illness 10

enfermero(a) nurse 10

enfermizo(a) sickly 10

enfermo patient 10; **enfermo(a)** sick *(adj.)* 10

engordar to gain weight 6

¡Enhorabuena! Congratulations! 8

enojarse (con) to get angry (with) 8

entonces then; **hasta —** until then 7

entrevista *(f.)* interview 5

entrevistar to interview 5

entristecerse to become sad 8

envejecer(se) to become old 8

envidia *(f.)* envy 8

envidioso(a) jealous, envious 8

episodio *(m.)* episode 7

equipaje *(m.)* luggage 11

equipo *(m.)* team, equipment 2

erudito(a) learned 9

escala *(f.)* stopover 11; **hacer —** to make a stopover 11

escalofrío *(m.)* chill 10

escoba *(f.)* broom 3

escuchar to listen to; **— música** to listen to music 2

especialidad *(f.)* specialty; **— de la casa** house specialty 6

esquiar to ski 2

estación *(f.)* station 11; **— de autobús** bus depot 11; **— de ferrocarril** train station 11

estar to be; **— a dieta** to be on a diet 6; **Está bien.** It's all right. 1; **— cansado(a)** to be tired 10; **— de mal humor** to be in a bad mood 10; **— delgado(a)** to be thin *(condition)* 6; **— de moda** to be in fashion 4; **— enamorado(a) de...** to be in love with . . . 8; **— gordo(a)** to be fat *(condition)* 6; **— harto(a) de...** to be fed up with . . . 8; **— resfriado(a)** to have a cold 10; **Estoy muy avergonzado(a).** I am very embarrassed. 1; **¿Cómo está(s)?** How are you? CP

estomacal *related to the stomach (as in flu) (adj.)* 10

estornudar to sneeze 10

estornudo *(m.)* sneeze 10

estrenar to show for the first time, premiere 7

estreno *(m.)* premiere, debut 7

estufa *(f.)* stove 3

evitar to avoid 9

excusado *(m.)* toilet 3

exquisito(a) delicious 6

exterior external, outward; **relaciones** *(f.)* **exteriores** foreign affairs 9

extinción *(f.)* extinction 12

extranjero(a) foreigner; foreign *(adj.)* 11

F

fallecimiento *(m.)* death 8

favor *(m.)* favor; **Quisiera pedirle(te) un —.** I would like to ask you a favor. 1

¡Felicidades! Congratulations! 8

ferrocarril *(m.)* train, railroad 11; **estación** *(f.)* **de —** train station 11

fiebre *(f.)* fever 10

¡Fíjate! Imagine! 5

flor *(f.)* flower 4

florería *(f.)* flower shop 4

forastero(a) out-of-towner 11

formulario *(m.)* questionnaire, form 5

foto *(f.)* photograph; **sacar/ tomar fotos** to take photographs 2

fracturarse to break (a bone) 10

fregador *(m.)* sink 3

fregar (ie) to scrub, wash 3

frontón *(m.)* racquetball 2

fuerza *(f.)* strength; **— de voluntad** willpower 6

fumar to smoke; **sección** *(f.)* **de no —** nonsmoking section 6, 11

funcionar to work, function 11

funcionario(a) government official 9

fútbol *(m.)* football, soccer; **jugar al —** to play football 2

G

ganar to win 2, 9

ganga *(f.)* bargain 4

gastador(a) spendthrift 4

gastar to spend *(money)* 4, 11

gasto *(m.)* expense 11

gimnasia *(f.)* gymnastics 2

gimnasio *(m.)* gym 2

gobernante *(m.)* ruler 9

gobierno *(m.)* government 9

gol *(m.)* goal 2

golf *(m.)* golf; **jugar al —** to play golf 2

gordo(a) fat; **estar —** to be fat (condition) 6

gracias thanks; **Mil —. / Muchas —.** Thank you very much. 1

grave serious 10

gripe *(f.)* flu 10

guante *(m.)* glove 2

guardar to keep; **— cama** to stay in bed 10

guardarropa *(m.)* closet 3

guía *(m., f.)* guide *(person)* 11; **guía** *(f.)* guidebook 11

güiro *(m. percussion instrument made from a gourd)* 7

gusto *(m.)* pleasure, taste 6; **El — es mío.** The pleasure is mine. CP; **Mucho — en conocerlo(la).** Pleased to meet you. CP

H

habitación *(f.)* room 3; hotel room 11

hablar to speak; **Háblame de *tú*.** Use the *tú* form. 1; **¿Pudiera(s) — más despacio?** Could you speak more slowly? 1

hacer to do, make; **— daño** to damage 12; **— ejercicio** to exercise 2, 6; **— escala** to make a stopover 11; **— la limpieza** to do the cleaning 3

harto(a) full of; **estar — de...** to be fed up with . . . 8

hasta until; **— entonces** until then 7; **¡— luego!** See you later! CP; **¡— mañana!** See you tomorrow! CP; **¡— pronto!** See you soon! CP

hay there is, there are; **No — cuidado.** Don't worry. 1; **¿Qué — de nuevo?** What's new? CP

hecho *(m.)* fact 9

herir (ie, i) to wound, hurt 8

hilo *(m.)* thread, string 12

hinchado(a) swollen 10

historieta *(f.)* short story; **— cómica** comic strip 7

hockey *(m.)* hockey; **jugar al —** to play hockey 2

hoja *(f.)* leaf 12

¡Hola! Hi!, Hello! CP

honrado(a) honest, honorable 9

hora *(f.)* hour; time; **es — de...** it's time to . . . 11

horno *(m.)* oven; **— microondas** microwave oven 3

humano(a) human *(adj.)*; **derechos humanos** *(m.)* human rights 9

humo *(m.)* smoke 12

humor *(m.)* mood; **estar de bien/ mal —** to be in a good/bad mood 10

I

ida *(f.)* departure; **de — y vuelta** round-trip 11

igualdad *(f.)* equality 9

igualmente likewise CP

imaginar(se) to imagine; **¡Imagínate!** Imagine! 7

impuesto *(m.)* tax 9

impulsivo(a) impulsive 4

incómodo(a) uncomfortable 10

industria *(f.)* industry 12

industrial industrial 12

inevitable inevitable 12

influir to influence 4

informe *(m.)* report 5

ingenuo(a) naive 8

inmóvil still, immobile 10

inodoro *(m.)* toilet 3

instrumento (*m.*) instrument; **tocar un — musical** to play an instrument 2

invitación (*f.*) invitation 8

invitado(a) guest 8

invitar to invite 8

inyección (*f.*) shot, injection 10

ir to go; **— a la playa** to go to the beach 2; **— al cine** to go to the movies 2; **— al teatro** to go to the theater 2; **— a un concierto** to go to a concert 2; **— a un museo** to go to a museum 2; **Vamos a tutearnos.** Let's use the *tú* form. 1

izquierdista left-wing (*adj.*) 9

J

jabón (*m.*) soap 3

jai alai (*m.*) Basque racquetball; **jugar al —** to play Basque racquetball 2

jarabe (*m.*) syrup; **— para la tos** cough syrup 10

jefe(a) boss 5

jornada (*f.*) working day; **— completa** full-time job 5; **media —** part-time job 5

joya (*f.*) jewel 4

joyería (*f.*) jewelry store 4

juego (*m.*) game, match 2

jugar (ue) to play; **— a las damas** to play checkers 2; **— al ajedrez** to play chess 2; **— al básquetbol** to play basketball 2; **— al béisbol** to play baseball 2; **— al boliche** to go bowling 2; **— al fútbol** to play football 2; **— al golf** to play golf 2; **— al hockey** to play hockey 2; **— al jai alai** to play Basque racquetball 2; **— a los naipes** to play cards 2; **— al polo** to play polo 2; **— al vólibol** to play volleyball 2

juventud (*f.*) youth 8

K

kilo (*m.*) kilogram (about 2.2 lbs.) 6

L

laborante working (*adj.*); **clase** (*f.*) **—** working class 5

ladrón(ona) thief, robber 9

lágrima (*f.*) tear 8

lanzar to throw; **— la pelota** to throw the ball 2; **lanzarse** to declare one's candidacy 9

largo(a) long 11

lástima (*f.*) pity; **¡Qué —!** What a pity! 8

lastimar(se) to hurt (oneself) 10

lata (*f.*) tin can 12; nuisance; **¡Qué —!** What a drag! 8

lavadora (*f.*) washer; **— de platos** dishwasher 3; **— de ropa** washing machine 3

lavamanos (*m.*) washbasin 3

lavar to wash 3

lema (*m.*) slogan 9

letra (*f.*) lyrics (of a song) 7

levantar to raise, lift; **— pesas** to lift weights 2

ley (*f.*) law 9

libra (*f.*) pound 6

libre free; **lucha** (*f.*) **—** wrestling 2

librería (*f.*) bookstore 4

liga (*f.*) league 2

limpiar to clean 3

limpieza (*f.*) cleaning; **hacer la —** to do the cleaning 3

lío (*m.*) pity; **¡Qué —!** What a pity! 8

llamarse to be named, called; **¿Cómo se (te) llama(s)?** What is your name? CP; **Me llamo...** My name is (I call myself) . . . CP

llave (*f.*) key 11

llevar to take, carry; **llevarse bien** to get along well 5; **llevarse mal** to get along badly 5

llorar to cry 8; **llorarle los ojos** to have watery eyes 10

lluvia (*f.*) rain 12

lucha (*f.*) fight; **— libre** wrestling 2

luego then; **¡Hasta —!** See you later! CP

luz (*f.*) light 12

M

madera (*f.*) wood, lumber 12

maderero(a) lumber (*adj.*) 12

magnífico(a) great, wonderful 8

mal badly; **llevarse —** to get along badly 5; **quedar —** to do, perform badly 5; **quedarle —** to fit, suit badly 4; **salir —** to do badly 5; **verse —** to look bad 4

maleta (*f.*) suitcase 11

maletín (*m.*) small suitcase 11

malsano(a) unhealthy 10

mambo (*m.*) mambo (*Latin dance/song*) 7

manejar to drive 12

mano (*f.*) hand; **pedir (i) la — de...** to ask for (someone's) hand in marriage 8

mantener to maintain, keep 12

mañana (*f.*) morning; (*m.*) tomorrow; **¡Hasta —!** See you tomorrow! CP

maquillaje (*m.*) makeup 4

maracas (*f.*) *Latin percussion instruments made from gourds* 7

marearse to become nauseous 11

mareo (*m.*) dizziness 10

marfil (*m.*) ivory 12

matrimonio (*m.*) marriage; married couple 8

medio(a) half, middle; average; **medio ambiente** environment 12; **media jornada** part-time job 5

mentir (ie) to lie 8

mentira (*f.*) lie 8

mentiroso(a) lying 8

menú (*m.*) menu 6

mercado (*m.*) market 4

merengue (*m.*) *Latin dance/ song* 7

merienda (*f.*) snack 6

mesa (*f.*) table 3; **poner la —** to set the table 3

mesero(a) waiter (waitress) 6
mesita (*f.*) small table; **— de noche** nightstand 3
meter to put, place; **— la pata** to make a blunder 5
metro *(m.)* subway 11
microonda (*f.*) microwave; **horno** *(m.)* **microondas** microwave oven 3
mil *(m., f.)* thousand; **— gracias.** Thank you very much. 1
militar military; **servicio** *(m.)* **—** military service 9
minero(a) mining 12
mismo(a) same; **ahora —** right now 7; **al — tiempo** at the same time 4
moda (*f.*) fashion 4; **estar de —** to be in fashion 4
moderado(a) moderate, middle-of-the-road 9
moderador(a) moderator 9
montar to climb; **— a caballo** to go horseback riding 2; **— en bicicleta** to go bicycling 2
morir (ue, u) to die; **morirse de...** to die of . . . 7
mostrar (ue) to show 4
mozo(a) waiter (waitress) 6
mucho much; **¡Lo siento —!** I am so sorry! 8; **muchas gracias** thank you very much 1
mueble *(m.)* piece of furniture 4; *(pl.)* furniture 3
mueblería (*f.*) furniture store 4
muerte (*f.*) death 8
mujeriego womanizing *(adj.)* 8
museo *(m.)* museum; **ir a un —** to go to a museum 2
música (*f.*) music; **escuchar —** to listen to music 2
musical musical; **conjunto** *(m.)* **—** small band 7
músico *(m., f.)* musician 7

N

nacimiento *(m.)* birth 8
nada nothing; **¡— de... !** None of that . . . ! 7

nadar to swim 2
naipes *(m.)* playing cards; **jugar a los —** to play cards 2
nariz (*f.*) nose; **correrle la —** to have a runny nose 10
naturaleza (*f.*) nature 12
nervioso(a) nervous 10
no no, not; **¡Cómo —!** Of course not! 1
noche (*f.*) night; **Buenas noches.** Good evening. CP; **mesita** (*f.*) **de —** nightstand 3
nombrar to nominate, name 9
nombre *(m.)* name; **Mi — es...** My name is . . . CP
noviazgo *(m.)* courtship 8
nuevo(a) new; **¿Qué hay de nuevo?** What's new? CP

O

obrero(a) blue-collar worker, factory worker 5
obtener to get 5
odiar to hate 8
oficio *(m.)* trade 5
ojo *(m.)* eye; **llorarle los ojos** to have watery eyes 10
olor *(m.)* smell, fragrance 6
orden *(m.)* order; **A tus (sus) órdenes.** At your service. CP; **poner en —** to straighten out 3
ordenar to order (food) 6
orgulloso(a) proud, haughty 8

P

padecer (de) to suffer (from) 10
pagar to pay (for) 4
palo *(m.)* stick 2
papel *(m.)* paper, stationery 4; **— higiénico** *(m.)* toilet paper 3; **toalla** (*f.*) **de —** paper towel 3
papelería (*f.*) stationery store 4
pareja (*f.*) couple 8
partido *(m.)* game, match 2; political party 9
pasaje *(m.)* ticket 11
pasaporte *(m.)* passport 11

pasar to pass; to spend *(time)* 11; **— la aspiradora** to vacuum 3; **— por** to come by for, pick up 7
paseo *(m.)* ride, walk; **dar un —** to go for a ride or a walk 2
pasillo *(m.)* hallway 3
pasta dental (*f.*) toothpaste 3
pastel *(m.)* cake, pastry 6
pastelería (*f.*) pastry shop 6
pastelero(a) pastry chef 6
pastilla (*f.*) tablet, pill 10
pasto *(m.)* grass 12
pata (*f.*) paw; **meter la —** to make a blunder 5
patinar to skate 2
patines *(m.)* skates 2
pedir (i) to order (food) 6; **— la mano de...** to ask for (someone's) hand in marriage 8; **Quisiera pedirle(te) un favor.** I would like to ask you a favor. 1
pegar to hit; **pegarle a la pelota** to hit the ball 2
película (*f.*) film, movie 7
peligro *(m.)* danger 12
peligroso(a) dangerous 12
pelo *(m.)* hair; **secadora** (*f.*) **de —** hair dryer 3
pelota (*f.*) ball 2; **atrapar la —** to catch the ball 2; **lanzar la —** to throw the ball 2; **pegarle a la —** to hit the ball 2
peluca (*f.*) wig 4
peluquería (*f.*) beauty salon, barbershop 4
peluquero(a) hairdresser 4
perder (ie) to lose 2; **— la candidatura** to be defeated 9
Perdón. Excuse me. 1
perdonar to forgive, pardon 8
periodista *(m., f.)* journalist 5
permiso *(m.)* permission; **Con —.** With your permission. 1
personal *(m.)* personnel 5
pesa (*f.*) weight; **levantar pesas** to lift weights 2

pesar to weigh 11

pescar to fish, to go fishing 2; **caña** (*f.*) **de —** fishing rod 2

peso (*m.*) weight 6; **aumentar de —** to gain weight 6

picante spicy 6

píldora (*f.*) pill 10

piso (*m.*) floor 3; **barrer el —** to sweep the floor 3

plancha (*f.*) iron 3

planchar to iron 3

planeta (*m.*) planet 12

plantar to plant 12

plantear to outline; **— problemas** to raise issues 9

plata (*f.*) silver; money 11

platillo (*m.*) dish, meal 6

plato (*m.*) plate, dish 6; **lavadora** (*f.*) **de platos** dishwasher 3

playa (*f.*) beach; **ir a la —** to go to the beach 2

plumero (*m.*) feather duster 3

poder (ue) to be able, can; **Disculpe(a); no puedo.** Sorry! I can't. 1; **¿En qué puedo ayudarle(te)?/¿En qué puedo servirle(te)?** How can I help you? 1; **¿Me pudiera(s) ayudar?** Could you help me? 1; **¿Pudiera(s) hablar más despacio?** Could you speak more slowly? 1; **puede resultar en** it can result in . . . 12

política (*f.*) politics 9

político (*m., f.*) politician 9

político(a) political (*adj.*) 9

polo (*m.*) polo; **jugar al —** to play polo 2

polvo (*m.*) dust; **quitar/sacudir el —** to dust 3

poner to put, place; **— en orden** to straighten (something) out 3; **— la mesa** to set the table 3

por by, for, through; **— avión** by plane 11; **¡— Dios!** Good grief! 7; **¡— supuesto!** Of course! 1

postularse to seek; apply for; **— como candidato(a)** to declare one's candidacy 9

precio (*m.*) price 4

preocupado(a) worried 5

preocuparse to worry 5

prescribir to prescribe 10

prescripción (*f.*) prescription 10

presentación (*f.*) introduction; **carta de —** letter of introduction 5

presentar introduce; **— su candidatura (para)** to run for office 9; **Quiero presentarte(le) a...** I would like to introduce . . . CP; **Te (Le) presento a...** I would like to introduce . . . CP;

preservar to preserve 12

presidencia (*f.*) office of the president 9

prestación (*f.*) benefit 5

pretencioso(a) pretentious, conceited 8

prevenir (ie, i) to prevent 10

preventivo(a) preventive 10

primero(a) first; **de primera** (*f.*) **(categoría)** first-rate, first-class 11

probar (ue) to try, taste 4; **probarse** to try on (clothing) 4

problema (*m.*) problem; **plantear problemas** to raise issues 9

problemático(a) controversial 9

pronto soon; **¡Hasta —!** See you soon! CP

propina (*f.*) tip 6

proteger to protect 12

provecho(*m.*) advantage; **¡Buen —!** Enjoy your meal! 6

público(a) public; **bienestar** (*m.*) **—** welfare 9

puerta (*f.*) door 3

puesto (*m.*) job, position 5

puntos (*m.*) score 2

Q

¡Qué! What!; **¡Qué + *noun* + tan + *adjective*!** What a + *adjective* + *noun*! 5; **¿— hay de nuevo?** What's new? CP; **¡— lástima!** What a pity! 8; **¡— lata!** What a drag! 8; **¡— lío!** What a mess! 8; **¿— tal?** Hi! CP

quebrarse (ie) to break (a bone) 10

quedar to remain, have left 4; to stay; **— bien** to do, perform well 5; **— mal** to do, perform badly 5; **quedarle bien** to fit, suit well 4; **quedarle mal** to fit, suit badly 4

queja (*f.*) complaint; **tener una —** to have a complaint 4

quejarse to complain 4

querer (ie) to love, want; **¿Qué quiere decir... ?** What does . . . mean? 1; **Quisiera pedirle(te) un favor.** I would like to ask you a favor. 1

quien who(m); **A — corresponda** To Whom It May Concern 5

quitar to remove; **— el polvo** to dust 3

R

raqueta (*f.*) racket 2

rayo (*m.*) ray; **rayos X** X-rays 10

recelo (*m.*) distrust 8

receloso(a) distrustful, suspicious 8

recepción (*f.*) reception, front desk (*hotel*) 11

recepcionista (*m., f.*) desk clerk 11

receta (*f.*) prescription; recipe 10; **surtir una —** to have a prescription filled 10

recetar to prescribe 10

reciclado(a) recycled 12

reciclar to recycle 12

recoger to pick up 12

recuerdo (*m.*) souvenir, memory 11

red (*f.*) net 2
reducir to reduce 12
refrán (*m.*) saying, proverb 7
refrigerador (*m.*) refrigerator 3
regadera (*f.*) shower 3
regalito (*m.*) small gift 11
regar (ie) to water, irrigate 12
relación (*f.*) relation; **relaciones** relations 8; **relaciones exteriores** foreign affairs 9
reloj (*m.*) clock, watch 4
relojería (*f.*) clock, watch repair/ shop 4
relojero(a) watchmaker, watch repairer 4
reproducir(se) to reproduce 12
requisito (*m.*) requirement 5
reseña (*f.*) review, critique 7
reservación (*f.*) reservation 6
resfriado(a): estar — to have a cold 10
respirar to breathe 12
resultar to result; **poder — en** can result in . . . 12
retraso (*m.*) delay 11; **con —** late 11
rico(a) wealthy; delicious 6
ritmo (*m.*) rhythm 7
ropa (*f.*) clothing; **lavadora** (*f.*) **de —** washing machine 3

S

sábana (*f.*) sheet 3
sabio(a) wise 9
saborear to savor, relish 6
sabroso(a) tasty 6
sacar to take out; **— fotos** to take pictures 11; **— la basura** to take out the trash 3
sacrificar to sacrifice 12
sacudir to shake; **— el polvo** to dust 3
sala (*f.*) room; living room 3; **— de emergencia** emergency room 10
salado(a) salty 6
salario (*m.*) salary, wages 5

salir to go out, leave; **— bien** to do well 5 ; **— electo(a)/ elegido(a)** to be elected 9; **— mal** to do badly 5
salsa (*f.*) salsa (*Latin music*) 7
salud (*f.*) health 10
saludable healthy 10
sangrar to bleed 10
sangre (*f.*) blood 10
sano(a) healthy 10
secadora (*f.*) clothes dryer 3; **— del pelo** hair dryer 3
secar to dry 3
sección (*f.*) section; **— de no fumar** nonsmoking section 6
semilla (*f.*) seed 12
senado (*m.*) senate 9
senador(a) senator 9
sensato(a) sensible, prudent 4
sentir (ie) to be sorry; **¡Cuánto lo siento!** I am so sorry! 8; **Lo siento mucho.** I am very sorry. 1; **sentirse** to feel 10
separación (*f.*) separation 8
ser to be; **Soy +** *nombre.* I am + *name.* CP; **Soy de...** I am from . . . 1
servicio (*m.*) service; **— militar** military service 9; **servicios sociales** human services 9
servir (i) to serve; **¿En qué puedo servirle(te)?** How can I help you? 1; **Para servirle(te).** At your service. CP
sí yes; **¡Claro que —!** Of course! 1
silla (*f.*) chair 3
sillón (*m.*) easy chair 3
silvestre wild 12
sino but
sobrecama (*f.*) bedspread 3
sobrecargo (*m., f.*) flight attendant 11
sobrevivir to survive 12
social social; **servicios sociales** (*m.*) human services 9
sol (*m.*) sun; **tomar el —** to sunbathe 2

solicitante (*m., f.*) applicant 5
solicitar to apply for 5
solicitud (*f.*) application 5
son (*m.*) beat, rhythm 7
soportar to tolerate 8
subdesarrollado(a) underdeveloped 12
subir to climb, take up, increase 11
sucio(a) dirty 9
sueldo (*m.*) salary, wages 5
suelo (*m.*) floor 3
sufrir (de) to suffer (from) 10
supuesto supposed; **¡Por —!** Of course! 1
surtir to supply, provide; **— una receta** to have a prescription filled 10

T

tacaño(a) stingy 4
tal such; **¿Qué —?** Hi! CP
taller (*m.*) workshop 5
tan so; **¡Qué +** *noun* **+ tan +** *adjective*! What a + *adjective* + *noun!* 5
tarde (*f.*) afternoon; **Buenas tardes.** Good afternoon. CP
tarjeta (*f.*) card; **— de embarque** boarding pass 11; **usar su — de crédito** to use one's credit card 4
teatro (*m.*) theater; **ir al —** to go to the theater 2
telenovela (*f.*) soap opera 7
televisión (*f.*) television 7
televisor (*m.*) television set 3
tener to have; **— derecho a** to have a right to 12; **— dolor de...** to have a(n) . . . ache 10; **no — apetito** not to be hungry 10; **— una queja** to have a complaint 4
tenis (*m.*) tennis 2
tentación (*f.*) temptation 6
tiempo (*m.*) time; weather; **a —** on time 11; **al mismo —** at the same time 4

tienda (*f.*) store 4
tierra (*f.*) earth, dirt 12
timbales (*m.*) kettle drums
tina (*f.*) bathtub 3
típico(a) typical 7
tirar to throw (away, out) 12; —
  la basura to take out the
  trash 3
título (*m.*) title; — **universitario**
  degree, diploma 5
toalla (*f.*) towel 3; — **de papel**
  paper towel 3
tocadiscos (*m.*) record (CD)
  player 3
tocar to touch; to play (an
  instrument) 2; — **un
  instrumento musical** to play
  an instrument 2
tomar to take; — **decisiones** to
  make decisions 9; — **el sol** to
  sunbathe 2; — **fotos** to take
  photographs 2
torcerse (ue) to twist 10
toro (*m.*) bull; **corrida** (*f.*) **de
  toros** bullfight 2
tos (*f.*) cough 10; **jarabe** (*m.*)
  para la — cough syrup 10
toser to cough 10
tostador (*m.*) toaster 3
trabajar to work 5

¡Tranquilo(a)! Don't worry!
  Calm down! 1
trastero (*m.*) china cabinet 3
tumba (*f.*) grave 8
turista (*m., f.*) tourist; **clase —**
  tourist class 11
tutear(se) to use the *tú* form;
  Vamos a tutearnos. Let's use
  the *tú* form. 1

U

universitario(a) university (*adj.*);
  título (*m.*) **—** degree,
  diploma 5
urna (*f.*) ballot box 9
usar to use; — **su tarjeta de
  crédito** to use one's credit
  card 4

V

vejez (*f.*) old age 8
vender to sell 4
venta (*f.*) sale 4
ventana (*f.*) window 3
ventilador (*m.*) fan 11
ver to see; **Nos vemos.** See you!
  CP; **verse bien/mal** to look
  good/bad 4
viaje (*m.*) trip 11

viajero(a) traveler 11; **cheque de
  —** traveler's check 11
vida (*f.*) life; **costo** (*m.*) **de la —**
  cost of living 9
video (*m.*) video; **alquilar un —**
  to rent a video 2
vidrio (*m.*) glass 12
virus (*m.*) virus 10
visitante (*m., f.*) visitor 12
vivo(a) alive, living, live 12
volante (*m.*) flier, handout 9
volar (ue) to fly 11
vólibol (*m.*) volleyball 2; **jugar al
  —** to play volleyball 2
voluntad (*f.*) will; **fuerza de —**
  willpower 6
vomitar to vomit 10
votante (*m., f.*) voter 9
votar to vote 9
vuelo (*m.*) flight 11
vuelta (*f.*) return; **de ida y —**
  round-trip 11

Z

zapatería (*f.*) shoestore 4
zapatero(a) shoemaker, shoe
  salesperson 4
zapato (*m.*) shoe 4
zoológico (*m.*) zoo 12

Index

(verbs, *continued*)
  haber, 30
  indicative, 33–36, 53–57, 62–64, 66–67, 154, 208, 298–299, 302
  infinitive, 154
    with definite article **el,** 59
    with **gustar,** 50
    and pronouns, 120
  irregular, 57, 83
    with the affirmative **tú** command, 92
    with present indicative, 28–30
    present subjunctive, 83
  past participles, 182–183
  preterite, 53–55, 56–57, 66–67, 330
  reflexive, 197, 198, 200
  regular, with present indicative, 28–30
  requiring noun clauses, 107
  requiring the subjunctive, 107
  requiring written accent, 32
  with spelling changes, 31–32, 81
  with stem changes, 31–32, 81
  subjunctive, 80–84, 153–154, 235, 239, 299, 308
Victoria, Marcos, 324
vivir
  conditional, 229
  future tense, 208
  pluperfect subjunctive, 239
  present indicative, 29
volver (ue)
  + **a** + infinitive, 166
  al + —, 167
  —**(se), ponerse,** 193
vosotros (vosotras)
  form of, 6
  ser with, 5, 6
  subject pronoun, 5

W

word(s)
  adjectives, 165
  affirmative, 169–170
  calling for use of preterite tense, 54
  diminutives, 296
  formation of, 47, 104–105, 132, 165, 192, 222–223, 248, 269, 294
  interrogative, 35–37
  negative, 169–170
  nouns, 165
  related forms, 77–78
  relationships between, 77, 132
  special, 132–134